Thierry Georges Leprévost

Guillaume le Conquérant
La saga du septième Duc

HEIMDAL

- Ouvrage conçu : Georges Bernage
- Ecrit par Thierry Georges Leprévost
- Maquette : Erik Groult
- Rédaction graphique : Christel Lebret
- Couverture : Harald Mourreau

Toutes les photos sans mention de crédit sont de l'auteur.

Editions Heimdal - Damigny - BP 61350 - 14406 BAYEUX Cedex - Tél. : 02.31.51.68.68 - Fax : 02.31.51.68.60 - E-mail : Editions.Heimdal@wanadoo.fr - **Site internet : www.editionsheimdal.fr**

Copyright Heimdal 2011. La loi du 11 mars 1957 n'autorisant, aux termes dese alinéas 2 et 3 de l'article 4, d'une part, que les « copies ou reproductions strictement réservées à l'usage privé du copiste et non destinées à une utilisation collective » et, d'autre part, que les analyses et les courtes citations dans un but d'exemple et d'illustrations, « toute reproduction ou représentation intégrale, ou partielle, faite sans le consentement de l'auteur ou de ses ayants droit ou ayants cause, est illicite. Cette représentation, par quelque procédé que ce soit, constituerait donc une contrefaçon sanctionnée par les articles 425 et suivants du code pénal.

ISBN 978-2-84048-310-6

Avant-propos

Guillaume le Conquérant, bâtard, duc et roi

1027-1087. 60 ans, la durée de vie d'un homme. Une goutte d'eau dans le grand fleuve du Temps. Et pourtant !... Ces six décennies normandes ont plus compté pour l'Histoire que les six siècles qui suivirent. Pendant les soixante années d'existence de Guillaume, le 7e duc de Normandie aura porté son fief au firmament de l'Europe occidentale. Il réalisa l'unité de son duché ; il osa nouer une union politique interdite qui se révéla aussi un mariage d'amour ; il se fit du pape un indispensable allié ; il favorisa l'éclosion d'une architecture nouvelle, sobre et audacieuse. Et surtout, il fit du duché le tuteur du royaume d'Angleterre auquel il donna des institutions originales qui laissent encore aujourd'hui leur empreinte.

Guillaume de Normandie, Guillaume le Bâtard, est plus connu sous le nom de Guillaume le Conquérant. Né hors mariage d'un cadet de famille et d'une roturière, mort monarque d'un état fort, on le considère à juste titre comme la plus prestigieuse figure de toute l'histoire normande. Respecté par l'Eglise, craint des puissants, envié par tous, il est de ceux dont la légende rattrape et dépasse le personnage historique.

Pour cette raison, il est bien difficile de discerner les faits des interprétations qu'ont pu en faire les chroniqueurs de son temps ou ceux qui les ont suivis. A leur instar, la narration qui suit emprunte volontiers à leur style et à leur ton ; elle introduit certains dialogues qui ne prétendent pas plus à la véracité que ne le faisaient ceux de Guillaume de Poitiers, Guillaume de Jumièges, Wace, Benoît de Ste-Maure ou Orderic Vital ; elle n'en est pas romancée pour autant. Car où s'arrête la réalité ? Où commence la fiction ? La stature d'un personnage historique ne se mesure-t-elle pas à cette aura fantasmagorique dont le nimbe la ferveur populaire et où il est bien difficile de discerner les faits de leur interprétation, de leur exagération, de leur exaltation ? Si tel n'était le cas, la tâche du chercheur se trouverait simplifiée, mais l'objet de son étude perdrait beaucoup d'attrait.

Nous ne prétendons pas rivaliser avec les précédents biographes de Guillaume le Conquérant. Nous espérons lui avoir redonné vie en rendant sa silhouette plus familière au lecteur.

Le duc Guillaume entouré de ses deux demi-frères, Robert et Odon.
(Avec l'aimable autorisation de la ville de Bayeux.)

Première partie : Les hommes du Nord

Copie de la pierre runique érigée en Jutland vers 970 par Harald à la Dent Bleue, roi du Danemark, donnée en 1911 à Rouen pour le millénaire du traité de l'Epte.

Inscription : « Le roi Harald fit élever ce monument à la mémoire de Gorm, son père et de Thyre sa mère, Harald, le roi qui soumit le Danemark et la Norvège et convertit les Danois au christianisme. » (E. Bruneval/Heimdal.)

Comme des démons…

On ne saurait prendre la mesure de l'irrésistible ascension de Guillaume sans évoquer les générations qui l'ont précédé. Quand, au VIIIe siècle, les premiers raids de « pirates » du nord s'abattent sur les rivages de la Gaule carolingienne, l'empereur est loin de se douter qu'un jour ces pillards feront souche en Neustrie. Ils déferlent sur les côtes, remontent les fleuves, ravagent un monastère, dévastent un village, et repartent aussi vite qu'ils sont venus, chargés de bétail, de femmes, d'esclaves et des trésors dérobés.

De cet ennemi, on sait alors peu de choses. Ils viennent du septentrion, ce qui leur vaut le nom de *Northmen*, les hommes du nord, les Normands. Les proues effrayantes de leurs navires à tête de dragon, leur férocité (ils massacrent tout être humain qu'ils trouvent en travers de leur passage, taillant dans la chair à grands coups de leurs épées) les apparentent à des démons surgis de l'enfer, une image que les moines ont tôt fait de répandre : *Délivrez-nous, Seigneur, de la fureur des Normands*, ajoutent-ils volontiers au *Notre-Père*. Il est vrai qu'ils en sont les premières victimes, car les établissements religieux offrent aux étrangers le double avantage de regorger de richesses et d'être totalement dépourvus de défenseurs.

Au fil des ans, les raids s'affirment de plus en plus fréquents en baie de Seine, immense entonnoir où s'engouffrent les terrifiantes *esnèques* à voile carrée, chargées de Vikings assoiffés d'or. La plupart sont des Danois. En 845, ils attaquent Paris, s'emparent des monastères de St-Germain-des-Prés et de Ste-Geneviève, et pillent l'île de la Cité. Le roi des Francs Charles le Chauve, lui, demeure terré à St-Denis. Il ne retrouve une paix provisoire que contre une énorme rançon de 7 000 livres.

Le Mont St-Michel, Évreux, Bayeux, Rouen, ne sont pas épargnés. En 852, c'est le tour de Fontenelle (on ne dit pas encore St-Wandrille) que les « pirates » dévastent en janvier. Puis, pour la première fois, ils passent l'hiver sur place. Ils occupent les îles de la Seine (Jeufosse, Oissel), puis celles de la Manche (les futures îles anglo-normandes). En 890, tous les habitants de St-Lô sont massacrés à l'issue d'un long siège.

Qui sont réellement ces envahisseurs ? On disserte encore aujourd'hui sur les motivations du Viking. Pourquoi échange-t-il la quiétude de son fjord contre une vie aventureuse qui menace de tourner court à chaque instant ? Souvent invoquée, l'explosion démographique a pu jouer ponctuellement, mais la Scandinavie actuelle est aujourd'hui encore trop grande pour le nombre de ses habitants… La polygamie ? Il est vrai qu'elle raréfie le nombre des femmes disponibles. L'exil forcé ? Un homme reconnu coupable d'un crime se voyait condamné au bannissement ; il partait alors sur la mer, accompagné de ses fidèles ; mais tous les Vikings ne pouvaient être des bannis !

La privation d'héritage ? Certes, l'aîné succédait au père, les cadets devant aller chercher fortune ailleurs. Une revanche contre les Chrétiens ? Cet argument ne tient pas pour les Norvégiens ni les Suédois, mais seulement pour les Danois, dont Charlemagne voulait réaliser l'évangélisation forcée après celle des Saxons ; au demeurant, il s'agissait surtout pour eux de se libérer de la barrière mise en place par l'empereur à la frontière du Jutland, la mer restant leur seule issue. L'esprit de découverte, la soif d'aventure ? Sans doute. Mais à ces raisons, ajoutons la principale : l'ouverture de nouveaux marchés. Car si, sous l'influence des témoignages laissés par les religieux, on a surtout retenu l'aspect violent des Vikings, ils étaient d'abord de grands commerçants. À l'est, les Suédois ont ouvert une route à travers l'Europe, jusqu'à Byzance ; on les appelait *Varègues*, c'est à dire *marchands* en vieux scandinave (en norrois). Partout, ils se sont souvent sédentarisés. A l'ouest, dans un premier temps sur les îles britanniques, puis sur le continent. Les principaux foyers de peuplement en Gaule sont pour les Danois les rives de la Seine (pays de Caux au nord, jusqu'à la Risle sur la rive gauche du fleuve) et le Bessin. Les Norvégiens, dont la plupart ont fait le détour par un séjour en Irlande (appelés pour cette raison *iro-norvégiens*), constitués en groupes moins nombreux et surtout moins disciplinés, privilégient le nord du Cotentin, où ils vivent plus isolés.

D'une origine incertaine(mais *vik* veut dire *la baie*), le mot *viking* désigne à la fois l'expédition du Normand et celui qui y participe : les Vikings partent *en viking*. En conséquence, tous les Nordiques ne sont pas des Vikings, même si le langage courant tend à les confondre.

Göngu-Hrolf

Les *bondi* (hommes libres) partent sous le commandement de leur *jarl*, qui est le chef, le prince au sens large du terme, lequel n'a au-dessus de lui que le roi (et encore, ce titre ne confère pas un réel pouvoir sur les jarls). La troisième classe de la société nordique, celle des esclaves, est absente des esnèques, sauf… au retour de *viking*, quand les prisonniers prennent la route de la captivité ! Du reste, le mot *esclave* vient de *slave* (le mot subsiste en anglais), preuve que beaucoup se sont servis en main d'œuvre sur le marché oriental.

Göngu-Hrolf est l'un de ces jarls norvégiens qui écument l'Occident à la tête d'une bande. Son nom, qui signifie Hrolf-le-Marcheur, pourrait venir du fait que sa haute stature l'empêche de chevaucher les poneys *fjord* de son pays ; mais les Vikings ne s'embarrassant pas de chevaux quand ils partent en expédition, il faut chercher ailleurs l'origine de ce surnom, sans doute dans ses nombreux déplacements d'un pays à l'autre. A la fin du IXe siècle, le jarl Rögnvald-le-Fort, son père, avait vaillamment combattu auprès du roi Harald-aux-Beaux-Cheveux, ce qui lui avait valu de recevoir en récompense deux territoires au nord-ouest de la Norvège.

Au retour d'une viking en Baltique, Göngu-Hrolf s'adonne au pillage dans *Le Vik* (le grand fjord d'Oslo). Furieux, Harald applique le droit coutumier et le condamne au bannissement malgré l'intervention de sa mère. À la tête de ses hommes, danois pour la plupart, le désormais hors-la-loi entame un périple sans retour. Il cingle vers les îles au large de l'Écosse, où il prend pour concubine une Celte chrétienne qui lui donne une fille, Kathlin, qui deviendra la femme de Bjolan, roi des Hébrides. Les sagas nordiques nous apprennent que le fruit de leur union, une fille elle aussi, sera enlevé lors d'un raid. Impitoyable univers de violence !

En Neustrie, Hrolf participe activement à la prise de Rouen grâce à son sens tactique : il amarre tranquillement ses bateaux dans un méandre de la Seine ; les défenseurs de la ville tentent une sortie… et tombent dans de larges fosses recouvertes de branchages où les Vikings se livrent à leur massacre méthodique. Puis il quitte la vallée de la Seine, avant de revenir sur le fleuve à l'issue de plusieurs années de pillage dans les îles britanniques. Cette fois-ci, les habitants l'attendent humblement au passage devant les ruines de l'abbaye de Jumièges. À la suite d'une entrevue avec l'archevêque de Rouen, le jarl s'engage à épargner la cité du prélat. Il en prend possession sans violence et s'y installe, trouvant à bon compte une ville à lui, et une base de départ pour de nouvelles expéditions en royaume franc.

Le Xe siècle commence. La colonisation de l'Islande se poursuit, et la Normandie va bientôt naître. En juillet 911, les Vikings de Hrolf essuient un sévère revers militaire devant Chartres ; les guerriers sont fatigués, moins motivés depuis qu'ils occupent les rives de la Seine, ayant pour capitale le grand port de Rouen, la plus importante ville de peuplement nordique avec York, et comme elle grande plaque tournante européenne de leur trafic maritime (et marché aux esclaves réputé). De son côté, Charles le Simple prépare l'invasion de la Lorraine et cherche à garantir ses arrières. A l'automne 911, le roi des Francs rencontre Hrolf à St-Clair-sur-Epte, et lui accorde en toute souveraineté le territoire qu'il occupe depuis plusieurs années, à condition que les Vikings n'attaquent plus la France. Les détails de l'événement nous ont été transmis par la chronique de Dudon, chanoine de la collégiale de St-Quentin, en Picardie, qui rédige dès la fin du Xe siècle, jusqu'au début du XIe, son *Histoire de la Normandie*, à la demande de ses ducs Richard Ier et Richard II. Il a pu recueillir une tradition orale digne de foi, venant à l'appui de ses sources écrites.

L'accord de St-Clair-sur-Epte est l'aboutissement de longues négociations. Le roi est conscient de son incapacité à s'opposer militairement aux Normands. Sans doute a-t-il eu connaissance du précédent anglais d'Alfred le Grand qui a cédé une bonne partie de son royaume aux Scandinaves ; il créera donc à son tour une sorte de *Danelaw* où les envahisseurs seront chez eux.

Son intention première est de céder à Hrolf la zone comprise entre l'Andelle et la mer, ajoutant comme condition (c'est l'archevêque de Rouen qui est l'intermédiaire) qu'il devienne chrétien, ainsi que tous ses hommes, ainsi que l'avaient fait Clovis ou les Vikings du *Danelaw*. Finalement, le jarl de Rouen fera monter les enchères pour élargir son fief jusqu'à l'Epte.

De plus, puisqu'il s'engage à le laisser tranquille, il exige du roi des Francs une « terre à piller » ! On lui propose la Flandre, il la refuse ; on se rabat généreusement sur la Bretagne, il l'accepte «pour en tirer de quoi vivre» ! L'esprit pirate du Viking est toujours en éveil !... Il s'agit en fait de l'actuelle Basse-Normandie, théoriquement sous la coupe des Bretons depuis 867, en réalité déjà foyer de peuplement scandinave ; c'est l'occasion de finir la tâche commencée.

Il reste à sceller l'accord selon la coutume féodale naissante. Hrolf place ses mains dans celles de Charles en gage de vassalité, mais ce dernier lui demande en outre de lui baiser le pied ! C'est trop attendre du jarl qui, peu au fait des usages francs, y voit un geste dégradant. Il envoie l'un de ses hommes l'accomplir à sa place, mais son guerrier se contente de porter le pied du roi à sa bouche, ce qui le fait tomber à la renverse ! Episode réel ou inventé ? Difficile de croire que Dudon l'a imaginé. Charles aurait finalement pris le parti d'en rire, trop heureux d'avoir scellé le pacte de non-agression avec le redouté chef viking.

La Normandie première version vient de naître. Elle est comprise entre Bresle, Epte, Eure, Avre, Charentonne et Risle (ou peut-être Touques ou même Dives), soit approximativement l'actuelle Haute-Normandie. Elle retrouve alors presque exactement les limites de la Seconde Lyonnaise qu'à la fin du IIIe siècle l'empereur Dioclétien créa en partageant la province romaine de la Lyonnaise, que son immensité rendait difficile à administrer. Le jarl des Normands ne reprendra plus la mer. Grâce à sa *fryia* (concubine reconnue) Popa, la fille du comte Béranger de Bayeux, il va mêler les sources nordiques et les sources franques en un même flot. Sa fille Gerloc épousera en 935 le comte de Poitou Guillaume-Tête-d'Étoupe.

Avec la Normandie, Hrolf a reçu les droits sur tous les évêchés et grands monastères qui s'y trouvent, dont Rouen, Évreux, St-Ouen, Jumièges. Il a compris que le baptême est la condition *sine qua non* de sa réussite. En 912, c'est l'archevêque de Rouen Witton (ou Gui) qui procède à la cérémonie en sa cathédrale. Son parrain est Robert, comte de Paris, aussi prend-il sous l'eau bénite le nom de ce haut dignitaire de la cour franque, mais tout le monde l'appelle Rou, Rol ou Rollon. Qu'importe la sincérité de sa conversion ! N'a-t-il pas jadis connu une Chrétienne, la mère de Kathlin ? Lui-même et ses compagnons vont donc s'accommoder de l'arrivée de ce nouveau dieu dans leur panthéon, aux côtés de Thor, Odin, Frey et des nombreux autres.

En 924, le roi de France Raoul rompt le pacte de Charles le Simple en franchissant l'Epte. Hrolf alias Robert Ier contre-attaque, repousse l'invasion et reçoit à titre de tribut le Bessin et l'Hiesmois. Voici son territoire qui s'étend jusqu'à la Vire ! Un an après, ce sont les Normands qui pénètrent en France. Ils poussent jusqu'à Amiens et Noyon, mais le comte de Paris Hugues le Grand riposte et s'empare d'Eu. C'est peut-être alors que Hrolf trouve la mort, car on en ignore la date exacte. On l'enterre dans la cathédrale de Rouen.

Une dynastie nordique

Son fils Guillaume lui succède. On ne le surnommera Longue-Épée qu'au XIIe siècle. En 927, ce prince très chrétien prête hommage au roi de France, puis à nouveau en 933, en recevant du roi Raoul le Cotentin et l'Avranchin, précédemment bretons. La Normandie s'est étirée à l'ouest jusqu'au Couesnon. Dorénavant, ses frontières ne bougeront guère.

Mais cet agrandissement tant attendu nécessite une concentration du pouvoir : la féodalité est en marche. Contre elle, contre les rapports hiérarchiques de Guillaume avec les Francs, une révolte éclate à l'ouest. Rioulf, son meneur, agit au nom de la tradition nordique égalitaire. Il réclame des terres, pour lui et les insurgés, jusqu'à la Risle ; jusqu'à la Seine même ! Il parvient aux portes de Rouen. Guillaume hésite, veut implorer l'aide du roi de France, mais Bernard le Danois, un vieux compagnon de son père, le rappelle à son devoir : Guillaume ira lui-même au combat. Rioulf est vaincu, la révolte matée. L'herbe rouge du sang versé donnera son nom au Pré-de-la-Bataille.

Guillaume a bien épousé Liégarde, une fille du comte de Vermandois (entre Flandre et Beauvaisis), mais le mariage reste sans descendance. Sa *fryia* Sprota sera plus prolifique. Il l'avait épousée quelques années plus tôt, *de danesche manere* (à la manière danoise), c'est à dire sans cérémonie religieuse ; avoir des maîtresses et des concubines est alors monnaie courante, une pratique favorisée par la polygamie en vigueur dans les pays nordiques, qui durera encore plusieurs générations en Normandie.

En décembre 942, Arnould de Flandre, qui craint une offensive normande, fait assassiner Guillaume sur une île de la Somme, au cours d'une entrevue qu'il prétendait amicale. Richard, le fils aîné de Sprota, n'a que dix ans. Roi de France après Raoul depuis 936, Louis d'Outremer assure la régence. Un intérim qui a tout d'une annexion ! Il envoie l'héritier de Normandie prisonnier à Laon. L'enfant parvient à s'en évader, dissimulé dans une botte de paille ! Le 13 juillet 945, l'estuaire de la Dives voit une bataille entre le roi de France et les Vikings de Harald-à-la-Dent-Bleue, venus à la rescousse du fils de Guillaume. Louis est défait, capturé. Richard est reconnu maître de la Normandie.

Il épouse en 960 Emma, fille d'Hugues le Grand et sœur du futur Hugues Capet. Las ! Emma est aussi stérile (ou aussi peu honorée ?) que Liégarde. Richard épouse *à la danoise* une… Danoise du Pays de Caux, Gonnor (qu'il épousera chrétiennement par la suite), qui lui donnera huit enfants. Vers 965, Richard prête hommage au roi de France. Il pacifie le duché (le titre de duc n'apparaît véritablement que sous son règne ; on parlait avant de comte, de marquis ou de prince), il développe les abbayes, dont celles de St-Wandrille et du Mont St-Michel, et restaure la vie religieuse sur ses terres. Sur le siège archiépiscopal de Rouen, il impose Robert, un fils qu'il a eu avec Gonnor : il est déjà comte d'Évreux, marié et père de trois fils !

Pendant ce temps, les Hommes du Nord poursuivent leurs conquêtes. Erik le Rouge découvre le Groenland. Cinq siècles avant Christophe Colomb, les

Vitrail de l'église de Saint-Clair-sur-Epte. Traité de 911. A gauche Charles le Simple et l'évêque, à droite, Rollon.

Vikings débarquent en Amérique, à Terre-Neuve qu'ils nomment *Vinland*. Mais ces découvertes ne concernent plus les Normands de Normandie. Ceux-ci sont chrétiens et parlent une langue romane (c'est-à-dire dérivée du latin) qui concourra à l'élaboration du français et de l'anglais. Même l'art scandinave, réduit à une (remarquable) maîtrise en matière de charpentes, n'est plus qu'un lointain souvenir.

Richard meurt en 966. On l'enterre à Fécamp, sa ville natale, au pied de son église abbatiale de la Sainte-Trinité. Son fils aîné, nommé Richard lui aussi, lui succède. Richard II agit en autocrate. Il concentre dans ses mains tous les pouvoirs, fait battre monnaie (son grand-père Guillaume le faisait déjà !) et ne reconnaît aucun droit au roi de France, tandis que pourtant les liens féodaux commencent à se tisser dans le royaume. Il nomme des comtes et des vicomtes et doit, tout comme son père, faire face à une révolte. Cette fois, ce sont des paysans qui réclament des droits sur les forêts et les eaux. La répression sera sans pitié, sous la férule de son oncle Raoul d'Ivry : yeux arrachés, mains coupées, bûchers, marmites de plomb en fusion…

Néanmoins homme de goût, Richard II fait venir à Fécamp l'abbé de St-Bénigne de Dijon, l'Italien Guillaume de Volpiano, qui couvrira le duché d'abbayes ; Notre-Dame de Bernay est le plus beau survivant de son époque. Fin politique, le duc marie sa sœur Emma au roi d'Angleterre Ethelred ; ils auront deux fils, Alfred et Édouard ; lors de l'invasion de l'île par le roi du Danemark Sven-à-la-Barbe-fourchue, les enfants seront envoyés à Rouen chez leur oncle ; ces épisodes auront des conséquences capitales sur la conquête de l'Angleterre. Enfin, il épouse Judith de Bretagne, fille du duc Conan, qui lui donnera trois fils : Richard, Robert et Guillaume. Papia, sa concubine, lui en donnera deux autres. En 1014, il reçoit le Norvégien Olav, de retour d'expédition sur les côtes atlantiques (c'est la toute dernière *viking* en Gaule) et le fait baptiser à Rouen. Il sera roi de Norvège, et deviendra St-Olav.

A la mort de Richard le 26 août 1026, la Normandie tient une place de choix dans l'Occident chrétien. On l'inhume auprès de son père. L'an 1027, son fils Richard III épouse une fille du roi de France Robert le Pieux, assiste en mai au sacre de son beau-frère Henri à Reims, et meurt prématurément le 6 août, empoisonné.

C'est Robert, second fils de Richard et de Judith, qui prend l'anneau ducal. A 18 ans, Robert est à quelques mois de devenir père d'un petit bâtard, qu'il appellera Guillaume…

L'Epte, frontière naturelle entre le royaume de France et la Normandie. (E. Bruneval.)

Deuxième partie : Guillaume le bâtard

Scènes de chasse à Falaise

Robert passe le plus clair de sa dix-septième année à traquer le gibier sur son fief. Il a la chasse dans le sang. Aussi loin qu'il remonte en pensée le cours du temps, les mêmes souvenirs défilent devant ses yeux : images de cerfs, de sangliers, de chevreuils et de lièvres ; de loups même, car ils ne sont pas rares dans la Normandie du XIe siècle.

Pour son dixième anniversaire, son père lui a offert un faucon pèlerin mué, pour qu'il puisse chasser à la manière des Sarrasins. Trois semaines après, l'affaitage de l'oiseau est déjà terminé. Accompagné du duc, il délaisse la longe et s'enfonce dans le taillis. A leur approche, un ramier quitte la branche d'un merisier ; l'enfant lève le poing, l'abaisse ; le pèlerin s'envole, rase le sol, puis s'élève lentement en spirale. Dès qu'il aperçoit sa proie, il fond sur elle comme une flèche sur la cible. Le pigeon rompt sa trajectoire, esquive l'assaut et par deux fois s'échappe. A l'instant de la collision, des plumes blanches jaillissent, abandonnées au vent. Les deux oiseaux ne font plus qu'un, maladroit et pesant, qui s'abat au sol dans le battement de quatre ailes emmêlées. Découplés, les chiens se précipitent. Le faucon revient docilement sur le gant de son maître qui le gratifie d'un leurre à forte odeur de venaison. Le père congratule le fils : assurément, il chasse mieux que son frère ; Robert en conçoit une légitime fierté… Il revoit la scène ; oui, comme si c'était hier.

Richard II est mort l'année précédente. Comme il est de coutume depuis Hrolf-le-Marcheur, tous les grands barons de la cour, réunis autour du cercueil à Fécamp, ont alors reconnu le fils aîné pour lui succéder ; il sera Richard III. Robert, lui, doit se contenter du comté d'Hiesmois, avec pour capitale Exmes, ancien chef-lieu d'un *pagus* gallo-romain, à présent réduit au rang de simple bourgade, presque un village oublié des dieux.

Il s'y ennuie ferme, aussi le délaisse-t-il pour un séjour plus riant. Érigé sur la falaise qui a donné son nom à la ville, le château surgit du schiste aux reflets ocre, émanation naturelle du roc grisâtre qui sépare la plaine de Caen du massif méridional. Charlemagne en personne avait fortifié le site contre les prétentions bretonnes et… les incursions des Normands prédécesseurs de Hrolf.

Le chemin de ronde épouse le contour supérieur de l'éperon gréseux. Bois et pierre s'y mêlent intimement, dans un enchevêtrement de murailles, de palissades, de créneaux et d'encorbellements. Le jeune homme vient d'étendre les fortifications jusqu'à la vallée de l'Ante, et de construire devant le faubourg St-Laurent une porte qui prend son nom : la Porte-

La chasse au faucon, un plaisir prisé par la noblesse.

le-Comte. Des hauteurs du donjon, il peut survoler son comté aussi sûrement que son faucon pèlerin. Au nord, taillis et forêts s'étirent vers une mer trop lointaine pour être aperçue. Du pays d'Ouche à ceux du Bocage, les massifs boisés frémissent, ondulent, se bousculent au caprice du relief, enjambent une rivière, franchissent un vallon, conquièrent une colline, contournent un hameau, se perdent parmi les horizons brumeux d'un océan de verdure où la clarté des essarts tranche sur le vert intense des hêtres et des charmes. Au sud, par-delà Putanges et Argentan, les marches du duché laissent deviner le mystère de pays inhospitaliers, de terres quasi vierges tenues d'une main de fer par un demi-sauvage, le terrible seigneur de Bellême Guillaume Talvas. Il règne en maître absolu jusqu'au Perche ; un vaste territoire entre Anjou et Normandie, un fief à la fidélité mouvante, dont l'hommage vacille de l'un à l'autre, à la guise de l'humeur du vieux Talvas et au gré de ses intérêts.

L'Hiesmois est par conséquent un comté important pour la protection du duché. Malgré son jeune âge, Robert n'y rencontre que respect et considération, mais il sait aussi s'y amuser. Si elles osaient franchir le seuil de réserve où leur pudeur les cantonne, nombre de jouvencelles pourraient s'enorgueillir d'avoir reçu les faveurs de sa virilité. Sur ce plan-là aussi, Robert chasse mieux que son frère, dont la princesse de France n'est qu'une enfant. Certes, une *fryia* avait d'abord donné un fils à Richard, mais ce Nicolas semble plus apte à manier le chapelet du prêtre que l'épée du Viking ! Dans ces conditions, quel avenir pour la lignée de Hrolf ?

Au pied du donjon adroitement maçonné (Falaise est l'un des premiers châteaux où la pierre domine), l'Ante serpente au creux d'un abrupt chaos rocheux avant de reprendre un cours plus paisible vers la Dives. Robert aime s'accouder à la fenêtre de sa chambre pour observer la vie simple qui s'organise autour du petit affluent : paysans qui raffûtent leurs outils, femmes venues chercher de l'eau pour leurs travaux domestiques, charbonniers de retour de la forêt, gamins poussant les oies de leur badine… Les lavandières, surtout, attirent son attention. La cotte et la gonelle (cette tunique qui couvre le bas de la chemise jusqu'à mi-jambes) retroussées aux genoux, elles entrent dans l'eau fraîche pour y fouler l'étoffe aux pieds. L'une d'elles a tellement de présence qu'elle confine ses compagnes dans l'ombre. Par jeu, elle piétine allègrement son linge ; elle tourne et pirouette tant qu'elle a l'air de danser ! Ingrate entre toutes, sa tâche se meut en un spectacle de grâce et de souplesse. Depuis qu'il l'a remarquée, Robert n'a d'yeux que pour elle. Rien à voir avec les rustaudes qui s'ébattent sous lui en gloussant !

– Par le cœur de mon ventre ! s'écrie-t-il. Cette créature rayonne comme le soleil. Elle percerait de son éclat le feuillage du plus vieux chêne de Normandie.

Chaque jour, il attend la jeune fille. Si elle arrive plus tard que d'habitude, il en conçoit une telle tristesse que le plus beau de ces ciels printaniers lui semble morne comme un soir de novembre. Qu'elle apparaisse, ses paniers aux bras, soudain l'horizon s'éclaircit. Parfois, la frêle apparition lève furtivement le front vers lui. Le comte est si troublé que sa vie s'en trouve transformée. Perdu dans ses pensées, il passe tous ses après-midi à son poste de guet, sans même oser descendre jusqu'à l'objet de sa contemplation. Il en perd le boire et le manger. Il en oublie d'aller chasser !

Son meilleur ami s'en inquiète fort. Le comte de Brionne descend, tout comme lui, du premier duc Richard, leur grand-père. Il s'enquiert auprès de son cousin des raisons de son changement d'humeur.

– Regarde en bas, Gilbert ! Regarde la fontaine. Regarde cette jeune fille !

– Une jeune fille, Robert ? Quelle jeune fille ? Il s'en ébat tant sur l'onde que je ne saurais les compter toutes avec les doigts de mes deux mains !

Jusqu'à la généralisation de la pierre, la terre et le bois constituent les éléments de base pour la fortification. Ici, le château à motte de la Haie-Joulain en Anjou. (A. Leclerc-Keroullé.)

Le comte prend tout d'abord ombrage de l'indifférence de son ami, puis, remarquant son sourire, il sourit à son tour.

– Elle ! La plus belle d'entre toutes, la plus légère, la plus angélique, la plus divine ! Cette superbe pouliche à la crinière d'or ! La vois-tu ?

– Pour ne pas la voir, il faudrait que je fusse aveugle.

– Rends-moi service, Gilbert. Peux-tu t'informer, savoir qui elle est ? Le feras-tu pour moi ?

– Certes non, Robert, je ne le ferai pas.

Le rouge de la colère monte aux joues du comte d'Exmes.

– Et pourquoi donc, mon cousin ?

– Parce que, mon cousin, je le sais déjà : elle est fille de bourgeois et s'appelle Herlève. Fulbert, son père, est pelletier au faubourg des Verts-Prés.

– Herlève, dis-tu ? Gilbert, tu me sauves ! Mais, dis-moi encore, d'où te vient ce savoir ? Aurais-tu des raisons de la connaître qui feraient de toi mon ennemi ?

– Que non ! Je l'ai rencontrée chez elle, avec toute sa famille, lors de cette enquête dont tu m'as chargé sur le braconnage de tes terres. Son père y est mêlé. Le feras-tu pendre, bannir, ou battre de verges ?

Robert éclate de rire.

– Ah ?… Bah ! Il faut bien qu'il trouve des peaux, puisqu'il est parmentier ! Par le cœur de mon ventre, Gilbert, demain j'irai chasser ! En seras-tu ?

– Assurément, puisque tu le veux. Adieu !

Robert s'accoude à nouveau, reprend sa contemplation.

– Herlève, murmure-t-il. Herlève…

Le comte d'Exmes laisse au château rabatteurs et piqueux. Sa meute de bracons restera au chenil. Certes, comme la guerre, la vénerie est la plus noble des chasses. Certes, comme la guerre, elle exalte les vertus viriles propres à sa caste, mais comme la guerre elle renvoie son homme échevelé, en guenilles, lacéré, couvert de boue et de contusions. Il n'y aurait aujourd'hui ni plaies ni bosses. Pas de chevaux écumant après courre, pas de chiens haletants dans les odeurs d'urine et de sang. Son *chaceor* garderait l'écurie : il montera le palefroi ducal, celui qu'il reçut à la mort de son père parce que son héritier de frère n'en voulait pas. Il s'est paré d'un bliaut brodé et de chausses de soie que terminent des bottines de cuir fin. Pour toute arme, un saxe, pour tout compagnon, Gilbert de Brionne. Et le pèlerin de ses dix ans, devenu un énorme rapace, plus qu'un autre aguerri. Le cheval de son père, le faucon de son père : l'esprit de son père lui portera chance.

La chasse est fructueuse : un perdreau, deux faisans, dont un magnifique coq aux couleurs chatoyantes, et un grand lièvre qui s'est battu comme un renard avant de succomber.

– Les chevaux ont soif, dit Robert. Rentrons par le Val d'Ante.

– La chasse est donc finie ?

– Ami, si la tienne l'est, la mienne ne fait que commencer.

Robert se met à rire. Il s'en agite tant que son palefroi fait un écart hors de la sente étroite. Il rit de lui-même ; il considère son équipage, son cheval de parade frais comme fleur sous la rosée, l'arrogant rapace sur son poing gauche, ses vêtements impeccables, à peine imprégnés par l'odeur de sa monture. Jusqu'à ce jour, quand il voulait une fille, il la prenait, et sans la forcer : elles étaient toutes à ses pieds. Se pourrait-il qu'il se ramollisse, lui, le propre frère du duc de Normandie ?

Quatre femmes s'affairent à la fontaine. Sans desserrer les lèvres, Robert s'entend murmurer ce nom : *Herlève*. Comme s'il l'avait crié, la jeune fille se retourne. Elle dépasse en beauté ce qu'il en avait vu, ce qu'il croyait en connaître. Noué sur les cuisses, le bliaud révèle des jambes d'un blanc si pur que Robert y voit neige et fleur de lis. Son cou est le plus élancé, ses bras les plus fins, son buste le plus prometteur. Sous la blonde chevelure, la franchise et la générosité de son visage régulier expriment la meilleure éducation qui jamais fut donnée à jouvencelle. Robert comprend alors que ce qui la distinguait des autres quand il les observait de sa fenêtre était le respect qu'elle inspirait. Le respect, et aussi un autre sentiment, nouveau, diffus, situé bien au-delà du désir, qui prend sa source au fin fond de son âme.

Herlève lui fait une révérence, la tête sobrement inclinée, mais les yeux relevés, fixés sur son seigneur. Des yeux ! Ces yeux en disaient plus que des mots. Elle se livre à lui par le regard. Robert s'empare du lièvre posé sur le rein de son cheval, juste derrière le troussequin, et le lui tend.

– Pour ton père ! Tu lui diras qu'il peut en avoir autant qu'il veut, pourvu qu'il se donne la peine de les attraper.

– Seigneur, je ferai tout ce que vous voulez.

Le soir même, Fulbert reçoit une étrange ambassade. Gilbert et un chambellan le prient de faire venir Herlève au château, où l'attend le comte d'Exmes, avant la fin de la semaine. Et, par la foi de Robert, le pelletier n'aura pas affaire à un ingrat !

Fulbert cherche d'abord à esquiver. Sa fille est le meilleur parti de Falaise. Depuis toujours, il la destine à un vrai mariage, non à un caprice de prince ! Ce qui le trouble le plus, c'est qu'Herlève n'a pas l'air hostile à la requête, bien au contraire ! Il s'en ouvre à son frère, un ermite qui vit en forêt de Gouffern. Après mûre réflexion, le saint homme le pousse à céder aux exigences de son seigneur.

Les émissaires reviennent, et le jour de la rencontre est fixé. Herlève s'impatiente. Ah ! la belle robe qu'elle se fait coudre, bien coupée, seyante à souhait, avenante à son corps, un corps plus désirable que jamais ! Et une belle chemise, sous une pelisse grise et blanche, fraîche, large, sans lacets. La lavandière s'est métamorphosée en princesse.

– Belle, lui dit Gilbert, vous irradiez tant que notre seigneur en sera tout ébloui. Mais nous devons nous montrer discrets et ne point vous porter tort. Pour contenir votre éclat, jetez cette cape sur vos épaules, qu'on ne parle pas de vous en mauvaise part. Avant qu'il fasse jour et que l'alouette ait chanté, nous vous aurons ramenée ici, chez vos parents.

– Comment donc ! s'indigne la pucelle. Notre duc me demande, il requiert mon joli corps, et je devrais agir comme une simple chambrière ?! J'irai ainsi vêtue, en digne fille de bourgeois, la tête haute. Qui le voudra savoir le saura, car mon honneur s'en trouvera d'autant accru.

Impressionné par tant d'assurance, Gilbert lui cède.

– Eh ! bien, soit. Marchons.

– Marcher ? En aucune manière ! Faites venir vos palefrois. Je vous en prie : nous y gagnerons en dignité.

– Demoiselle, répond Gilbert de Brionne, vous avez raison.

Ils reviennent avec les montures. Herlève se couvre encore d'un manteau court, ceint ses cheveux d'or d'un fin tissage en fil d'argent simplement posé, sans fixation aucune. Quand elle salue ses parents, de chaudes larmes d'affection coulent jusque sur sa poitrine. Sans se retourner, elle quitte la maison de son enfance.

Le château bleuit sous les rayons lunaires. Les cavaliers mettent pied à terre. Ils franchissent la poterne, mais Herlève demeure en arrière, toujours montée. Gilbert s'en étonne, craint un revirement.

– Venez donc, belle, le comte Robert vous attend. N'ayez aucune crainte, la place est vide.

– Ah, çà, je n'en ferai rien ! Mon seigneur fait donc si peu cas de ma personne, qu'après m'avoir réclamée, il me ferme son portail ! Vous subirez mon bon plaisir. À Dieu ne plaise que j'entre comme une intrigante par un simple guichet ! Jamais je ne m'y résoudrai ; ouvrez la porte, beaux amis !

Gilbert sourit. Les lourds vantaux du portail s'ouvrent en grand. Herlève chemine jusqu'au donjon, met pied à terre, gravit les marches. La voici dans la chambre voûtée, ornée de tentures et d'images multicolores. Ému comme jamais, le comte la contemple.

– Sire, lui dit-elle, mon cœur va vers le vôtre, empli de joie et de confiance. Il ne m'est plus grand bonheur que votre amour, ni plus grand bien au monde. Faites de moi selon votre plaisir : serve, amie ou maîtresse. Je le requiers à Dieu.

Ils conversent longtemps, de choses et d'autres. Enfin, les amis se retirent, la chambre n'est plus qu'à eux. Les jeunes gens se font face. Herlève ôte sa robe avec grâce et assurance, puis elle déchire sa chemise de haut en bas. Interloqué, Robert admire son corps ainsi révélé, le plus beau qu'il ait jamais vu. Quand il retrouve son souffle, il lui demande la raison de son geste.

– Je ne suis pas fille de prince, répond-elle. Ma chemise est neuve et cousue du matin, mais ce qui a frôlé la terre ne doit pas approcher votre bouche, ni ce qui a touché les pieds effleurer votre visage. Sire, je dois prendre garde à ne pas vous offenser : vous êtes duc de Normandie !

– Duc ? répète le comte l'air pensif. Peut-être un jour…

Peu avant le lever du soleil, Herlève s'éveille en poussant un grand cri. Robert s'en inquiète.

– Qu'est-ce donc, belle ? Dis-moi ce qui t'effraie tant.

– Sire, je ne veux rien vous cacher. J'ai rêvé qu'un arbre naissait en moi, si grand, si long, si droit, si merveilleux qu'il s'élevait jusqu'au ciel ! Son ombre gigantesque couvrait toute la Normandie, et la mer, et même la terre anglaise. Que peut signifier ce songe ?

– Belle et douce amie, répond Robert en l'apaisant d'un sourire, il ne faut pas vous effrayer. Ayez confiance en l'avenir, car votre rêve est prometteur.

La naissance de Guillaume

Avant la St-Jean de l'an 1027, Robert se met à rêver de puissance. La proximité de sa paternité lui monte-t-elle à la tête ? Car Herlève est bel et bien enceinte ! Et à coup sûr d'un garçon : la belle en est certaine, et Robert en a tellement envie ! Il l'appellera Guillaume, comme son arrière-grand-père à la longue épée. Et soudain, son fief lui apparaît ridiculement petit. Tandis qu'un héritier est sur le point de lui naître, devra-t-il se contenter des limites de son comté ? Alors, tel un gamin qui fugue sur un coup de tête, il décide de défier son frère aîné.

– Gilbert ! Paysans et bourgeois murmurent contre Richard. Ne le nie pas, tu l'as su avant moi ! Je dois à mon peuple de le satisfaire, et de lui donner un duc à la hauteur de ses espérances. Rassemble nos troupes, recrute tous ceux que tu peux trouver pour soutenir un siège. Des vivres et des armes ! Fais monter les hourds. Je proclame Falaise capitale de la duché !

Gilbert est sceptique, mais n'ose contrarier son cousin.

– Pourquoi ici, Robert ? tente-t-il de temporiser. Tu es comte d'Exmes. C'est à Exmes que tu dois t'affirmer.

– Notre oncle Guillaume d'Hiesmois s'y est jadis retranché, et cela ne lui a guère réussi. Du reste, regarde : les remparts de Falaise viennent d'être renforcés. Non, ce sera ici et nulle part ailleurs.

– Et puis, avoue-le : il y a Herlève…

– C'est vrai, je ne puis me résoudre à la laisser derrière moi. Son père est désormais mon chambellan. Ses frères Gautier et Osbern servent au château. La vie d'Herlève est ici. Ici je la protègerai, elle et sa famille.

Gilbert s'incline. De telles révoltes sont monnaie courante, et le risque est minime : après sa tentative de prise de pouvoir, leur oncle avait été vite libéré, absous, et qui plus est, richement marié, et fieffé rien de moins que du comté d'Eu…

Richard III réagit fermement, mais sans hâte. Rien ne presse, la révolte est locale et l'œuvre d'un jeune écervelé ! Il prend le temps de rassembler l'ost de Normandie, et marchande son concours au turbulent Guillaume Talvas. En cette première moitié du XIe siècle, rares sont dans le duché les donjons maçonnés. La connaissance qu'en a le redoutable seigneur de Bellême en fait un incomparable allié. Pour prix de son aide, il lui promet les deux fiefs de Domfront et d'Alençon, sur lesquels il règne déjà en brigand.

En juillet, sur son ordre, perrières et mangonneaux bombardent jour et nuit Falaise d'énormes blocs de roche. Espingales et catapultes propulsent des flèches enflammées longues comme des troncs d'arbres. Face aux murailles, les truies, ces immenses tours d'assaut en bois qui peuvent contenir cent soldats, mettent les guerriers les yeux dans les yeux. Sous des pluies de pierraille, de bois et de plomb fondu, les béliers s'écrasent contre les portes en chêne du château. Les mineurs creusent des galeries, sapent les murs jusque sous leurs fondations.

Au plus haut du donjon, juste sous le *solier* (ainsi nomme-t-on le grenier en Normandie), Herlève prie, les mains plaquées sur un ventre qui s'arrondit de jour en jour. Guillaume n'a pas encore quitté les ténèbres prénatales que sa tête résonne déjà de la clameur des combats !

L'acharnement et les trébuchets du Talvas portent leurs fruits. La muraille, la formidable muraille de Falaise est percée ! L'armée ducale se rue à l'intérieur de la forteresse. Alors, tel un enfant pris en faute, Robert se rend compte de l'inanité de son attitude. Dans le donjon intact, ultime rempart contre les assaillants, Herlève tremble de peur.

– Que va-t-il advenir de nous, Robert ? Que va-t-il advenir de Guillaume ?

– Belle, lui répond l'insurgé, j'ai partie perdue. La tour et les piétons ont battu le cavalier, mais la reine sera sauve ! Il faut épargner notre enfant, je vais traiter avec mon frère.

Une fois de plus, ses émissaires font merveille. Le soir même, Richard met fin aux hostilités. Son jeune frère rentre dans le rang, repentant, pardonné. L'armée se retire, le vieux Talvas s'en va garnir ses nouvelles places fortes, et Falaise panse ses plaies. À peine est-elle relevée de ses destructions qu'une terrible nouvelle lui parvient : le duc Richard III est mort à Rouen le six août, empoisonné avec toute sa tablée. L'annonce de ce malheur s'accompagne d'une épouvantable rumeur : c'est Robert en personne qui aurait fait verser le poison !

– Par le coeur de mon ventre ! s'exclame ce dernier, c'est absurde ! Qu'un cuisinier stupide serve à mon frère une viande avariée, voici qu'on m'en accuse !

– Tu dois te rendre à Rouen, lui conseille Gilbert.

– Pour me justifier ? Jamais !

– Pour y faire valoir tes droits. Je t'y accompagne.

De retour à Falaise, Robert ne prend pas le temps de délacer ses éperons et se rend tout armé au donjon.

– Les barons m'ont élu, Herlève ! Voilà qui fera taire les ragots. M'entends-tu ? Ils auraient pu désigner un autre petit-fils de Richard Ier, et Dieu sait qu'ils avaient l'embarras du choix ! Mais c'est moi qu'ils ont acclamé ! Moi, Robert, second du nom depuis le baptême de Hrolf. L'auraient-ils fait s'ils avaient eu à mon endroit le moindre soupçon ?!

– Seigneur duc, rien n'eût pu me donner plus grand bonheur. Sauf, vous le savez, la naissance de notre enfant.

– Herlève, que Dieu te bénisse ! Rappelle-toi le songe que tu fis lors de notre première nuit : tu vas donner le jour à un prince !

La ville est en liesse. A quelques jours de Noël, la venue au monde de Guillaume prélude à la célébration d'une autre naissance. À la vitesse de la bise de décembre, la nouvelle a fait le tour de Falaise :

– C'est un garçon !

– Beau comme un ange !

– Tout le portrait de ses parents : la grâce de sa mère, le caractère de son père.

– Dès que la matrone l'eut posé sur *l'estrain* (la paillasse), il en a rassemblé des brins dans sa petite main, à poignées ! Il aimera amasser, et pas seulement la paille des matelas, m'est avis !

– A peine né, quel fier baron !

Le jour du baptême, la chapelle St-Prix est trop étroite pour recevoir toute l'assistance. Les gens du pays s'entassent hors du donjon jusqu'aux limites de la haute cour. Ce n'est pas si souvent qu'on célèbre un fils de duc ! On fait fête tard dans la nuit.

Funeste pèlerinage

Falaise devient la seconde matrice de l'enfant. À Falaise, il fait ses premiers pas. À Falaise, il apprend à se tenir à cheval et à manier les armes avec ses précepteurs, sous l'œil attentif d'Herlève qui s'émerveille de ses progrès. Il partage son temps entre le château et la maison de Fulbert, qui vit à présent près de l'église St-Gervais, tout près du grand portail de l'enceinte castrale.

Guillaume voit son père furtivement, entre deux expéditions guerrières. Car, à peine investi de l'autorité ducale, il voit les *Richardides* (ainsi appelle-t-on les descendants de Richard Ier) relever la tête. Son oncle Robert, archevêque de Rouen et comte d'Évreux, se révolte contre lui. Contre les Bretons qui lui refusent l'hommage, le duc construit un château à Cherrueix et fortifie sa ville frontière de Pontorson. Il refuse la main d'Estrith, sœur du roi d'Angleterre Knut le Grand, à moins qu'il ne l'épouse et s'en sépare rapidement (on manque de renseignements sur la question), un choix difficile à comprendre dans les deux hypothèses, compte tenu des évidents avantages politiques d'une telle alliance.

Bientôt vient à Guillaume une petite sœur. Adélaïde ne sera pas sa compagne de jeux : on n'élève pas les filles avec les garçons. Il préfère de loin les visites de ses cousins d'Angleterre, plus âgés que lui d'un quart de siècle. Édouard et Alfred sont les enfants de sa grand'tante Emma, qui a épousé en 1002 le roi anglo-saxon Ethelred. Dix ans plus tard, Ethelred est vaincu par le chef danois Sven : avec sa famille, Emma se réfugie à la cour de son neveu Richard II. A la mort de Sven en 1014, son fils Knut lui succède, mais n'occupe qu'une partie de l'Angleterre. Ethelred et Emma sont alors sollicités pour régner au sud du pays, mais ils laissent leurs deux fils en Normandie. Ethelred meurt le 23 avril 1016. Son fils Edmond, né d'un précédent mariage, lui succède et meurt six mois plus tard. Knut, par ailleurs roi de Danemark (puis de Norvège à partir de 1030) en profite pour asseoir son autorité sur l'ensemble de l'Angleterre. Sans vergogne, Emma l'épouse en secondes noces ! Elle en aura un fils, Hartacnut, qui règnera à son tour. Les enfants d'Ethelred, eux, sont toujours en exil à Rouen. Edouard ne se doute pas que l'enfançon avec qui il joue à l'épée sera un jour l'héritier de son trône.

Robert fait le meilleur et le pire. Il approuve et imite ses vassaux qui spolient l'Église de ses biens, une erreur politique qui lui vaudra bien des rancoeurs. Plus grave : il veut rétablir sur le trône ses neveux Édouard et Alfred ; une flotte embarque à Fécamp, que des vents contraires repoussent jusqu'à Jersey ! L'expédition « anglaise » se rabat sur les côtes bretonnes livrées au pillage.

Il soutient Baudouin de Flandre contre son fils. Il répond à l'appel du roi de France Henri Ier, son suzerain, menacé par la reine-mère Constance qui veut mettre son fils cadet sur le trône. En récompense, Henri lui remet en fief le Vexin oriental, dit *Vexin français*, avec Mantes et Pontoise ; un cadeau empoisonné qui perdra Guillaume le Conquérant un demi-siècle plus tard.

Il réduit la révolte de Guillaume Talvas, dont le soudain accroissement de territoire le pousse à l'insoumission. Le duc se souvient avec rancune du rôle qu'il a joué contre lui lors du siège de Falaise. Il l'encercle à Domfront. Sa reddition lui apporte la vengeance tant espérée : il le contraint à faire amende honorable dans les rues de sa cité du Passais, à quatre pattes, pieds nus et, ultime humiliation *brennusienne* au vaincu, une selle de cheval sur le dos ! *Vae victis !* Puis il lui pardonne.

Quelques mois plus tard, de passage à Falaise, le vieux Talvas a perdu de sa superbe. Face aux murailles jadis vaincues, il se remémore ses engins de guerre et hoche la tête. Un bourgeois le reconnaît et hèle le cavalier.

– Te plairait-il avant de t'en retourner chez toi, lui demande-t-il, de voir notre jeune seigneur ?

Interloqué, le vieux brigand acquiesce. On le mène place St-Gervais à la maison de Gilbert, où la nourrice lui présente l'enfant. Talvas se signe à trois reprises.

– Honte sur moi ! s'écrie-t-il à chaque fois. Et malheur à toi, Guillaume, car par toi et par ta famille, la mienne connaîtra une telle décadence que mes héritiers en recevront grand dommage !

Quand Guillaume a un peu grandi, il assiste à une étrange cérémonie dont le sens lui échappe : le mariage de sa mère avec le seigneur Herluin de Conteville, un grand ami de son père. Si l'enfant était un peu plus âgé, il percevrait la transformation qui s'exerce sur ce dernier depuis plusieurs mois. Et qu'il n'est plus le jeune homme à la fontaine du Val d'Ante.

Sa mère et Herluin auront deux fils, deux demi-frères de Guillaume qui lieront leur destin au sien jusqu'à sa mort.

Mais la première grande sortie de Guillaume dans le monde a lieu à Préaux, lors de la consécration du monastère, cérémonie au cours de laquelle il remet personnellement sur l'autel l'acte ducal de donation. Ce jour-là, Onfroy de Vieilles, seigneur de Pont-Audemer, distribue des claques aux jeunes gens de l'assistance, qui lui demandent ce qui leur vaut un tel traitement !

– Ainsi, leur répond-il, vous vous souviendrez de ce jour, et vous pourrez toujours témoigner de ce que vous venez de voir !

C'est vrai, un curieux changement anime le duc de Normandie. Il soutient ou crée des abbayes, dont celle de Cerisy-la-Forêt, et rend à l'Église tout ce qui lui a été pris, faisant ainsi de ses alliés d'hier ses plus acharnés ennemis. En 1034, toute l'Europe chrétienne célèbre le millénaire de la rédemption du Christ. Alors, Robert ; oui, Robert qui est en pleine jeunesse et au faîte de sa gloire dans une Normandie à peine pacifiée ; Robert décide de se saisir du bourdon du pèlerin et de partir en Terre Sainte, à Jérusalem !

– J'ai voulu vous réunir tous pour vous faire part d'une grande décision. Tandis que d'ores et déjà des milliers de pèlerins se sont mis en route pour Jérusalem au péril de leur vie, il ne sera pas dit que le duc de Normandie est demeuré indifférent à cet appel du Seigneur. Il y a dix siècles, le Christ a souffert sur la très Sainte Croix pour la rédemption de nos péchés. Moi, Robert, fils de Richard qui a bâti tant d'abbayes pour Sa gloire, je remets les miens entre les mains de Dieu, s'Il veut bien les prendre en pitié et les absoudre. Je pars pour la Terre Sainte faire acte de pénitence !

Il a semblé opportun au duc de réunir sa cour au palais ducal de Fécamp construit par son père, tout près de l'abbaye bénédictine de Guillaume de Volpiano que dirige à présent Jean de Ravenne, un neveu du moine architecte… Il s'établit dans la grande salle un silence que nul n'ose rompre. Pendant de longs instants, les barons abasourdis s'observent avec attention, scrutant dans ses traits la pensée de l'autre. Robert est-il devenu fou ? A-t-il à ce point sombré dans la piété ? Ou bien, car il faut aussi l'envisager au souvenir des rumeurs surgies à la mort de son frère Richard, se rend-il là-bas pour expier des crimes tels qu'il ne pourrait en obtenir ailleurs l'absolution, fût-ce même à Rome ? Enfin, Gilbert fait un pas en avant, la main crispée sur sa boucle de ceinture.

– Robert, ta décision est certes digne du meilleur des Chrétiens, mais est-elle digne du duc de Normandie ? Tu vas te mettre en route pour de longs mois. Crois-tu sage de laisser la duché sans tête pendant tout ce temps ?

– C'est vrai, surenchérit Robert, l'archevêque de Rouen. En ton absence (le prélat se signe), tout peut arriver. Qui sait même si tu en reviendras vivant ?

– La route d'orient, reprend Gilbert, est parsemée d'embûches, et la Normandie la proie de terribles démons. Toi parti, les guerres privées risquent de se rallumer, et Dieu sait alors ce que deviendra la duché !

Depuis le début de l'assemblée, Guillaume se tient debout auprès de son père. Comme il l'accompagne fréquemment dans ses déplacements, nul ne s'étonne de sa présence. Mais le duc se lève soudain, saisit l'enfant par l'épaule et le désigne à la cour.

– Vous avez raison ! dit-il. Aussi ma volonté n'est-elle pas de vous laisser sans seigneur. Je n'ai ni enfant, ni héritier, si ce n'est le fils que voici ! Il est encore petit, mais il grandira, avec l'aide de Dieu, et il gagnera en sagesse et prudhommie, car je le crois apte à gouverner la duché, si vous y consentez. Par le devoir qui est le vôtre, je vous conjure de le recevoir pour votre seigneur, sous la protection du roi de France.

Le cruel visage de Mauger se fend d'un sourire : le jeune demi-frère de Robert échange un furtif regard de connivence avec son cousin Raoul de Gacé, le fils de l'archevêque de Rouen.

– Par Saint Michel archange, patron des Normands, s'exclame-t-il, tu n'aurais pu faire meilleur choix ! L'innocence de cet enfant et la promesse de son sang parlent en sa faveur. Je le reconnais pour ton successeur, je le jure devant Dieu, le jour où Il te rappellera à Lui.

Gilbert se saisit de son bouclier, un superbe écu d'apparat, rond comme celui d'un Viking, en peau de cerf garni de fer martelé, et frappe dessus avec le plat de son épée.

– Je le jure aussi, Robert : Guillaume te succèdera !

Sauf les gens d'Église, tous imitent son geste. Le palais ducal résonne du froid claquement du métal souligné par la clameur unanime des barons.

– Nous le jurons ! Longue vie à Robert ! Longue vie à Guillaume, notre duc !

Face au tintamarre, l'enfant reste droit comme un if, la tête emplie du fracas des armes qui le ramène inconsciemment vers ces mêmes bruits que sa vie intra-utérine lui avait fait entendre. Ses yeux étonnés roulent d'un pilier à l'autre, d'un mur à l'autre, d'un baron à l'autre. Il dévisage ces hommes, dont beaucoup sont de sa famille, qu'il aura un jour à commander, et parfois à combattre. Il le sait, il connaît alors l'un des jours les plus importants de sa jeune vie. Il vient d'avoir sept ans.

Sa succession acquise, Robert veut la rendre officielle et va voir son suzerain. Le roi est sans doute un peu surpris de pressentir le futur duc de Normandie en ce garçonnet à l'expression volontaire, à qui il faut encore tenir le pied pour l'aider à se mettre en selle ! Mais Henri Ier ne peut rien refuser à son puissant vassal – du moins pour le moment. N'a-t-il pas, loyal féal, mis son armée au service du trône royal quand Constance, sa mère, voulait y asseoir son fils cadet ?!

– Pars tranquille et l'âme sereine, Robert, l'assure-t-il. J'aiderai ton fils à maintenir la paix en Normandie.

– Grâces vous soient rendues, noble sire ! Votre protection s'ajoute au don que vous m'avez fait de votre Vexin.

– Le Vexin était la juste récompense de ta loyauté, Robert. Sans toi, mon frère serait sur ce trône, et moi dans quelque cul-de-basse-fosse, pire peut-être ! Du reste, tu as fort bien fait valoir ton nouveau fief : Mantes et Pontoise n'ont qu'à se louer de leur duc.

– En mon absence, le comte Alain de Bretagne gouvernera la duché. Il est petit-fils de mon grand-père Richard, et à ce titre digne de confiance. Il s'accordera en ce sens avec mon oncle Robert, l'archevêque de Rouen. Mon sénéchal Osbern de Crépon l'assistera dans cette tâche.

– Et le petit prince ?

– J'ai nommé tuteur de Guillaume mon cousin et fidèle ami Gilbert de Brionne, que voici. Je me fie à lui comme à moi-même. Turold de Bourg-Théroulde est désormais le précepteur de mon fils.

Le duc place ses mains dans celles du fils de Robert le Pieux, qui en cette solennelle occasion a coiffé la couronne royale. Guillaume prête à son tour l'hommage vassalique. Ses petits poings disparaissent presque dans ceux du roi. L'archevêque de St-Denis bénit la scène. Toute l'aristocratie française hoche le chef en signe d'approbation.

L'écuyer de Robert désarme son maître. Surgit une robe de bure ceinte d'une corde de chanvre. Parti, le riche mantel que ferme une fibule d'argent ! Partis, le baudrier ciselé de mains d'artiste et les éperons d'or étincelant. Toustain, son chambrier, a serré tous ces effets dans un énorme balluchon qu'il arrime soigneusement sur le dos d'un sommier, cheval de bât pouvant porter jusqu'à 200 kilos ; l'indispensable allié du voyageur médiéval.

L'hiver n'est pas fini. Sous les piques du froid vif, Robert fait ses adieux à Osbern de Crépon et à Gilbert de Brionne à qui il a confié son fils. À d'autres amis et compagnons, aux membres du clergé, à ceux de sa mesnie, c'est à dire à tous ceux qui vivent sous son toit : combattants, écuyers et pages, vivants étendards et porte-parole de sa réputation. Viennent le tour de Fulbert, d'Osbern et de Gautier. Et celui du seigneur de Conteville.

– Herluin, lui dit-il, prends grand soin d'Herlève. J'emporte avec moi son image parfaite, mais il m'a fallu d'abord me dépouiller du trésor de ma jeunesse. Demeures-en le plus fidèle des gardiens.

Il étreint Herluin, puis la mère de Guillaume, regarde sans les toucher leurs enfançons Odon et Robert. Herlève pleure à chaudes larmes. Et Guillaume enfin, dont les yeux brillent mais ne coulent pas ; ce sera pour plus tard, dans la pénombre de la chapelle, hors de tout regard sauf celui de Dieu.

– Prince, lui dit-il, tu sais où est ton devoir, je n'ai rien à y ajouter. M'obéiras-tu ?

– Oui, père, je vous le promets.

Robert s'est mis en route, pieds nus dans le frimas, le bourdon à la main. Il atteint l'enceinte du château, se retourne une dernière fois, franchit le grand portail. Puis il se met en selle et les pèlerins s'ébranlent au trot, sous les yeux ébahis des Falaisiens répartis sur leur passage en une double haie d'honneur. Le duc ne part pas seul. Outre son écuyer l'accompagnent son chambellan, qui règne sur une poignée de serviteurs, et deux douzaines de rudes chevaliers pareillement entourés de valets. En tout une bonne cinquantaine de solides Normands. Objectif : Jérusalem. Robert n'a pas vingt-quatre ans !

Les mois s'écoulent. Le printemps éclôt, vit et meurt ; aucune nouvelle de Robert. Vient la St-Jean, avec son rite païen, ses réminiscences druidiques, ses résonances nordiques. Dans la cour du château de Falaise, un gigantesque brasier, allumé par quatre torches venues des quatre points cardinaux, crache sa fumée purificatrice en une longue colonne qui s'élève jusqu'au ciel. Un ciel sans nuages, où les étincelles crépitantes vont se mêler au scintillement des étoiles. Avènement de l'été, célébration de la nuit la plus courte, herbes d'un an sacrifiées au bûcher, danses effrénées autour du feu, sauts de cabri par-dessus les flammes ; cris, chants, joie.

Le feu s'est consumé, l'âtre s'est affaissé, la fatigue éteint la ferveur populaire. Derrière le rideau de fumée, sur le sol encore chaud, un homme apparaît.

Peu de certitudes historiques !

En 1027, Robert, comte d'Exmes, fils de Richard II et frère du duc régnant Richard III, séjourne en son château de Falaise. Il y achève d'importants travaux de fortification commencés par son père. Au printemps, il tombe amoureux d'Herlève, une jeune fille qui a à peu près son âge, dont le père, un tanneur du voisinage, porte vraisemblablement le nom de Fulbert.

Le comte envoie des émissaires auprès de Fulbert pour faire venir Herlève dans sa chambre. Après une première nuit dans le lit de Robert, elle acquiert de fait le statut de fryia et demeure au château. Une telle union, de type *more danico* (à la manière danoise), courante chez les aïeux de Robert, sera la dernière dans la famille ducale. Herlève donne naissance à Guillaume, à une date inconnue, vers la fin de l'an 1027.

Histoire et légende

Racontée ainsi sur la base d'éléments avérés, l'aventure rend l'historien modeste. Bien difficile de faire la part du légendaire dans l'idylle de Robert et Herlève ! Jusqu'à quel point les chroniqueurs sont-ils dignes de foi ? Où commence l'envolée poétique ? Sans parler de la flagornerie propre à des auteurs rétribués par le prince !

Dudon de St-Quentin fut le narrateur des débuts de la Normandie, jusqu'au règne de Richard II. Contemporains de Guillaume le Conquérant, Guillaume de Jumièges et Guillaume de Poitiers nous ont légué de précieux renseignements sur son règne, sans jamais livrer le nom de sa mère. Orderic Vital l'appelle Herlève vers 1100, mais il faut attendre Maître Wace pour connaître les circonstances de sa naissance. Or, cet écrivain voit le jour à Jersey au début du XIIe siècle, plus de 70 ans après les faits ! Mais il y a tout lieu de penser que Wace est fils d'un vétéran de la bataille de Hastings (1066), et petit-fils du chambrier de Robert : Toustain. En ce cas, celui-ci pourrait bien avoir été l'un des émissaires du comte d'Exmes auprès de Fulbert, et l'histoire serait globalement véridique, colportée verbalement dans la famille. D'abord étudiant à Caen, Wace a vécu à Paris et en Angleterre, fut clerc à Caen et chanoine à Bayeux, autant d'occasions de recueillir une tradition orale auprès d'enfants et de petits-enfants des témoins directs des événements qu'il raconte dans son *Roman de Rou*.

Benoît de Ste-Maure reprend et poursuit l'œuvre de Wace. Il la complète et l'amplifie. Dans sa *Chronique des ducs de Normandie*, la conquête d'Herlève par Robert compte plus de 300 vers ! Il est probable qu'il a enjolivé (jusqu'à quel point ?) le récit initial au gré de sa verve poétique, ainsi que le feront beaucoup de gens de lettres, jusqu'à Jean de la Varende (1887-1959) dans son enthousiaste *Guillaume, le Bâtard conquérant* (Flammarion ; 1951), plus flamboyant qu'historique. Le célèbre scalde du pays d'Ouche y écrit des chroniqueurs, dans l'une de ces extases lyriques dont il a le secret : *S'ils avaient tout créé, mais ils auraient eu du génie !... Ils eussent dépassé leur époque.*

Selon les sources, la mère de Guillaume est appelée Herlève, Herleue, Herletta, Arlot, Alrez, Allaieve ou Arlette, ce dernier nom étant le plus connu. Mentionnés par Benoît, les épisodes de la fontaine, de l'entrée au château et de la chemise déchirée ne sont pas avérés. Celui du songe est invraisemblable ; il était facile après les faits (au XIIe siècle) d'introduire cette prophétie, le thème de l'arbre étant en outre un grand classique, notamment dans la Bible. De même est-il aisé de souligner l'appât du gain chez Guillaume nouveau né, une fois qu'on connaît l'accroissement de ses biens !

Lieux et dates

Est-il né au château, ou chez son grand-père parmentier ? Où l'a-t-on baptisé ? Devant le mutisme des chroniqueurs, les réponses relèvent de la probabilité. Il est peu vraisemblable que Robert ait laissé Herlève accoucher hors du donjon ; de même a-t-il dû recevoir le premier sacrement dans la chapelle du château.

La malédiction du vieux Talvas doit receler un fond de vérité, mais quand Robert a-t-il marié Herlève au seigneur de Conteville ? Pour les chroniqueurs, il l'aurait promise en mariage à Herluin en 1035, lors de son départ en pèlerinage, au cas où il n'en reviendrait pas, une version satisfaisante pour l'Église. On pense aujourd'hui à un mariage moins tardif, célébré à son instigation en 1030 ou 1031, en coïncidence avec le profond changement qui agite alors le duc, et dont le départ en Terre Sainte sera l'acte ultime. Si la thèse de l'empoisonnement de Richard est sujette à caution, celle de Robert à son retour de Terre Sainte ne fait aucun doute ; un acte volontaire ? Trop de monde avait intérêt à ce qu'il ne revienne jamais en Normandie.

C'est un habitant du château de Pirou, là-bas, au pied du Cotentin, face à la mer bretonne. Son cheval est fourbu ; il revient de Terre Sainte, dit-il ; sur une route de Syrie, il a croisé le duc et sa troupe. Comment, il a vu le duc ? Hélas, oui ! Couché sur une civière que portaient quatre esclaves noirs, escorté par seize Sarrasins qui le menaient au Saint Sépulcre. Terrassé de fatigue et de fièvre, Robert voulait encore aller au bout de sa route.

– Alors, je lui ai demandé ce que je devais vous dire à mon retour en Normandie. « Dites à mes amis et aux gens de mon pays, m'a-t-il répondu, que je me fais porter en Paradis par des diables incarnés ! » Il riait, mais j'en ai eu froid dans le dos.

La fête est finie. Guillaume s'approche du pèlerin, qui porte en sautoir un morceau de la Vraie Croix.

– Que sais-tu d'autre sur mon père, homme ? Comment son voyage s'est-il passé ?

– Seigneur, on raconte qu'en toutes circonstances le duc s'est comporté en véritable Chrétien. Comme il traversait la Bourgogne, arrivant un soir à une porte de château qu'il ne franchissait pas assez vite au gré de la sentinelle, ce vaurien lui donna un tel coup de bâton sur le dos qu'il en tituba. Les gens de sa garde s'apprêtaient à châtier l'insolent comme il le méritait, mais notre duc les arrêta d'un geste et leur dit : « Le pèlerin doit souffrir tous les maux. J'aime mieux ce coup sur le dos que toute ma bonne ville de Rouen. »

– Quel humble pénitent ! s'exclama Osbern.

– Et aussi, quel prince ! A Rome, dit-on, voyant la statue équestre de l'empereur Constantin, il ordonna de la vêtir du plus beau de ses manteaux, ajoutant que ces Romains devraient mieux honorer leur seigneur qu'en le laissant ainsi dévêtu !

Oublieuse de la première nouvelle annoncée, la foule s'esclaffe. Guillaume même ne peut réprimer un sourire.

– Devant Constantinople, il n'a pas voulu entrer dans la ville pour se présenter devant l'empereur avant d'avoir fait rechausser ses chevaux et ses mules de fers d'or avec des clous trop courts à dessein, afin qu'ils perdissent leur ferrure sur le pavé, devant les Byzantins stupéfaits de voir que nul de sa suite ne daignait s'abaisser à les ramasser !

– Voilà bien mon père, dit Guillaume : Robert le Magnifique !

– Au palais, il s'est assis par terre sur son manteau plié, imité par tous ses compagnons. L'empereur lui a demandé s'il était le roi de France !

– Le roi de France ?!

– En partant, ils ont laissé leurs manteaux sur place, disant qu'ils n'avaient pas l'habitude d'emporter leurs sièges avec eux à l'issue d'une visite !

– Robert le Libéral !

Historiques ou légendaires, ces faits sont désormais ancrés dans la mémoire collective. Humilité et arrogance ne cessent d'alterner au cours du voyage de Robert. Au terme de sa quête – et remis de ses fièvres –, il découvre aux portes de Jérusalem une foule de pèlerins misérables, dans l'incapacité de verser à l'occupant musulman des Lieux Saints le droit d'accès : une pièce d'or. Touché par leur désarroi, le duc de Normandie l'acquitte pour eux. Impressionné par sa générosité, le gouverneur de la ville lui fait remettre toutes les taxes d'entrée du jour, que Robert s'empresse de redistribuer aux Chrétiens pauvres. Rapportées par diverses sources, ces anecdotes contribuent à sa notoriété et justifient ses surnoms : le Libéral et le Magnifique, oui, mais *jamais Robert le Diable* en dépit d'une erreur commise par certains dictionnaires, à cause d'une regrettable confusion avec un personnage de légende imaginé par un écrivain anonyme du XIIIe siècle.

Le lendemain, le pèlerin part pour Pirou, laissant Falaise à son inquiétude. La moisson passe et l'automne s'installe comme il sait si bien le faire en Normandie : doucement, paisiblement, riche de lumières et de chaleur tardives.

La terrible nouvelle parvient avant la fête des Morts : le duc a trépassé en Bythinie – aujourd'hui turque – voici déjà trois mois. Le 3 juillet de l'an 1035, on l'a inhumé à Nicée en la basilique Ste-Marie. La rumeur a précédé le retour des pèlerins normands, ou plutôt de ce qu'il en reste. Décimée par la maladie, la troupe rentre sur des chevaux exténués, hagarde, encore sous le coup du deuil. Et Toustain, le chambrier qui l'a assisté dans ses derniers instants, Toustain chargé par le défunt de porter ses reliques de Terre Sainte en son abbaye de Cerisy, Toustain raconte la mort de son duc. Il n'est pas parti seul : Drogon, le comte du Vexin, qui avait bu dans sa coupe, l'a accompagné dans l'au-delà.

Encore une fois, on parle d'empoisonnement.

Périlleuse chevauchée

Sitôt connue la mort de Robert, la paix du duché n'est plus qu'un souvenir. La Normandie se déchire en rapines, brigandages et vengeances familiales. Ces querelles ne touchent pas Guillaume, dont la légitimité n'est pour l'instant pas remise en question. L'archevêque Robert de Rouen porte à bout de bras un semblant d'équilibre ; fidèle à la parole donnée à son neveu, il tiendra le rôle de régent jusqu'à sa mort le 16 mars 1037.

Alors, tout bascule sous la pression des *Richardides*, dont la lignée est aussi diverse que nombreuse. On y trouve Richard II, Emma, Robert de Rouen ou Gilbert de Brionne, mais aussi Mauger, Guillaume d'Arques, Alice de Bourgogne et bien sûr Richard III et Robert le Magnifique. Et Guillaume, dont une partie de la famille complote contre lui à l'âge auquel il a le plus besoin d'être soutenu. Face à la vacance du pouvoir, les Richardides entrent en rébellion ouverte. Chacun pour soi.

Mauger, qui succède à Robert sur la cathèdre archiépiscopale de Rouen, cherche à établir son autorité bien au-delà de ses attributions religieuses. Il se fait doubler par Raoul de Gacé, le propre fils du prélat défunt, qui entend faire le vide autour de Guillaume : il fait assassiner Gilbert de Brionne au Pont-Échanffray (aujourd'hui Notre-Dame du Hamel, près de Broglie) et se débarrasse de Turold, le précepteur du jeune duc. Pour protéger l'enfant, Osbern de Crépon le met à l'abri dans le château du Vaudreuil, en sa propre chambre où il dort avec lui. Abri illusoire ! C'est là que le sénéchal trouve la mort lors d'une nuit fatale, égorgé par Guillaume de Montgomery. Guillaume se réveille terrorisé, couvert de sang. Ce meurtre sera bientôt vengé par Barni, prévôt d'Osbern, qui tuera l'assassin dans sa demeure.

Ses trois protecteurs désignés successivement supprimés, le fils de Robert se retrouve une seconde fois orphelin. Ironie du sort : son pire ennemi Raoul de Gacé, instigateur de tous ces crimes, se proclame son tuteur ! Dur apprentissage du pouvoir ; le jeune garçon comprend – mais il le savait sans doute intuitivement depuis le départ de son père – qu'il n'est qu'une suite de drames, de renonciations, de cruels compromis et de colères rentrées.

Guillaume grandit dans ce climat détestable. Il parfait son éducation de duc, apprend les règles de l'équitation, l'art de la chasse, le maniement des armes et tout ce qui lui servira un jour, quand il tiendra réellement en mains les rênes de la Normandie. De lecture, point, et il signera toute sa vie d'une simple croix. Ce sont là affaires de clercs tonsurés, un savoir inutile au noble dans l'esprit du temps.

Depuis le meurtre de Gilbert, Brionne a un nouveau comte : Guy est petit-fils de Richard II par sa mère Adèle qui a épousé Renaud de Bourgogne. Non de la Bourgogne-duché, mais de la Bourgogne-comté (qui deviendra la Franche-Comté), la Burgondie ayant été séparée en deux lors du Traité de Verdun en 843.

Ainsi, le fief du défunt tuteur de Guillaume demeure-t-il dans sa proche famille. Guy de Brionne est bien plus que le cousin du jeune duc de Normandie : élevé avec lui à la cour, il se révèle aussi un agréable compagnon de jeux, un ami, presque un grand frère. Le duc se lie encore à un autre Guillaume, un fils d'Osbern de Crépon : Guillaume Fitz-Osbern, selon une mode patronymique héritée du Nord, où l'on indique toujours de qui on est le fils ou la fille.

Le roi de France fait un retour spectaculaire sur la scène normande. Voici des années qu'il accueille à sa cour les bannis du duché ; Roger de Montgomery, fils de l'assassin d'Osbern de Crépon, est le meneur de ces mécontents en exil ; il incite Henri Ier à se faire remettre le château de Tillières qui constitue une menace aux portes de son petit royaume ; le roi y installe ses troupes et poursuit sa poussée vers l'ouest en une sanglante campagne de pillage jusqu'à Argentan.

Le Ier octobre 1040, Alain de Bretagne, ancien « gouverneur » légal de la Normandie par la volonté de Robert le Magnifique, meurt empoisonné à Vimoutiers. Peu après, Turstin Goz, vicomte d'Hiesmois, se retranche dans Falaise qu'il prétend offrir au roi de France ! C'est donner ce qui ne lui appartient pas, puisqu'un vicomte est un fonctionnaire chargé d'administrer un domaine au nom du duc. Cette fois, Guillaume, jusque là simple enjeu dans les mains des grands, réagit avec véhémence : toucher Falaise, c'est l'attaquer personnellement, c'est l'atteindre dans ce qu'il a de plus cher. Son château natal le possède charnellement, il symbolise sa naissance, sa prime enfance et son père disparu. Adolescent, il convainc Raoul de Gacé d'intervenir à son côté, ce qu'il fait sans ménagement, peu soucieux de voir morcelé le duché qu'il convoite. Falaise est reprise, le rebelle banni, et Guillaume reçoit les armes du chevalier dans la poussière du combat, au pied de son donjon natal. Adoubé à quinze ans lors d'une cérémonie qui n'a encore acquis aucune dimension religieuse, il vient de conjuguer une singulière présence d'esprit à d'audacieuses prouesses guerrières, la diplomatie à la force. De ce jour, il rassemble autour de lui un petit groupe de fidèles qui va s'étoffer au fil du temps. Il prend ainsi insensiblement le pas sur son « tuteur »,

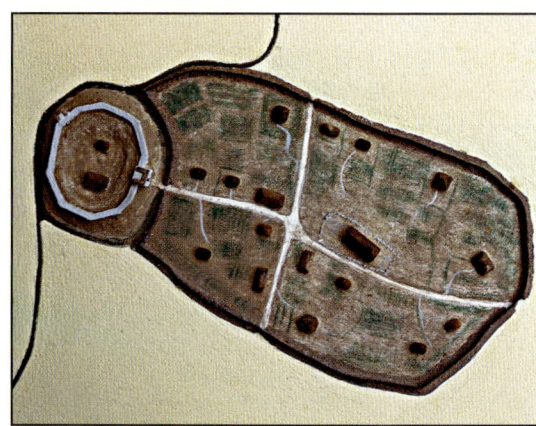

Vue générale du château et du village du Plessis-Grimoult, ce dernier derrière une enceinte de terre et bois. (Musée de Normandie.)

qu'il parvient à évincer définitivement. La mainmise sur le duché lui paraît acquise.

Avant d'entrer dans sa vingtième année, avec quelques compagnons, il se met en route pour Valognes, qu'il atteint à la mi-décembre 1046. Et là, quelle merveille pour le jeune homme ! La forêt de Brix regorge de gibier. Il tire à l'arc et lance le faucon sans relâche. Bon sang ne saurait mentir : sa passion cynégétique est celle de son père ; elle ne le lâchera jamais.

Pendant ce séjour en Cotentin, des bruits alarmants lui parviennent : certains de ses vassaux seraient sur le point de l'abandonner pour nouer d'autres alliances. Des noms sont prononcés devant lui, mais quoi ?! N'est-il pas le duc ?… Ses sylves sont tellement giboyeuses, et il aime trop la chasse pour la sacrifier à de simples rumeurs. La Noël est passée, mais le courre doit durer jusqu'en mars, jusqu'au Carême. Les cerfs, les cochons, les loups même, n'ont qu'à bien se tenir !

Le soir du 13 janvier 1047, après une longue veillée, Guillaume s'endort en sa résidence de Valognes, où logent aussi ceux de sa cour. Le plus proche château est celui de St-Sauveur, siège de la vicomté du Cotentin tenue par Néel, qui est aussi auprès du duc avec ses gens. Pour ceux-ci, la soirée n'est pas terminée, car sous leurs robes les haubers sont lacés ; ils coiffent le casque et ceignent l'épée. Ainsi affairés à leur armement, comment pourraient-ils prêter attention au bouffon qui somnole à leurs pieds, à cet innocent qu'ils gratifient de quignons de pain et d'os rongés, maigres reliefs de leurs copieux repas chargés de venaison ? Golet est le fou de Guillaume le Bâtard. Fou, oui, il l'est, mais pas sot ! Le cliquetis des armes le réveille à l'heure où les félons se bardent des pires intentions. Et il comprend que son maître est en danger. Il bondit dans la chambre du duc, le secoue, le tire enfin de son premier sommeil, le plus lourd, le plus réparateur aussi. Il est minuit.

– Fuis, Guillaume, le supplie-t-il, on en veut à ta vie. Pars à l'instant même, ou bien tu es mort ! Vite !

– Golet ? Que me chantes-tu là, mon fol ? Et qui ? Qui donc ?…

– Néel ! Néel et les siens ! Va-t'en vite, sauve-toi, ou tu ne vivras plus au matin !

Maquette du château du Plessis-Grimoult avec son enceinte ovoïde de pierre de 50 à 60 mètres de diamètre. Elle est défendue par une imposante tour-porte, une tour et une guette. Cette maquette nous présente l'état du château vers 1000-1047. (Musée de Normandie.)

Guillaume saute de sa couche et fait le signe de croix ; enfile ses braies et sa chemise. Le bliaud ? Tant pis ! Les bottes ? Pas le temps ! Juste le ceinturon, qui porte l'épée ; la casque et une cape, car il fait froid et c'est plus commode pour chevaucher. Oui, le cheval ! Son seul recours, son unique espoir de survie. Il se rue vers l'écurie, selle en hâte son meilleur destrier et disparaît dans la nuit. Au même instant, les tueurs pénètrent dans la chambre vide, touchent le lit encore chaud, pestent et jurent, le cherchent et découvrent Golet lové au pied de la couche.

– Vous arrivez trop tard, leur dit le fou sur un ton mi-figue mi-raisin. Vos projets ont échoué. Le duc va passer une fort mauvaise nuit, mais vous lui ferez passer un fort mauvais jour !

– En selle ! hurle Néel à ses sbires. C'est à qui le rattrapera le premier !

Guillaume chevauche au grand galop, des pensées plein la tête. Ainsi, les rumeurs étaient fondées ! Néel de St-Sauveur, un homme qui lui devait sa charge et sa fortune ! Ce Néel *Tête de Faucon* allait-il l'emprisonner dans ses serres ? Mais, et Renouf de Briquessart, le vicomte du Bessin ? Et Grimoult du Plessis, qui possède des terres jusqu'à Isigny ? Et Hamon le Dentu, seigneur de Creully et de Torigny ? Tous ces noms qu'il avait refusé d'entendre, on les lui avait livrés ; ils avaient tous partie liée ; c'est tout l'ouest de la Normandie qui s'est ligué contre lui ! Et il était venu se jeter dans la gueule du loup, au cœur même du foyer de sédition ! Sans Golet, il serait en ce moment dardé des coups de leurs épées.

Son seul refuge : Falaise. Sa seule chance d'échapper aux assassins : traverser la baie des Veys, couper de Brucheville à St-Clément par les vieux gués romains qu'il connaît, sans faire le détour de sept lieues (une trentaine de kilomètres) par St-Lô. L'unique moyen de laisser ses poursuivants loin derrière lui, car ils emprunteront la route terrienne. La baie des Veys. C'est pleine lune, une nuit de grande marée ; la lune, son alliée, le phare de son salut.

Son cheval est frais, car il n'a pas participé aux chasses du jour. Au galop dans la nuit froide de janvier, sa sueur mouille les braies du cavalier, lui colle aux cuisses, lui traverse les narines de son odeur mâle de coursier. Il fuit dans un courre effréné dont il est la bête d'attaque, le frêle et solitaire gibier en danger de mort qui cherche un change. La forêt défile au rythme régulier du balancement de l'encolure. L'ombre lunaire de la futaie lui procure une illusoire sensation de sécurité dont il n'est pas dupe. Ralentir, maintenant, ménager sa monture de guerre ; bruits de naseaux, souffle court. Ralentir, mettre le cheval au grand trot ; au pas dans les montées. Montebourg est passée sans encombre, la forêt s'éclaircit ; les voici dans la plaine côtière : Émondeville, Audouville, desservis par le grand chemin, un autre héritage des Romains.

Guillaume est aux aguets, il craint une embuscade. L'ennemi peut surgir à dextre : le château du Homme n'est pas loin et, depuis que son cousin Guy de Brionne l'a offert à Néel, il prolonge dangereusement celui de St-Sauveur. Le Mont-Castre de Carentan n'est pas plus sûr. Un doute affreux saisit soudain le jeune duc : se pourrait-il que Guy lui aussi ?… Et pourquoi pas ? Petit-fils de Richard II par sa mère, le compagnon de jeux de son adolescence peut prétendre au cercle ducal…

Au sud, la lune se retire vers l'est. C'est bon signe, celui de la marée descendante. Vite… Brucheville profile enfin la silhouette de sa petite église ; cela fait une heure et demie qu'il a quitté Valognes. Au bout du chemin l'attend une nouvelle épreuve : devant lui, le miroir nocturne de la baie des Veys s'étend à l'infini. La Douve, la Taute, la Vire et l'Aure y mêlent leurs eaux en d'inextricables méandres autour d'innombrables îlots : sept gués au total !

Il aperçoit le Grand Vey ; non, le devine plutôt. Oui, il le reconnaît ; il est praticable. Sans hésiter un instant, il y pousse son cheval, tout droit vers 4000 toises de néant (environ 8 km). Le jusant lui a ouvert une voie royale, une bénédiction divine, un véritable franchissement de la Mer Rouge ! À pas comptés, il progresse, hésite, tourne et retourne, trouve enfin le passage. Des lieues durant, il guée, de l'eau jusqu'au poitrail de son destrier qui renâcle et trébuche, marche et trébuche encore, poussé par les talons du cavalier. Seul. Guillaume est seul comme il n'a jamais été. Là-haut dans le ciel, derrière la Grande Ourse, Arcturus du Bouvier le guide de son éclat, lui montre le sud-est, la seule route à suivre pour toucher la terre du Bessin. S'il s'en écarte, il le sait, les eaux noires l'engloutiront. Le voici sur la Vire. Il a peur, il a froid, il jure de fureur. Enfin, la terre s'avance, il voit venir à lui le clocher de St-Clément comme les ailes d'un archange salvateur. Plus de clapotis sous les pieds du cheval, le sabot résonne à sec sur la grève.

Alerte ! D'autres sabots se font entendre, des dizaines de sabots ; une troupe guerrière chevauche le long de la baie. A sa recherche ? Mais comment l'aurait-on devancé ? Or, s'il y a complot, l'ennemi est partout, qui patrouille à tout hasard. Guillaume se tapit avec sa monture au couvert d'une haie jusqu'à l'évanouissement du dernier pas, du dernier cliquetis des armes.

Où Golet a-t-il surpris le complot ?

On a souvent avancé que Golet avait éventé le complot à Bayeux. Outre qu'on ne s'explique pas le moins du monde la présence du fou de Guillaume chez l'évêque Hugues alors que le duc réside à Valognes, comment imaginer qu'il ait pu parcourir toute la route jusqu'à son maître (à pied, a-t-il même été écrit !) et y parvenir avant les meurtriers (dotés, eux, de montures) quelques instants avant leur coup de main ! Il semble bien qu'il y ait eu confusion entre le foyer de la rébellion des barons de l'ouest, effectivement situé à Bayeux (d'où le nom courant de *complot de Bayeux*), et le lieu de tentative d'exécution de l'assassinat projeté. Il est certain que Golet était à Valognes, tout comme les séditieux, bien évidemment membres de la cour ducale.

Il se signe, lève la tête vers le ciel. Non, c'est trop peu ; il pousse son cheval jusqu'au cimetière de St-Clément, met pied à terre – quelle douleur soudaine dans les cuisses ! –, passe les rênes autour d'une croix tombale et pénètre dans l'église. A quatre heures et demie du matin, il tombe à genoux, rend grâces à la Vierge Marie, et prie le Seigneur de le mener sain et sauf à son cocon natal de Falaise.

Falaise ! Le plus rapide serait de suivre la voie romaine et de traverser Bayeux, mais à qui se fier à Bayeux ? Certainement pas à l'évêque Hugues, ce fils de Raoul d'Ivry. Guillaume se rappelle ce qu'on lui a dit, comment le comte d'Ivry avait cruellement réprimé une révolte au temps de son grand-père Richard, comment il avait fait arracher les dents ou les yeux, couper les membres des insurgés, quand il ne les jetait pas purement et simplement, encore vifs, dans un brasier ! Comment se fier à ce sang-là ? Hugues est de la même trempe que Néel, Hamon et Grimoult. N'a-t-il pas défié le Magnifique en s'unissant à Guillaume de Bellême peu avant son départ pour la Terre Sainte ? En représailles, le duc avait mis la main sur le château d'Ivry, un affront que Hugues n'a jamais pu lui pardonner.

Non, Guillaume ne passera pas par Bayeux. Il décide de chevaucher plus au nord, traverse Chefdeville, Cardonville, les Catelets de la Cambe ; il passe Chanterel, longe les ruines de l'abbaye de Deux-Jumeaux, dépasse le Véret. A Formigny, un embranchement ouvre une voie vers Falaise par Trévières et Villers : trop risqué, le carrefour pourrait être surveillé ; et quelles sont ces ombres au loin, des cavaliers ? Il y a beaucoup de monde cette nuit sur les sentes. Il évite donc Formigny, fait un détour au nord par St-Laurent, Colleville et Villiers (cet itinéraire prendra le nom de *route Guillaume*). Il suit la vallée de l'Aure : Escure, Marigny, Longues, Fontenailles.

Son cheval n'en peut plus : fourbu, les pieds en sang, incapable de galoper, il porte son cavalier d'un trot claudiquant qui menace de le jeter à terre avec lui à chacune de ses foulées. Quand Guillaume aperçoit Ryes, il le met au pas, effleure le pommeau de son épée et prend résolument la direction du château.

Hultre de Ryes est devant sa motte, prêt à se rendre à la messe dans l'église voisine. Il est presque huit heures et le jour se lève sur cet étrange centaure désarticulé qui vient vers lui clopin-clopant, casqué, mais sans haubert ni gonelle sous sa cape ; armé d'une épée ceinturée sur ses braies, mais sans chausses ni souliers, pieds nus dans ses étriers. Sa monture n'est plus qu'une épave sanguinolente, ruisselante d'écume, plus morte que vive après vingt lieues (soit 80 km !) d'une impitoyable course contre la mort.

– Seigneur duc, s'exclame l'homme, quels sont les démons qui vous poursuivent ?

– Tu me connais donc ? s'étonne Guillaume. Qui es-tu ?

– On m'appelle Hultre de Ryes et je suis vassal de Renouf de Briquessart, le vicomte du Bessin. Ne vous défiez pas de moi, ne me cachez rien de ce qui vous arrive et dites-moi franchement ce qui vous fait ainsi chevaucher à l'aventure, sans escorte aucune. Je ne suis qu'un pauvre vavasseur, mais j'ai reconnu mon seigneur et maître et suis prêt à le servir.

Situé au plus bas de l'échelle de la noblesse médiévale, le vavasseur est le vassal du vassal : Hultre a rendu l'hommage à Renouf de Briquessart, qui relève directement de l'autorité ducale. Si Renouf fait partie du complot, le seigneur de Ryes n'y est pas associé, sans doute même en ignore-t-il tout. Sa personnalité se retrouvera un siècle plus tard dans tous les romans de chevalerie : dans le cycle du Graal, le vavasseur est toujours un hobereau pauvre et fier, d'une dévotion sans faille à son seigneur ; peut-être Chrétien de Troyes a-t-il créé cet archétype à partir de l'exemple historique de Ryes, rapporté par la tradition à la cour de Henri II et d'Aliénor d'Aquitaine. Le nom du vavasseur de Ryes est d'origine scandinave (le patronyme *Holtar* existe encore en Islande), ce qui n'a rien d'étonnant dans le Bessin, important centre de peuplement danois.

– Par la splendeur de Dieu ! Hultre, c'est la mort qui court à mes trousses !

Guillaume lui raconte tout, le complot, son réveil en sursaut, sa folle chevauchée, et sa nuit de cauchemar jusqu'au point du jour. Ému aux larmes, le vieil homme porte la main sur son cœur.

– En vérité, seigneur, je vous en fais le serment : je vous protégerai mieux que mon propre corps ! Mais le maître de la Normandie se doit de faire bonne figure. Suivez-moi !

Hultre le fait entrer dans la grande salle de son château de bois. Qu'importe à présent la première messe ! Il suivra la prochaine en implorant l'aide de Dieu. Il fait laver son hôte, le réchauffer à la cheminée et l'habiller décemment. Sur la longue table en hêtre – des planches posées sur des tréteaux – apparaissent pain, lait, œufs, pâtés et fruits. Surgissent soudain trois jeunes gens vigoureux et armés.

– Genou à terre, mes fils, saluez votre duc ! ordonne Hultre. Vous allez escorter votre seigneur jusqu'à Falaise, et vous vous ferez tous tuer avant qu'il ne souffre ou ne meure !

– Père, nous accomplirons votre volonté ! répondent-ils d'une même voix.

Le vavasseur avance à Guillaume son meilleur cheval, un fougueux destrier bai au poitrail aussi large que celui d'un taureau, à la crinière noire comme la plume du corbeau. Sa seule fortune.

– Je vais soigner le vôtre et vous l'enverrai. Pour l'heure, vous pouvez compter sur celui-ci : il est petit mais vigoureux.

Hultre prodigue encore à ses aînés quelques bons conseils sur la route à suivre, les raccourcis à emprunter et les villes à éviter, puis le quatuor se met en branle. Telle est la vaillance de Guillaume qu'on aurait peine à dire lequel de ces quatre *bacheliers* frais et dispos n'a pas fermé l'œil de la nuit.

Eudes, Raoul et Hubert se révèlent des guides avisés. Le reste du voyage se déroule sans incident, Guillaume se détend et ses compagnons se laissent aller à la conversation sans pour autant relâcher leur vigilance. Sur ces entrefaites, une troupe de rebelles parvient à Ryes, qui interpelle Hultre.

– Réponds-nous sans détour : as-tu vu passer Guillaume ?

– Guillaume ? J'en connais plusieurs qui portent ce nom. De quel Guillaume me parlez-vous en ce moment ?

– Je parle du fourbe et cruel Bâtard, du maudit fils d'Herlève, de l'imposteur du siège ducal ! L'as-tu vu ?

Le vavasseur hoche gravement la tête, le regard perdu dans ses pensées.

– Je ne sais, reprend-il, si c'est l'homme que vous cherchez : j'ai vu ce matin un jeune cavalier en guenilles, courbé comme un vieillard sur le pommeau de sa selle. Quand il m'a aperçu, il est parti par là, comme pour aller s'embarquer, mais je ne vois pas qui pourrait prendre à son bord un être tel que lui ! Vous aurez tôt fait de le rattraper, car son cheval n'en peut plus.

Sans réfléchir, les traîtres tournent bride au nord et s'élancent sur la fausse piste. Guillaume est sauvé. Il passe par Bretteville, Norrey, Vieux et Bully. Entre l'église de Bully et son moulin, la troupe franchit l'Orne au gué du Foupendant : un hêtre se courbe sur la rivière jusqu'aux berges de Percouville, à Clinchamps. Direction : Falaise.

Falaise enfin ! Falaise tant espérée. Falaise la haute, la forte, la protectrice ! Les portes de son château se referment sur lui comme les bras d'une mère sur son enfant retrouvé. Recru de fatigue, il donne l'ordre de mettre en place les défenses et s'effondre dans sa chambre, lové sur lui-même, prêt à naître à sa nouvelle vie.

Le Val-ès-Dunes

– Seigneur, il vous faut intervenir, emprisonner ce misérable !

Guillaume arpente à pas comptés la salle haute de son donjon de Falaise, puis porte son regard sur Eudes de Ryes. Du danger partagé lors de leur chevauchée est née une solide estime. Intervenir ? Le rapport qu'on vient de lui faire ne laisse aucune place au doute : Néel de St-Sauveur, Renouf de Briquessart et Hamon le Dentu sont des traîtres ; et Grimoult du Plessis, ce sauvage qui vit sur un immense territoire d'un seul tenant, véritable défi au duché. Même Raoul Taisson du Cinglais s'est joint aux conjurés ; il a fait le serment de « férir Guillaume, en quelque lieu qu'il le rencontre » ! Ce *blaireau* (tel est le sens de son nom) d'origine angevine lui est pourtant étroitement apparenté depuis son mariage avec une fille de Gautier, le frère d'Herlève, dont le clan lui est par ailleurs demeuré fidèle. Serviles valets des rebelles, les vassaux de ces derniers se sont joints à la meute, forts de leurs multiples châteaux adultérins (construits sans la permission ducale ; littéralement : *vicieux, corrompus*). Leurs motivations : un attachement atavique à l'esprit d'indépendance nordique, un refus de l'ordre féodal naissant, le désir de mener impunément leurs guerres intestines – et leurs opérations de brigandage – au total mépris de l'autorité de Guillaume.

Pire encore : le clergé soutient plus ou moins ouvertement la révolte, quand il ne l'a pas suscitée, comme Hugues, l'évêque de Bayeux. Ou comme son oncle Mauger, l'archevêque de Rouen, hypocrite Richardide avide de puissance ; non content de mener une vie dissolue, ce frère de son père souhaite secrètement sa perte ; à son instigation, les marchands rouennais sont entrés en dissidence, profitant de la crise pour lui extorquer des privilèges commerciaux. Même l'abbaye du Mont-St-Michel a eu des velléités de soulèvement, poussée par les Bretons qui convoitent le rocher au prétexte que leurs comtes Conan Ier et Geoffroy Ier y ont été enterrés en 992 et 1008 ! Comme si le Mont pouvait ne plus être normand ! Or, comment toucher à l'Église, ce pilier de l'équilibre social ?

Chacun de ces fauteurs de troubles joue en sous-main son propre jeu, mais tous sont d'accord sur un point : il faut abattre le Bâtard pour lui substituer son cousin germain Guy de Brionne, l'ami, le frère, le camarade des jeux de son enfance. Ah ! si seulement il n'y avait pas ce passé commun dont le souvenir le cingle à la face !... Intervenir ? Il ne pense qu'à cela : assiéger Brionne, se saisir de Guy, le jeter dans un cul-de-basse-fosse ! Et pourtant...

– Non, Eudes, Guy n'est qu'un pion dans leur jeu, les vraies pièces maîtresses sont ailleurs, qui auraient tôt fait de le remplacer par un autre prétendant. Tant que je n'aurai pas réduit le nid de la rébellion, la nuit de Valognes hantera mes rêves.

– Certes, seigneur, lui répond Eudes de Ryes, mais ces félons sont si nombreux...

– Seul, je n'y arriverai pas. Malgré ce qu'il m'a fait autrefois, je vais solliciter l'aide de mon suzerain ; je vais aller voir le roi de France.

On ne sait pas où a lieu l'entrevue, à Laon, Compiègne ou Poissy, trois villes où la cour réside fréquemment ; probablement à Poissy, plus proche des ennemis potentiels du roi, d'où il est le mieux à même de surveiller leurs faits et gestes.

Henri Ier n'ignore rien des déboires de son vassal. Il serait même tenté de s'en réjouir, puisqu'il n'a pas peu contribué à l'actuelle déliquescence du duché, mais à la réflexion... Guy de Brionne est fils de Renaud de Bourgogne ; si ce fief s'unissait à la Normandie, son petit royaume pourrait se retrouver dangereusement pris en tenailles, d'autant plus que l'Anjou ne manquerait pas d'entrer à son tour dans la danse.

Guillaume lui expose sa requête, faisant valoir le droit féodal. Henri hoche la tête en silence. Se souvient-il de l'aide que lui a prodiguée jadis Robert le Magnifique ? De la visite de ce dernier avant son départ pour la Terre Sainte, accompagné de celui qui revient ce jour en face de lui ? Il lève cérémonieusement son sceptre.

– Quand vous étiez encore un enfant, dit Henri, je vous ai reconnu comme duc de Normandie. Comment le roi de France laisserait-il un de ses vassaux sans aide face à l'ignominie dont il est la victime ? Je me dois de réduire ce soulèvement ; votre armée pourra donc marcher aux côtés de la mienne après mon entrée dans la duché.

Guillaume s'incline cérémonieusement. Même si le roi s'attribue le rôle principal, il vient de remporter sa première victoire diplomatique. Il n'a pas encore vingt ans.

1. *Intérieur de la tour-résidence d'Ivry, édifiée vers la fin du Xe siècle. On remarquera l'appareil en arêtes de poissons.* (A. Vernon.)

2. *Plan de la tour résidence d'Ivry. 1. grande salle. 2. entrée. 3. porte. 4. salle voûtée sans ouverture. 5. salle, probablement de stockage et séparée de la salle suivante (6) par un mur percé d'arcades. L'abside a été détruite. A l'étage supérieur, la grande salle devait être un espace de réception, les petites pièces devaient abriter des chambres et l'abside une chapelle.* (Heimdal d'après J. Mesqui.)

3. *Vestiges de la tour-résidence d'Ivry, sur la frontière normande. Elle aurait été édifiée peu avant l'An Mil sur les plans de l'architecte Lanfroy, à peu près contemporain du donjon de Langeais. Il est bâti en arêtes de poissons, ses murs devant alors être enduits.* (E. Groult/Heimdal.)

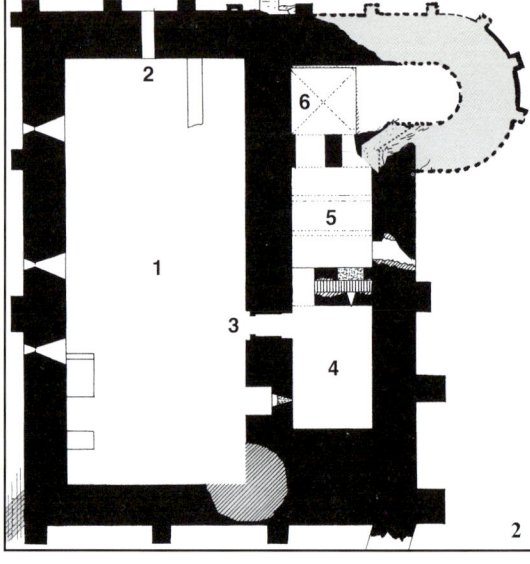

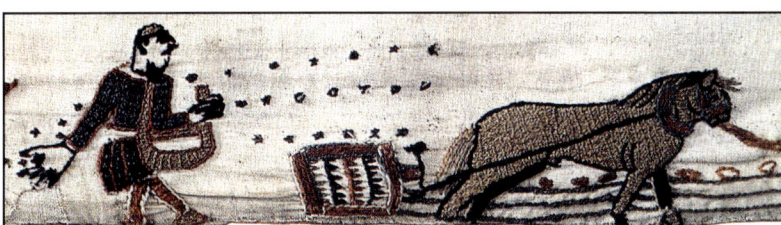

4. *Maquette du château d'Olivet à Grimbosq, au sud de Caen. De haut en bas : une première enceinte avec forge et écurie, enclos à chevaux. – La motte. – La dernière enceinte sur l'éperon avec la petite maison reliée au sommet de la motte (avec sa guette) par un escalier de bois, le grand logis à étage, la cuisine carrée et la chapelle à abside.* (Musée de Normandie.)

5. *Vue générale du château d'Olivet restitué.*

Colonnes commémoratives de la bataille du Val-ès-Dunes de 1047.

Il passe les mois suivants en préparatifs, s'assure du soutien de l'Évrecin, du Roumois, du Lieuvin et du pays de Caux. Il va de soi que celui de l'Hiesmois lui est acquis depuis toujours. Il laisse à l'écart le Vexin à cause de la révolte rouennaise ; et le pays de Bray, tenu par Guillaume d'Arques, un frère de Mauger, à qui il ne fait guère confiance. Début juillet, il envoie partout ses hérauts afin de rassembler l'ost, pour le service légal dû au duc sans quitter le territoire normand, limité à quarante jours.

Une date incertaine

La date de la bataille du Val-ès-Dunes n'est pas connue avec précision. Cependant, compte tenu de la fuite de Valognes en janvier et du temps passé de part et d'autre à trouver des appuis et consolider ses moyens militaires, le 10 août 1047 nous paraît une date acceptable. C'est celle que l'historien normand Arcisse de Caumont (on l'appelait alors *antiquaire*), père de l'archéologie en France, fait figurer sur la colonne commémorative érigée par ses soins en 1841 à Vimont. En hommage à ce grand pionnier, nous l'avons adoptée.

L'après-midi du 9 août 1047, la lisière orientale de la plaine de Caen voit s'avancer l'armée royale sous le soleil estival : chevaliers en tenue légère montés sur leurs palefrois ; écuyers sur leurs épais roussins, chargés des armes de leur maître, tenant dans la main droite son cheval de guerre, nommé pour cette raison *destrier* ; valets à dos de mulet, précédant les sommiers et les chariots de ravitaillement ; piétons, porteurs d'arcs et de lances. Chevauchant en tête avec ses proches, Henri lève le bras : il établira son campement ici, sur le Laizon, où guerriers et montures pourront se désaltérer et passer la nuit. Pendant qu'on dresse les tentes, les chevaux sont débridés et chacun songe à la bataille. Demain sans doute.

Au matin du 10 août, l'armée se met en branle. L'ennemi a été signalé à trois lieues à l'ouest. Seuls demeurent au campement les civils : valets et cuisiniers, maréchaux et bourreliers. La ferrure et le harnachement des chevaux ont été vérifiés, ainsi que les sangles des casques et des haubers.

A Valmeray, sur les bords de la Muance, Henri pénètre dans la petite église St-Brice pour y entendre la messe. A l'issue de l'office, Guillaume est en vue à la tête de son ost, après avoir effectué le rassemblement de ses fidèles du pays d'Auge. La jonction des armées a lieu sur la rive gauche de la Muance, qui servira de ligne d'appui aux forces ducales et royales.

C'est donc là, dans le Val-ès-Dunes, que va se jouer le destin de Guillaume. Le Val-ès-Dunes ? Un paysage de plaine légèrement onduleux, à la végétation clairsemée de taillis, hérissée de rares bosquets. L'ennemi, qui a passé la nuit au bord de l'Orne, est à présent parvenu au niveau de Conteville.

Les deux troupes marchent l'une vers l'autre, les archers en première ligne, suivis des piétons et des chevaliers escortés de leurs écuyers qui tiennent les lances de rechange et, pour les plus fortunés, un second destrier. Henri et Guillaume chevauchent côte à côte, les Français déployés au sud-ouest, les Normands au nord-est. En face, les rebelles ont fait halte au petit village de Billy. Plus de mille combattants de part et d'autre. Au sud, à l'écart sur un monticule, une troupe d'une cinquantaine de cavaliers fait bande à part, manifestement agitée par une vive discussion, comme hésitant à entrer dans la mêlée.

– Guillaume, demande le roi, qui sont ces chevaliers si richement armés ? Quelles sont leurs intentions ?

Le duc a reconnu la bannière de l'époux de sa cousine, du gendre de son « oncle » maternel Gautier, du puissant seigneur du Cinglais.

– Sire, répond-il, leur chef a nom Raoul Taisson. Je ne lui connais aucune raison de me faire un mauvais sort.

Soudain, le Blaireau se détache du groupe et, tout seul au galop, il dévale la pente du mamelon où restent ses compagnons. Sans lance et l'épée au fourreau, il pousse son cri de guerre : « Thury ! » et freine son destrier juste devant Guillaume imperturbable, qu'il cingle à l'épaule de son gant de cuir, devant le roi de France éberlué.

– J'avais juré de vous frapper, je viens de m'acquitter de mon serment ! Que ce geste ne vous offusque point : je ne voulais pas être parjure.

Puis il tourne bride et s'éloigne avec ses chevaliers. La défection de Raoul Taisson décuple la fureur des rebelles. Les deux armées sont à présent à portée de flèches. Les combattants se signent en murmurant une prière. Les archers bandent leurs arcs, les traits sifflent dans l'air d'été, des hommes tombent en hurlant. La cavalerie s'élance, les cris de guerre fusent de toutes parts.

– Montjoie ! St-Denis ! pour les Français.

– St-Sever ! St-Amand ! St-Sauveur ! pour les Cotentinois.

– Dieu aide ! St-Michel ! pour les Normands de Guillaume.

Le premier choc est terrible. Lances et écus sont au contact. Or, les longues lances de tournoi en frêne, comme on en voit au cinéma, n'apparaîtront qu'au XIIe siècle ; les lances de combat, plus courtes (environ 1,20m), à bout ferré fort acéré, ne sont pas conçues pour se briser contre les boucliers, dont certains volent en éclat. Des cavaliers tombent rudement sur l'herbe sèche ; épaules démises, jambes fracturées, visages tuméfiés par les fers des montures au galop. Les chevaux hennissent au cœur du bruit métallique des épées qui entrent dans la bataille ; ils fondent sur l'ennemi, voltent, reviennent à la charge. Leurs flancs saignent sous l'éperon, leur bouche se déchire sous le mors.

Chaque camp recompose ses forces. Emoustillés par le début du combat, les chevaliers se cherchent des adversaires à leur mesure, guettent les couleurs de ceux qui les ont bousculés, comme pour une incitation à la joute. Et, comme à la joute, ils fondent l'un sur l'autre, par paires. Ces assauts-là sont infructueux. Comme à la joute, les lances se plantent dans les boucliers sans les faire éclater ; les lames des épées glissent sur les écus. Mais pas de belles dames pour les acclamer derrière les lices, ce ne sera qu'un siècle plus tard ; pas de lices non plus ! Les chevaliers parent les coups, leurs montures sont encore fraîches, chacun est au mieux de sa forme.

Puis le temps passe, qui révèle faiblesses et fatigue. Tout comme les armes, les réflexes s'émoussent, le corps ne suit plus l'esprit. D'autres cadavres rejoignent les premiers morts. La guerre n'est pas la joute, on n'y lutte pas contre des quintaines.

Henri de France enfonce les lignes de Néel de St-Sauveur, sans prendre garde à un piéton qui lève sa lance à son passage. Le fer s'enfonce sous les côtes du roi, le soulève de la selle, le désarçonne. Il roule au sol mais ne souffre d'aucune blessure : la qualité de ses mailles l'a protégé. L'agresseur n'a pas le temps de savourer son exploit : il tombe sous les coups d'un autre Français et, déjà, l'écuyer du roi revient vers lui avec son destrier. Piqué au vif, Henri remis en selle va redoubler de prouesse, la rage au cœur. 70 ans plus tard, Wace écrira :

De Cotentin issit la lance

Qui abattit le roi de France

Cet épisode a fortement impressionné les contemporains de Guillaume et leurs descendants. On a prétendu que le haubert n'était apparu qu'au XIIème siècle ; en réalité, la cotte de mailles existait déjà à l'ère carolingienne sous le nom de *halsperg*. Son coût élevé, le temps nécessaire à sa fabrication, ont contraint les combattants moins fortunés à se rabattre sur la broigne, moins onéreuse, simple gilet de peau recouvert d'anneaux ou de plaques métalliques. Il est certain que Henri Ier portait un haubert, seule protection efficace contre le coup de lance qu'on lui a porté, que de gros anneaux ou des écailles de fer n'auraient pas suffi à arrêter.

Guillaume n'est pas en reste. On le voit partout à la fois. Flanqué d'Eudes de Ryes, il frappe à tour de bras, menant son cheval comme à l'exercice. Un chevalier de Renouf de Briquessart se porte à sa rencontre. Hardrez, tel est son nom, n'a pas usurpé sa réputation de force et de vaillance, mais le duc n'a rien d'un jouvenceau : plus de cinq pieds de haut (1,73m), aussi large qu'un veau, robuste comme un chêne. Prolongé par son épée, son bras traverse la gorge de l'assaillant dans un jaillissement de sang. Sa tête bascule sans vie sur l'encolure de sa monture.

Le soleil est au plus haut du ciel et le combat dure encore. L'ordre militaire du début a fait place à un incroyable morcellement des troupes. Les hommes luttent à deux contre trois, à trois contre cinq ou seul à seul, éparpillés à l'ouest du point de contact. Les rebelles se débandent, inexorablement repoussés par les troupes légalistes. Le sang coule à Chicheboville, Secqueville, Conteville, Garcelles et Tilly, vidés de leurs habitants dès le point du jour.

La chaleur est torride, la sueur ruisselle sous les casques bosselés, traverse chausses et hauberts. Sur un bouclier que portent deux piétons, on voit passer le cadavre de Hamon le Dentu, tué par un chevalier français qui l'a servi à la lance comme un sanglier sur ses fins. La mort de ce rude baron de Creully démoralise ses compagnons. Renouf de Briquessart choisit la fuite ; il jette lance et épée et disparaît au galop, suivi par ceux de ses hommes qui sont encore en vie. Grimoult du Plessis l'imite bientôt, puis Guy de Brionne, qui n'a jamais pris une part très active dans la bataille. Seul des grands barons conjurés, Néel de St-Sauveur continue à se battre. Sa bonne épée ne cesse de férir les écus ; son cheval n'est plus qu'une masse sanguinolente.

– St-Sauveur ! hurle-t-il.

On ne l'appelle pas pour rien *Tête-de-Faucon* ! Mais la débandade est totale, et l'acharné rompt à son tour le combat.

Le Val-ès-Dunes est jonché de cadavres, d'armes et d'écus abandonnés. Le cliquetis des épées s'est tu pour laisser libre cours au râle des blessés et au hennissement désespéré des chevaux agonisants. La victoire est totale, mais le jour n'est pas fini : il faut encore tirer vengeance des fuyards, les poursuivre en une incoercible fureur guerrière, les achever sans merci et se saisir des chefs du complot. Cavaliers ou fantassins, les survivants se ruent vers l'Orne, cherchent les gués, trouvent celui d'Athis (Étavaux) entre Allemagne (aujourd'hui Fleury-sur-Orne) et St-André, sont rattrapés, criblés de coups, massacrés. Les autres se noient ; leurs corps vont s'entasser en aval dans le bief d'un moulin dont la roue en cesse de tourner ! Et jusqu'à Caen, le flot charrie une eau vermeille.

Dans sa fuite éperdue vers le sud-ouest, Grimoult du Plessis chevauche avec l'énergie du désespoir. L'impitoyable chasseur se retrouve dans la position du gibier traqué, pourchassé par la meute des troupes ducales. Son destin s'est scellé ce jour au Val-ès-Dunes, linceul qui se referme sur ses cadavres. Il s'est pourtant démené, il a estoqué, taillé à rompre son épée ; en vain.

Sa monture écumante, épuisée, ruisselante de sueur et de sang, peut à peine porter son propre poids. Alors, son cavalier bardé de fer, alourdi par le haubert aux mailles éclatées ! pour lui, tout est perdu, à moins qu'il atteigne avant la nuit son nid, sa bauge, son antre, accroché au flanc du Mont Pinçon, tout là-bas à l'horizon, au tréfonds de la dense cuirasse de verdure qui tapisse la muraille naturelle de son fief. Contre l'orgueilleuse forteresse du Plessis, repaire inexpugnable ceinturé de pierres tout comme le château de Falaise, ses ennemis se casseront les dents, tels des chiens sur un fer de lance ! Mais pour y parvenir, pour regagner ce havre, il lui faut d'abord franchir la rivière.

Les hommes de Guillaume le savent bien. Comme plusieurs gués sont possibles, les vainqueurs se sont divisés pour multiplier leurs chances d'atteindre la proie de cette terrible chasse à courre. Une troupe de Normands parvient sur les hauteurs de Caumont. Loin, très loin en contrebas, comme le motif d'une tapisserie, l'Orne serpente paresseusement au creux de la vallée qu'elle s'est patiemment creusée au fil des millénaires, scintillant ruban d'argent sous le soleil estival qui décline à l'ouest en soulignant de ses ombres l'interminable forêt qui ondule sur l'autre rive. Attisé par la quête, l'instinct de ces guerriers leur souffle qu'ils sont sur la bonne voie. Des paysans sont là qui poussent leurs bœufs devant une charrette chargée d'une maigre moisson. Oui, voici peu, ils ont vu le fuyard, tête nue et sans haubert, sur un alezan harassé qui descendait vers le gué en trébuchant tous les trois pas. Dans la troupe, le meneur – le veneur ! – se tourne en riant vers ses compagnons triomphants :

– Par Madame Ste-Marie, s'exclame-t-il, voici une bien bonne nouvelle !

– Je fais le vœu, ajoute un chevalier, d'ériger ici même, sur les hauteurs de Caumont, une chapelle dédiée à la Sainte Vierge !

– On l'appellera Notre-Dame de Bonne Nouvelle !

– En avant !

La chasse reprend de plus belle, attisée par la fraîcheur de la voie. Les cavaliers franchissent le gué dans un bouillonnement d'écume. Ragaillardis par le contact de l'eau sur leurs jambes, leurs chevaux prennent d'eux-mêmes le galop dès qu'ils mettent le pied sur la berge opposée. Tel un *taïaut*, un cri retentit :

– Le voilà !

Au bout du chemin, Grimoult est aux abois. Il se sait sur ses fins. Il comprend qu'il ne pourra franchir les deux lieues qui le séparent encore du Plessis, qu'il périra sans revoir son château. Malgré tout, ses éperons pénètrent les flancs de son alezan qui se cabre dans un hennissement déchirant qui fait vibrer l'échine des poursuivants. Le destrier galope encore sur trois foulées dérisoires avant de s'effondrer mort sous son cavalier désarmé.

Quand Grimoult se relève, les Normands sont sur lui. L'un brandit sa lance rouge de sang pour le servir comme un cerf, l'autre fige son geste par un cri :

– Vivant ! Guillaume le veut vivant !

Vivant ? Soit ! Mais ce qui l'attend lui fera regretter le coup de grâce salvateur qu'il s'attendait à recevoir. On lui lie poings et chevilles en ponctuant l'opération de solides coups sur les côtes. On l'assomme, on le muselle même, tel un ours pris au piège, et c'est ainsi maîtrisé, dompté, humilié, qu'il fera son entrée dans Falaise en liesse, couché en travers de la croupe d'un sommier, sous les injures et les crachats des habitants.

Satisfait de la prise, Guillaume n'a cure de garder le renégat dans sa ville natale. En revanche, Rouen a bien besoin d'un exemple de la fermeté ducale, comme de l'échec de la rébellion. Il l'y expédie pour y être jugé. Contre toute évidence, et conformément à un droit qui fera la fortune des juristes anglais, puis américains, l'accusé plaide non coupable ! Et il en appelle au jugement de Dieu ! Alors, courageusement dans cette atmosphère de règlements de comptes d'après-guerre, un des vassaux de Grimoult se présente devant le duc et sa cour : Salle de Lingèvres, tel est son nom, sera le champion du sire du Plessis. Lui, féal chevalier du Bessin, tentera de le justifier en champ clos. Chacun se prépare à l'affrontement ; pourtant le *chalange* ne sera pas suivi d'effet car, le jour fixé pour le duel, quand ses geôliers vont chercher Grimoult pour qu'il assiste au combat singulier, ils le découvrent mort dans ses chaînes, les fers aux pieds.

Le sort de Grimoult du Plessis

Au XIe siècle, les instances judiciaires ont parfois à traiter d'affaires difficiles, soit parce qu'elles sont incertaines, soit parce qu'elles sont trop évidentes (c'est le cas de Grimoult, dont la culpabilité ne fait aucun doute malgré ses dénégations), soit parce qu'elles concernent des atteintes aux gens ou aux biens d'Eglise. On fait alors appel au jugement de Dieu, qui peut revêtir plusieurs formes. L'*ordalie* consiste à infliger à l'accusé quelque torture pour voir comment il s'en sort. On lui fait par exemple tenir à la main un fer chauffé à blanc (épreuve du feu) et on « juge » le lendemain… de l'état de ses brûlures. Ou bien on lie le suspect qu'on jette dans un étang (épreuve de l'eau) et on regarde s'il surnage, preuve manifeste de son innocence ! Plus simplement, ancêtre du détecteur de mensonges, l'épreuve du livre consiste à suspendre le prévenu, les bras écartés liés à une poutre posée en équilibre sur son milieu, puis on lit des prières : le jugement est rendu en fonction des mouvements de balancier observés sur la pièce de bois !

Le *duel judiciaire* voit s'affronter en champ clos les deux adversaires d'un litige, ou leurs champions. Si l'accusé n'a pas vaincu avant l'apparition de la première étoile dans le ciel, il est reconnu coupable. Cette formule s'inscrit parfaitement dans la mentalité du Moyen Âge, où la force est la meilleure expression du droit.

Dérivé du latin *calumniari*, le verbe *chalengier* signifie accuser faussement. Le nom *chalenge* (ou *chalange*) désigne le défi qui résulte d'une telle accusation et mène ainsi au duel judiciaire. Malheureusement tombé en désuétude de ce côté-ci du *Chenal*, le mot nous est revenu de Grande-Bretagne avec deux *l*, et aussi, hélas ! une consonance anglaise à proscrire, car *chalange* est un mot français !

On ne peut pas raisonnablement croire à la mort naturelle de Grimoult dans sa geôle ; on l'y a vraisemblablement étranglé. Il est peu probable que Guillaume ait décidé de s'exposer en combat singulier face à Salle de Lingèvres, et on ignore l'identité de son champion. Le duc a-t-il donné l'ordre de l'assassiner, craignant la victoire de Salle et la remise en liberté du rebelle ? L'un de ses proches trop zélé s'en est-il chargé ? Quoi qu'il en soit, Grimoult constitue l'exception parmi les rebelles : Néel et Renouf sont rentrés en grâce quelques années plus tard, récupérant même leurs biens confisqués en 1047.

L'imagination populaire s'est vite emparée du seigneur du Plessis, narrant à sa manière dans *la légende du corps nu* sa poursuite, son arrestation, et sa mort atroce, lié à un arbre, écorché lambeau par lambeau par les hommes de Guillaume… Ce qui laisse au moins supposer que ce dernier nourrissait à l'égard de Grimoult des griefs personnels, non élucidés.

Hormis Hamon le Dentu, dont le sang s'est vidé sur la terre du Val-ès-Dunes, les autres têtes de la conjuration connaîtront un sort moins funeste. Conformément à la vieille tradition nordique peu encline à la peine de mort, Néel de St-Sauveur et Renouf de Briquessart sont frappés de bannissement. Toutes les terres des insurgés tombent aux mains du jeune duc. Défis à l'ordre suzerain, les châteaux adultérins sont purement et simplement rasés ; du reste, la plupart de leurs tenants ont péri dans la bataille.

La trêve de dieu

Et Guy de Bourgogne, le prétendant malheureux au cercle ducal ? Poursuivi par le duc de Normandie en personne, il parvient à se retrancher en son château de Brionne, bâti en plein milieu du cours de la Risle, sur une île dont il sera difficile de se rendre maître. Qu'importe ! Puisqu'il ne peut investir la cité, le Bâtard décide d'y mettre le siège le temps qu'il faudra.

Il reste la question, autrement plus épineuse, des membres du clergé qui ont peu ou prou favorisé le soulèvement, et au premier chef Hugues de Bayeux, complice avéré de Renouf et de Néel.

– Votre vengeance ne sera complète, lui suggère Eudes de Ryes, que lorsque ce traître aura payé sa félonie !

– Tout doux, mon ami, tempère Guillaume. Hugues est isolé. Coupé de tout appui militaire, il ne présente plus guère de danger. Je crois plus habile de le maintenir sous sa charge épiscopale. Ainsi, je ne me mettrai pas l'Eglise à dos.

Eudes est sceptique.

– Et l'archevêque de Rouen ? demande-t-il au duc. Mauger ?

– Mauger ? Les liens familiaux qui nous unissent m'interdisent d'agir directement contre lui, surtout en l'absence de preuves formelles de sa duplicité. Cependant, rassure-toi, Eudes : je lui réserve une surprise à la hauteur de sa trahison.

Cette surprise que Guillaume lui ménage sera empreinte, tant de sens politique que d'une indéniable dérision, fort en accord avec la personnalité du fils de Robert le Magnifique. Il se trouve qu'en ce même temps le duc de Normandie a été sollicité par l'abbé de St-Ouen de Rouen, Nicolas, le fils de Richard III. Son cousin désire accomplir une œuvre de grande piété qui, si elle est bien menée, permettra aussi à Guillaume d'affermir son autorité naissante. Importante entre toutes en ce siècle baigné par la religion, cette œuvre n'est autre que la Trêve de Dieu.

Cinq ans auparavant, Richard de St-Vanne, un abbé bénédictin de Verdun, du reste familier de la cour de Richard II de Normandie, avait déjà tenté d'imposer à la chrétienté cette institution aux règles strictes : interdiction des guerres privées du mercredi soir au lundi matin entre l'Avent et l'Epiphanie, entre Carême et Pâques, entre Rogations et Pentecôte. Sages recommandations (qui laissent encore beaucoup de temps pour s'affronter !), mais que vaut une réglementation que nul ne sait faire observer ? Et en 1042, le duc est si jeune, il a d'autres chats à fouetter.

Il n'en est plus de même l'été 1047. Sa victoire au Val-ès-Dunes lui confère l'aura d'un prince autoritaire, craint et respecté. Et si Richard de St-Vanne est mort depuis un an, son idée a fait du chemin : l'abbé Nicolas l'a reprise à son compte, et il semble bien que l'archevêque de Rouen y soit favorable ; ce qui vient de l'Eglise est bon pour l'Eglise… Mauger ? Eh ! bien, soit : c'est l'oncle de Guillaume qui aura l'insigne honneur de présider la cérémonie envisagée, puisque son rang le désigne pour cette tâche. Cependant, la programmer à Rouen ferait la part trop belle à ce prélat dévoyé, connu pour ses nombreuses maîtresses, ses enfants naturels, et surtout ses velléités de rébellion. Alors, Guillaume décide de proclamer la Trêve de Dieu à quelques lieues du Val-ès-Dunes encore retentissant des échos de la bataille ! Ironie d'une décision qui va consacrer la victoire du Bâtard – car c'est bien de cela qu'il s'agit – par la bouche de son ennemi le plus sournois, sur le site même de la débandade de ses complices ! Une habile conjonction du militaire et du sacré qui devrait dissuader ses vassaux de se livrer à des guerres privées, tout comme à la plus infâme des menées belliqueuses : la révolte contre le duc !

La Trêve de Dieu ne doit pas être confondue avec la Paix de Dieu. Celle-ci visait à protéger les personnes faibles et désarmées contre tout acte de violence : les marchands, les paysans et, bien entendu, les clercs ! La notion de Paix de Dieu émerge en 975 avec Guy d'Anjou, évêque du Puy. Elle commence à prendre forme à Charroux, où une assemblée d'évêques convoquée par celui de Bordeaux couche par écrit les bonnes résolutions. Par la suite, Limoges, Le Puy, Aurillac, Cahors, Poitiers, verront se réunir des assemblées de la Paix. Cette Paix de Dieu n'évoluera vers la Trêve de Dieu, aux objectifs plus politiques, que vers le premier tiers du XIe siècle. Dès lors, un serment prêté à la fin des débats scelle la solennité des décisions. Au nord de la Gaule où il parvient tard, le mouvement trouvera sa meilleure expression en Normandie.

Ancien site gallo-romain, Caen est alors une juxtaposition de hameaux espacés, développés au gré des innombrables bras d'eau qui s'enchevêtrent au confluent de l'Odon et de l'Orne. La paroisse de Darnétal est le noyau le plus urbanisé de ce conglomérat de foyers. Là se trouve le port, car un méandre de l'Orne, dont le cours tortueux est navigable, vient baigner ce quartier qui n'a pas encore pris le nom de *St-Pierre*.

Pourtant, Caen existe déjà, sous les noms variables, selon les chartes, de *Cathim, Cathem, Cathum, Catheim, Cadun, Cathom* etc ; ou *Cadomagus*. Elle est nommée en 1006 dans une charte de l'abbaye de Fécamp. Outre le port, on y cite ses églises, ses prairies, ses vignobles, son marché et son péage. En 1026, un acte de Richard III mentionne aussi ses moulins et ses champs de foire : il s'y tient en effet la Foire du Pré, chaque année à la St-Denis (fêté le 9 octobre). Guillaume trouve cette occasion idéale pour son concile de la Paix : l'immense marché qui s'étendra sur les grands et les petits prés attirera marchands, paysans, acheteurs, baladins et simples curieux, autant de Normands et de horsains qui porteront témoignage de l'entreprise ducale.

1. Ce chevalier normand porte un bliaut fendu plus pratique pour les cavaliers. (G. Bernage.)

2. Commerçant ou bourgeois normand (cheveux mi-longs et barbe légère). Il porte le bliaut en laine par dessus sa chemise en lin sur lequel il a placé une cape tenue sur l'épaule droite par une fibule (broche) ronde. Il est coiffé d'un bonnet. Vêtements confortables et agréables à porter et qui procurent une bonne protection par tous temps. (G. Bernage.)

Pas de cérémonie religieuse sans reliques : l'abbé Nicolas envoie celles de St-Ouen. La célèbre abbaye rouennaise possède alors le patronage de la paroisse de Rots, à l'ouest de Caen. Peut-on rêver meilleur écrin pour les précieux restes que cette petite église rurale, dédiée elle aussi à St-Ouen, dans l'attente du grand jour ? Ainsi les fidèles pourront-ils s'y recueillir.

La procession d'acheminement a traversé la ville, escortée par de nombreux Caennais et par des voyageurs que la foire attire. A mi-chemin, un émissaire de Guillaume rattrape le lent convoi des autorités religieuses.

– Le duc, leur dit ce cavalier, vous prie de bien vouloir arrêter le cortège. Il veut porter lui-même les saintes reliques jusqu'en l'église de Rots !

Le souffle coupé par une telle annonce, les marcheurs interrompent leurs psaumes et s'assoient sur l'herbe. Dans un nuage de poussière, le Bâtard surgit au galop de son palefroi. Mettant pied à terre, il ordonne aux porteurs de reliques de charger ses larges épaules de la châsse qui abrite les restes de St-Ouen. D'un pas lent et sûr, c'est ainsi bâté qu'il couvre à pied, sans trébucher, la dernière lieue qui le sépare du sanctuaire paroissial, dans le bourdonnement admiratif du murmure de la foule.

Enfin arrive le jour tant attendu. En cette première quinzaine d'octobre, la Foire du Pré bat son plein, grossie de la foule des badauds attirés par la rumeur publique, mais tous ont déserté les étals et les enclos pour assister au défilé des personnalités : Guillaume et ses deux frères Odon et Robert ; les grands barons du duché ; Mauger, dont la morgue est à l'avenant de la magnificence de ses habits sacerdotaux ; Hugues de Bayeux qui ravale sa rancœur ; les évêques d'Évreux, Lisieux, Sées, Avranches et Coutances ; une multitude d'hommes de guerre ou d'Église, dont

certains inscriront leurs noms en lettres d'or dans les chroniques ; des émissaires venus de France, de Flandre, de Bretagne et d'Anjou, et même d'Angleterre, où son cousin Édouard règne depuis 1042. Il s'agit de clamer à la face du monde que le duc veut la paix, et qu'il a le pouvoir de l'imposer à quiconque voudrait entraver ses desseins.

La cérémonie se tient en la paroisse St-Michel de Vaucelles, qui relève alors de la seigneurie de Mon-

L'architecture est alors surtout en bois pour les bâtiments agricoles comme sur le site reconstitué de la Haie-Joulain. Le logis des domestiques ou bergerie, en poteaux de bois, clayonnage et torchis, a été reconstitué d'après le site allemand de Büderich. Il abritait hommes et animaux, les premiers bénéficient, l'hiver, de la chaleur des seconds. Ce type de bâtiment se retrouvait du Danemark (Haithabu - site viking) à la Normandie et au-delà, en Champagne, en Bourgogne et Val de Loire. (E. Leclerc-Keroullé.)

Grange sur le site de La Haie-Joulain. (E. Leclerc-Keroullé.)

les puissants de l'assistance, serment sur les saintes reliques à l'appui, proclament solennellement la Trêve de Dieu sur la totalité du duché de Normandie. Dès lors, tout parjure s'expose à la panoplie des peines encourues : amende, excommunication, bannissement jusqu'à trente ans, ordalie, ou pénitence publique pouvant atteindre sept ans ! En outre, les

deville. Elle a lieu en plein air sur une propriété de l'abbaye de Fécamp, celle que Richard II, le grand-père de Guillaume, avait fait restaurer. Tout un symbole !

À la hâte, on a édifié un petit sanctuaire pour y déposer les reliques : celles de St-Ouen, bien sûr, de retour de Rots, et aussi celles d'une impressionnante quantité d'autres évangélisateurs de la Neustrie, en provenance d'églises des alentours. Cernés par la masse du public que la piétaille tient dûment à l'écart, tous

Ce cavalier normand se prépare et attache ses chausses en laine à la ceinture de ses braies (sorte de caleçon de lin). Les chausses sont aussi serrées par des jaretières sous les genoux. (G. Bernage.)

prêtres prieront pour ceux qui respecteront la Trêve, et chargeront les autres des pires malédictions. Si les jugements incombent aux cours ecclésiastiques, c'est le duc (exempté, ainsi que le roi, des obligations de la Trêve) qui se porte garant de l'ordre public et de l'arrestation des contrevenants : la Trêve de Dieu est indissociable de la paix du duc. Dorénavant, Guillaume sait que la Normandie peut s'épanouir.

– Je décide et proclame, lance-t-il à la cantonade, qu'une chapelle sera construite autour de cet oratoire. On la nommera Sainte-Paix, et on la dédiera à tous les saints du Paradis, afin de perpétuer le souvenir de ce jour béni entre tous !

La chapelle *Sainte-Paix de Tous-Saints* a allègrement franchi les ans jusqu'au XIXe siècle. On l'a alors à moitié abattue afin de faciliter la construction de… l'usine à gaz !… Aujourd'hui, le chevet de ce sanctuaire situé rue du Marais, le plus ancien de Caen qui nous soit parvenu, est fort heureusement restauré.

Bas-relief du XIe siècle en provenance de la chapelle Sainte-Paix. (Réserve du Musée de Normandie.)

Le chevet da chapelle Sainte-Paix à Caen. (Th.G. Leprévost.)

Troisième partie : Duc de Normandie

Brionne

Juché sur son destrier, Guillaume balaie du regard le vaste panorama qui se déroule en contrebas. Là, enserrée par les deux bras protecteurs de la Risle, Brionne lui inflige un sévère camouflet.

– Par la splendeur de Dieu ! s'exclame le Bâtard, j'aurais dû le prendre de vitesse et l'abattre !

Son compagnon, l'autre Guillaume, le fils du défunt Osbern, hoche la tête.

– Sans doute, Guillaume, sans doute, mais tu avais d'autres choses à faire, plus urgentes.

– Mon cousin Guy a eu tout loisir d'accumuler armes, vivres et défenseurs pour soutenir un siège et résister à mes assauts. Cette île fortifiée n'est accessible par aucun gué ni pont. Le seul moyen d'y mettre pied reste la voie fluviale, mais c'est trop hasardeux : le château est puissant, sa garnison aurait tôt fait de couler ou d'incendier les nefs qui tenteraient l'aventure. Nos ancêtres du nord eux-mêmes, pourtant rois de la navigation, n'ont pu jadis avoir raison de l'île de Paris.

– Celle-ci est beaucoup plus qu'un château avec donjon. C'est un domaine à part entière, un petit territoire où vivent hommes, chevaux, animaux de basse-cour, où s'entassent fourrages et salaisons, où des lopins de terre cultivée promettent une résistance opiniâtre, confortée par des sources de ravitaillement qui seront longues à se tarir.

– Bien sûr ! C'est mon pauvre ami Gilbert qui a bâti tout cela ! Il s'y entendait dans l'art de la défense.

De la colline qui domine à l'est le cours de la Risle, Guillaume a une vision propre au chef de guerre : cette île-fief ne pourra être prise par les armes. Soit. Le siège est en place, et il n'est pas pressé. Prisonnier sur ses propres terres, le traître est en sursis et ne peut plus lui nuire. Ce que la force ne peut gagner, la patience en viendra à bout. Dans la forêt voisine, ses hommes ont réquisitionné des paysans pour abattre d'énormes chênes, des géants séculaires où sont taillées des poutres de quarante pieds de long (environ treize mètres). Promptement chevillées, encore craquantes de la sève odorante qui circule en leurs fibres, ces pièces de bois deviennent la charpente d'imposants échafaudages au sommet desquels de solides plates-formes couvertes de toitures rudimentaires constituent les meilleurs des observatoires. Edifiées hors de la vue des assiégés, ces tours d'assaut (qui n'en ont que le nom, puisqu'elles ne peuvent flotter jusqu'aux remparts !), sont tractées par des bœufs à l'aide de treuils et de poulies, roulées sur des rondins à leur emplacement définitif, l'une rive gauche, l'autre rive droite, implantées de manière à prévenir tout franchissement des bras de la Risle : une évasion des assiégés, une tentative de ravitaillement de la place forte seront décelées et empêchées.

Selon l'usage en vigueur, Guillaume permet à ses troupes de se livrer au pillage de la campagne environnante. C'est autant une précaution contre un éventuel approvisionnement de l'île qu'une nécessité économique : vivre sur l'habitant dispense d'acheminer des convois d'intendance sur des chemins peu praticables. Pour couronner le dispositif, le duc décide d'installer le gros de son armée sur son point d'observation, d'où l'on a vue sur l'île, la Risle et les deux tours de bois. Il ordonne la fortification du site. L'expérience sera profitable, car l'île sera par la suite abandonnée en tant que place forte, au profit des hauteurs où sera érigé au XIIe siècle le donjon dont on voit encore des vestiges.

Pendant trois ans, Guillaume va effectuer à Brionne de fréquents et longs séjours, entouré d'une cour où figurent les éléments qui feront de son entourage l'un des plus sûrs qui soient. Parmi eux, Guillaume Fitz-Osbern, l'ami de toujours, le presque frère, le compagnon des temps cruels où une partie des Richardides voulait – déjà ! – sa perte, tandis qu'il amassait, ainsi que l'écrira Orderic Vital « dans son cœur d'enfant une force virile ». Le duc a fait de Guillaume Fitz-Osbern le chef de son armée ; il a épousé une fille de Roger de Tosny, grand pourfendeur de Sarrasins en Espagne et rebelle à l'autorité ducale sous la minorité du Bâtard. Curieuse époque où la clémence succède à la trahison, où la faute porte en elle son futur pardon ! En Normandie, la rancune est rarement de mise, et jamais ne se porte sur la famille du coupable. Sinon, comment expliquer que Roger II de Montgomery, un fils du meurtrier d'Osbern de Crépon, figure lui aussi parmi les favoris du duc ? Celui qui osera signer au bas de la charte de fondation de son abbaye de Troarn « Moi, Roger, le plus normand des Normands » est un cousin éloigné de Guillaume, le petit-fils d'une sœur de Gonnor ; lui aussi a beaucoup à se faire pardonner, qui avait pris la tête des intrigants à la cour de Henri Ier pendant la minorité de Guillaume. Devenu vicomte d'Hiesmois après Turstin Goz, il met à profit la relative inaction liée au siège de Brionne pour se marier avec Mabile de Bellême, la dernière fille vivante du sanglant Guillaume Talvas, qui jadis régna sans partage sur Domfront, Alençon et le Perche. Cette alliance enterre enfin toute volonté d'indépendance de ce vaste territoire-frontière trop longtemps affranchi de l'autorité ducale.

De même, Robert de Grantmesnil aurait tout lieu d'éviter la belle-famille de Roger de Montgomery. Neveu de Guillaume Fitz-Géré, il est parent des Giroie qui fondèrent St-Céneri-le-Gérei et menèrent une vendetta sans merci contre les Bellême. On le trouve pourtant à Brionne dans l'entourage du duc, non loin de Roger de Montgomery.

Et bientôt entrera dans le cercle des privilégiés un homme énigmatique, spirituel et lettré, qui apportera au duché ce qui lui fait le plus défaut : la culture.

Né à Pavie en Lombardie vers 1005 d'une famille de magistrats, Lanfranc a suivi à Bologne des études de juriste. C'est l'époque à laquelle l'Italie se tourne à nouveau vers le droit romain, supplanté depuis des siècles par la chrétienté. Extrêmement érudit, il rejoint sa ville natale pour y exercer ses talents, dont l'écho international parvient aux oreilles de l'évêque d'Avranches, qui l'invite à venir instruire le clergé de son diocèse. Après des hésitations, Lanfranc se laisse convaincre d'accepter l'offre par son compatriote Suppo, abbé du Mont-St-Michel. Il s'établit en 1039 à Avranches, où en qualité d'écolâtre il enseigne le trivium et le quadrivium (soit les sept arts : grammaire, rhétorique, dialectique ; géométrie, arithmétique, musique, astronomie) le droit et la théologie. En 1042, une crise mystique l'incite à quitter cette voie royale pour entrer dans le peu gratifiant clergé régulier. Comme il s'informe du monastère le plus pauvre de Normandie, on lui indique celui du Bec, près de Brionne.

On ne lui a pas menti. L'endroit est aussi éloigné du confort qu'on peut l'imaginer. C'est en 1034 que le chevalier Hellouin, descendant d'un Viking de Göngu Hrolf et vassal de Gilbert de Brionne, résout d'entrer dans les ordres. Le guerrier se fait moine, l'analphabète acquiert les bases d'une instruction tardive et se replie au lieudit *Le Bec*, près de la Risle, au sein du petit ermitage qu'il vient de créer et qui va vite s'accroître en nombre.

Quand Lanfranc rejoint la communauté, il pense atteindre la phase ultime de son existence (il n'a pas quarante ans !). Or, séduit par son érudition et sa personnalité, l'abbé Hellouin le nomme prieur du Bec. Mieux, le Lombard ne peut s'empêcher de revenir à sa vocation première et, trois ans après son arrivée, aiguillonné par ses compagnons, il fonde pour les novices une école qu'il ouvre bientôt aux élèves extérieurs, dont la réputation fait le tour de la Normandie. Véritable phare intellectuel du duché, l'école du Bec rayonne très vite sur l'Occident chrétien qui lui envoie ses fils de bonne famille ! À l'issue de leurs études, ces théologiens avertis répandent à leur tour leur savoir en France, en Angleterre, en Méditerranée, partout où la Normandie exerce quelque influence. Ils auront nom Grégoire VII, Alexandre II, Yves de Chartres, Anselme d'Aoste…

Autant dire qu'en assiégeant Brionne, Guillaume ne peut ignorer la présence de ce prestigieux voisin. De même Lanfranc a-t-il été mis au courant des événements consécutifs à la révolte de Guy de Bourgogne. Chacun brûle d'envie de rencontrer l'autre, mais le Lombard s'abrite derrière les murs de son abbaye : qui veut me voir, qu'il y vienne ! Quant à Guillaume, il estime qu'il n'incombe pas au duc de Normandie de faire les premiers pas en direction d'un moine, fût-il Lanfranc ! En outre, un autre projet le préoccupe.

Une duchesse pour la Normandie

Tandis que ses meilleurs amis ont pris femme, Guillaume n'est toujours pas marié à presque vingt-trois ans, ce qui au XIe siècle constitue une exception. Les jours passés autour de Brionne lui laissent le temps de réfléchir au meilleur parti pour lui, ou plus exactement pour la Normandie, puisque toute union matrimoniale est d'abord une alliance politique. Du reste, cette nécessité est sans doute la clé de son célibat prolongé : précipiter les choses n'eût rien arrangé à ses affaires tant qu'il n'avait pas assis son autorité sur ses propres terres. Après le Val-ès-Dunes et le concile de Caen, le jeu tourne à son avantage.

Le choix est délicat. Il doit à la fois en imposer au roi de France – qui, il le pressent, ne combattra pas toujours avec lui– et réduire les menaces sur ses autres frontières. Dans le Maine, les velléités du comte d'Anjou sont loin d'être éteintes ; aucune alliance n'est possible de ce côté. En Angleterre, Édouard, le cousin de Guillaume, n'a pas d'enfant. Sa mère a comploté contre lui avec l'aide du clan norvégien de Harald Hardrada et du comte de Flandre.

Le comte de Flandre ! S'assurer de sa neutralité ne pourrait que servir les intérêts de Guillaume qui lorgne déjà vers l'Angleterre et son trône sans héritier ; Édouard lui aurait fait des promesses en ce sens. Baudouin de Flandre, de son côté, cherche à rétablir des relations avec Édouard le Confesseur. Or, Baudouin V a une fille en âge de se marier. Petite-fille de Robert le Pieux, nièce de Henri Ier, Mahaut de Flandre revêt pour Guillaume l'aspect du parti idéal. Il écoute les avisés conseils de ses compagnons les plus proches, puis envoie une ambassade pour demander sa main. Les fiançailles sont rondement menées, et les événements auraient dû suivre un cours logique et paisible, mais c'était compter sans le pouvoir de l'Église !

Les 3 et 4 octobre 1049, Léon IX convoque à Reims un concile où se rendent Lanfranc et tous les évêques normands, à l'exception notable de Mauger de Rouen. Partisan de la réforme de l'Église, le pape condamne la simonie et dépose plusieurs évêques. Cette vague vertueuse touche aussi le mariage : pas d'union incestueuse ni de répudiation de l'épouse. Et l'on consigne cette phrase laconique parmi les conclusions du concile : « Le pape interdit au comte de Flandre de donner sa fille en mariage à Guillaume de Normandie, et à celui-ci de la prendre pour épouse » !! Voici Guillaume et Mahaut interdits de mariage ! Il est vrai qu'au XIe siècle, la loi canonique condamne toute union en deçà du 7e degré de parenté. Or, les fiancés sont parents au 5e degré, étant l'un et l'autre descendants de Rollon. Mais la vraie raison est ailleurs : Henri III, empereur du Saint-Empire germanique, est en conflit avec le comte de Flandre. En outre, le pape voit d'un mauvais œil l'expansionnisme normand en Méditerranée (même s'il s'agit de mercenaires et non d'envoyés du duc) qui met en péril sa propre influence. Enfin, le souverain pontife perçoit ce projet de mariage comme un renforcement du pouvoir de Henri Ier, oncle de Mahaut et suzerain de Guillaume. Connu pour ses pratiques simoniaques, le roi de France est l'une des cibles de Léon IX.

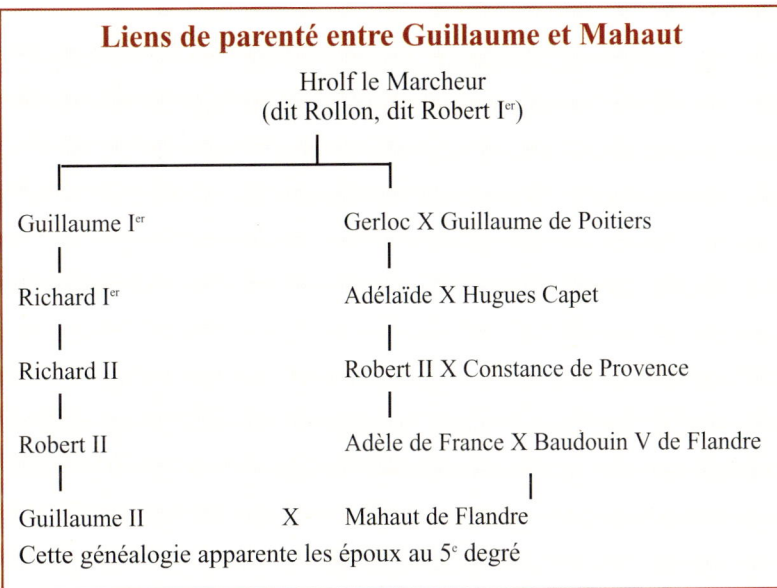

Liens de parenté entre Guillaume et Mahaut

Hrolf le Marcheur (dit Rollon, dit Robert Ier)

Guillaume Ier	Gerloc X Guillaume de Poitiers
Richard Ier	Adélaïde X Hugues Capet
Richard II	Robert II X Constance de Provence
Robert II	Adèle de France X Baudouin V de Flandre
Guillaume II X Mahaut de Flandre

Cette généalogie apparente les époux au 5e degré

On imagine sans peine l'honnête Lanfranc de retour de Reims, imprégné de cet important concile, sincèrement convaincu de la justesse de cette décision et farouchement opposé au mariage de son duc ! Curieusement, Mauger se rallie à son point de vue, bien qu'il soit lui-même simoniaque, père de plusieurs enfants, irrécupérable débauché ! Mais l'archevêque n'entend pas laisser Guillaume gonfler son pouvoir du soutien de la Flandre. Que ne penche-t-il pour un parti lointain, comme le fit Henri de France avec Anne de Kiev ! Quand Guillaume apprend l'opposition de Lanfranc, il regrette amèrement de ne pas l'avoir approché.

Un délire hollywoodien

Selon une affabulation historique qui fait les délices d'auteurs et de scénaristes peu scrupuleux, Mahaut aurait tout d'abord déclaré à son père : « J'aimerais mieux être nonne voilée toute ma vie que donnée à un bâtard ! » En apprenant cette sortie, Guillaume aurait chevauché seul vers Lille à bride abattue et, pénétrant dans le château de Baudouin, aurait infligé à sa fille une sévère correction, déchirant sa robe à coups d'éperons, gagnant par cette virile attitude l'amour et l'acquiescement de la promise ! Il s'agit là d'une pure légende postérieure au XIe siècle. On voit mal comment une fille de cette époque aurait pu résister à la volonté paternelle, le duc de Normandie voyager sans escorte sur un coup de tête, forcer la porte bien gardée du château de Lille, et se livrer à un tel accès de fureur sur une jeune personne qu'il n'avait jamais vue et qu'il aurait eu du mal à identifier en ce lieu inconnu de lui...

– Par la splendeur de Dieu ! Il faut pourtant que j'épouse Mahaut ! Comment se faire un allié de ce Lanfranc ?

– Tu pourrais, répond le fils d'Osbern, lui envoyer ton chapelain. Entre hommes d'Église, ils devraient trouver un arrangement.

– Herfast ? Certes, il me dit bien la messe et m'écoute en confession aussi souvent que j'ai besoin de lui. Il sait tout de moi, mais… Après tout, tu as raison, je n'ai rien à y perdre : qu'il aille en ambassade auprès de ce maudit moine !

Hélas ! Être d'excellente volonté, fidèle à son duc, Herfast est à peu près aussi ignorant des subtilités théologiques que le prince qu'il sert quotidiennement ! Aussi, quand le chapelain prétend entamer avec Lanfranc une discussion canonique aussi laborieuse qu'inégale, l'écolâtre lui fait remettre un abécédaire censé le mettre à niveau pour la reprise de la conversation !

Guillaume entre dans une rage folle. Comment le Lombard a-t-il pu se permettre d'humilier ainsi son envoyé ? A travers Herfast, c'est lui qu'on vise, et à travers lui, toute la Normandie ! En représailles, il fait incendier un hameau nommé *Le Parc*, qui appartient au monastère d'Hellouin ; puis il envoie à l'abbé un nouvel émissaire pour le sommer de se séparer séance tenante de l'impertinent.

Comment résister au duc ? La mort dans l'âme, Hellouin se résigne à supplier Lanfranc de quitter le Bec. Par malheur, la cavalerie de ces humbles moines n'a rien à voir avec celle de Guillaume, et la seule monture qu'il puisse donner au Lombard est une misérable haridelle boiteuse, efflanquée et panarde, à peine capable de porter sa pauvre carcasse vieillissante. Alors, un homme !… Tandis qu'il chemine clopin-clopant sur la route de son exil, Lanfranc aperçoit le duc et sa cour qui vont vers l'abbaye. Guillaume éprouve-t-il quelque remords, ou veut-il simplement s'assurer du départ du prieur ? Toujours est-il qu'à la vue du moine déambulant sur sa carne, il ne peut réprimer un retentissant éclat de rire.

– Qui est ce pauvre hère ? demande-t-il à Fitz-Osbern.

– C'est celui que tu viens de chasser. C'est Lanfranc.

Le rire de Guillaume redouble d'intensité.

– Le bel équipage que voici ! raille-t-il à l'adresse du Lombard. Tu es plus prompt à condamner mes projets matrimoniaux qu'à exécuter mes ordres !

– Je suis en effet banni sur ton ordre, lui répond fermement Lanfranc, et je ne puis accéder plus vite à ton désir. Si tu es tellement pressé de me voir quitter le pays, tu n'as qu'à me donner un meilleur cheval, tel que l'alezan que tu serres entre tes jambes !

– Comment ? Tu oses demander à ton juge un cadeau, alors que tu n'as pas encore commencé à purger ta peine ?! Pour qui te prends-tu ?

Lanfranc sourit. De cet échange acerbe est née une connivence entre les deux hommes. La suite du dialogue tourne vite à l'avantage du prieur car, subjugué par l'éclat intellectuel de son interlocuteur, le duc va le reconduire au Bec en personne, où les moines en liesse accueillent les nouveaux amis par des psaumes, les larmes aux yeux !

L'influence de Lanfranc sur Guillaume ne se fait pas attendre. Le duc se sépare du malheureux Herfast. Pour le remplacer, le prieur du Bec lui recommande le frère d'Emma, l'abbesse de la communauté de moniales de Préaux, un homme remarquable qui allie à sa prestance physique d'indéniables qualités d'esprit. Car ce clerc d'une trentaine d'années, apparenté au duc, est un ancien chevalier qui a – tout comme Hellouin – changé de vie. Il a suivi de brillantes études à l'abbaye St-Hilaire de Poitiers, fort réputée depuis que le trivium y est enseigné. Ce lettré connaisseur des auteurs anciens sera pour Guillaume le chapelain idéal, doublé de son biographe officiel : le chroniqueur de la cour ducale qui, sous le nom de Guillaume de Poitiers, nous a légué en latin son Histoire du duc Guillaume de Normandie, monument littéraire à la gloire de son prince.

Le Bâtard va-t-il jusqu'à convaincre Lanfranc d'approuver son mariage avec Mahaut de Flandre ? Peut-être pas tout de suite. Il aura pourtant lieu en 1050, non pas à Rouen ou à Lille, comme on pouvait s'y attendre, mais chez son cousin Guillaume Busac, comte d'Eu, en cette ville-frontière située à l'extrême limite du duché, en l'absence des évêques normands, et sans invités de marque, hormis les proches des deux familles. Herlève et son mari Herluin sont venus au château, ainsi que Guillaume de Poitiers qui relate l'événement, sans toutefois mentionner le nom de celui qui célébra ce mariage dans l'intimité. Peut-être fut-il marié par son propre demi-frère Odon de Conteville, car en 1049 Guillaume l'avait de sa propre initiative assis sur la cathèdre de Bayeux, à la place de Hugues qui venait de mourir.

La même année 1050 voit la fin du siège de Brionne. Affamée, la garnison se rend enfin aux troupes ducales. Guillaume fait preuve envers son cousin germain de la magnanimité qui l'accompagnera toute sa vie – à de rares exceptions près – en lui accordant son pardon. Il va même jusqu'à lui proposer de rentrer dans le rang en son château de Brionne ! Guy décline l'offre. Il retourne dans sa Bourgogne natale – où il mourra une dizaine d'années plus tard – et disparaît à jamais de l'histoire de la Normandie.

Au cours de ces trois ans, Guillaume est venu à bout de trois forteresses : Brionne, Lanfranc et Mahaut. Elles lui demeureront fidèles.

Rivalités familiales

– Seigneur duc, en mettant mon épée à votre service, c'est ma personne tout entière que j'ai engagée auprès de vous. Aussi est-il de mon devoir de porter à votre connaissance d'étranges propos tenus par votre vassal Guillaume Guerlenc, comte d'Avranches et de Mortain.

Robert Bigot est un jeune chevalier, issu d'une famille modeste, mais valeureuse et fidèle. Guillaume vient de le recruter dans sa garde personnelle, sur les chaudes recommandations d'un membre de sa famille. Un peu agacé, il lui fait signe de poursuivre.

– Seigneur, voici quelques semaines, je me laissai aller à exprimer devant le comte ma ferme intention de quitter sa mesnie. Je voulais suivre les glorieuses traces des fils de Tancrède de Hauteville jusqu'en Pouilles, où j'espérais conquérir par les armes les terres qui m'eussent permis de vivre selon mon rang, mon extrême pauvreté me dissuadant de les acquérir en Avranchin. « Abandonne ce projet, me répondit le comte, car quatre-vingts jours ne se seront écoulés que tu pourras en Normandie faire main basse sur tout ce qu'aujourd'hui tu convoites. » Voilà, seigneur, ce qu'il m'a dit et me trouble, car je ne sais qu'en penser.

Guillaume pâlit de rage et serre les dents. Il comprend trop bien, lui, le sens de ces paroles : la trahison, encore la trahison dans son proche entourage ! Car, comme lui, Guillaume Guerlenc est un descendant de Göngu Hrolf, et arrière-petit-fils de Richard Ier. A peine est-il libéré d'un complot qu'un autre se profile à l'horizon ! Du moins celui-ci n'aura-t-il pas le temps de lancer ses rameaux comme le précédent : il l'écrasera dans l'œuf ! Le Bâtard se tourne vers son demi-frère Robert.

– Chevauche jusqu'à Avranches et ramène-moi mon cousin Guerlenc sous bonne escorte !

La semaine suivante, les deux Guillaume et les deux Robert sont réunis à Rouen dans la même salle pour un huis-clos des plus tragiques, qui revêt des allures de tribunal. Devant Robert de Conteville, l'accusation est formulée par le Bâtard, confirmée par Robert Bigot, admise enfin par Guillaume Guerlenc.

– Misérable ! tonne le duc. Ainsi, tu t'apprêtais à troubler la paix normande en fomentant une révolte ! À me déposséder, moi, ton cousin et ton maître, avec la dernière des perfidies, celle de la confiance bafouée ! Traître sans foi ni loi, qui as fait miroiter à ce chevalier sans biens la perspective du pillage ! Mais grâce à lui et malgré toi, le désordre sera évité avec l'aide de Dieu. Tu subiras la dure loi de nos ancêtres du nord : je te bannis. Quitte la duché, et n'y reviens jamais si tu ne veux périr dans les pires tourments !

Epargné, mais totalement ruiné, Guerlenc disparaît. Dépossédé de ses titres et de ses terres, c'est finalement lui qui, par une cruelle ironie de l'Histoire, accomplira le destin auquel se croyait voué son dénonciateur : escorté d'un seul écuyer, il partira pour les Pouilles sans espoir de retour.

– Le fief de ce félon, dit le duc, était trop vaste pour ne point lui tourner la tête. Dorénavant, je ferai administrer Avranches par un vicomte. Quant à Mortain...

Il se tourne vers son frère, qui l'écoute bouche bée.

– Robert, reprend Guillaume, j'ai fait Odon évêque de Bayeux, il est juste que tu reçoives ta part de Normandie : je te fais comte de Mortain ! Va prendre possession de ton fief. Mets en place des hommes sûrs, emmène avec toi Robert Bigot, et donne à ce jeune et loyal chevalier les terres qu'il mérite.

Guillaume n'est pas au bout de ses peines. C'est à présent son oncle Guillaume Busac, petit-fils de Richard Ier et frère de l'évêque de Lisieux Hugues, qui transforme son comté d'Eu en foyer de sédition. Guillaume assiège le château où il a épousé Mahaut de Flandre, qu'on a maintenant pris l'habitude de nommer Mathilde. Le rebelle fait sa reddition et prend à son tour la route de l'exil. Réfugié auprès de Henri Ier, il reçoit du roi de France le comté de Soissons, tandis que son ancien domaine passe aux mains de son frère Robert, et que son autre frère conserve l'épiscopat de Lisieux.

Au sud, la situation du vaste territoire où régnait jadis en brigand Guillaume Talvas de Bellême est plus délicate encore. Exemple type du morcellement féodal des fiefs et de son inextricable enchevêtrement hiérarchique, il rend un hommage éclaté *en trois directions*. Alençon prête serment au duc de Normandie depuis 1030, Domfront au comte du Maine et Bellême au roi de France ! Yves, l'évêque de Sées, tient pour un quatrième suzerain qui commence à poser problème : le comte d'Anjou Geoffroi Martel, dont les visées expansionnistes ne sont un secret pour personne. Il est fils de Foulques le Noir, turbulent seigneur qui excellait dans l'art de la fortification ; ses châteaux en pierre comptent parmi les premiers en Europe occidentale. La lutte entre Guillaume et Geoffroi a déjà commencé.

Au début de l'an 1050, alors que Brionne est encore assiégé, Henri de France veut tenter une percée en Anjou, dont il mesure la montée en puissance. Il jette son dévolu sur le château de Mouliherne, mais le gros de ses forces est ailleurs : face à la Bourgogne, à la Champagne, au comté de Blois-Chartres ; aussi le capétien se voit-il contraint de faire appel au Bâtard, qui accède à sa demande. N'est-il pas redevable au roi depuis le Val-ès-Dunes ? En outre, s'attaquer à l'Anjou ne peut que servir les intérêts normands au sud du duché.

Guillaume se jette dans la guerre avec rage, courage et sapience. Henri lui fait confiance, il l'écoute avant ses conseillers habituels. On voit le duc offensif et téméraire foncer sus à l'ennemi, sans craindre de s'exposer, flanqué de quelques combattants qui valent une armée ! Un jour, avec quatre chevaliers, il tombe nez à nez avec un parti d'une quinzaine d'Angevins. Comme dans les chansons de geste, la lance de Guillaume fait merveille, brise la hanche d'un ennemi qu'elle désarçonne et provoque la fuite de ses compagnons. Le duc les poursuit sur plusieurs lieues, les rattrape, les affronte et revient avec sept prisonniers ! Grâce à lui, la motte castrale de Mouliherne tombe bientôt aux mains de son suzerain.

Geoffroi Martel riposte en s'emparant de Château-du-Loir et du Mans, dont l'évêque Gervais, un parent des Bellême, s'enfuit en Normandie. Il pousse son avantage jusqu'aux terres des Bellême et place des garnisons à Domfront et à Alençon, puis il occupe Tours au détriment du comte de Blois qu'il jette en prison !

A l'automne 1051, Guillaume part pour Domfront avec cinquante guerriers pour attaquer le château par surprise, mais se retrouve au pied des murailles face à une troupe qui l'attendait de pied ferme ! Il se replie sur son camp en forêt des Andaines, où il apprend la désertion de son oncle le comte Guillaume d'Arques, un fils de Richard II et demi-frère du Magnifique. Après avoir livré aux Angevins le plan du duc, le Richardide félon est reparti pour son fief du Talou, en pays de Caux. Le Bâtard entre dans une de ses fameuses colères :

– Par la splendeur de Dieu ! Comment ne me suis-je pas méfié de lui ? De cet arrogant qui ose se nommer lui-même « comte par la volonté des Cieux » ?!

Dire que c'est son sang qui coule en mes veines, le sang de Hrolf et de Richard !

Sur ce, il place Domfront en état de siège, selon les efficaces principes expérimentés à Brionne. En quelques jours, les puissantes murailles qui ceinturent les deux hectares de l'éperon rocheux sont doublés par des mottes en terre, des enceintes en palis, des édifices de guet qui contrôlent la tour-porte et interdisent toute entrée ou sortie. Car contenir les occupants est une chose ; se garder d'une opération de secours en est une autre. Quand les renforts de Geoffroi Martel sont en vue s'ouvre un nouvel épisode digne d'un poème épique. Roger de Montgomery et Guillaume Fitz-Osbern rentrent de patrouille.

– Guillaume, lui dit le premier, nous avons rencontré le héraut du comte d'Anjou qui te fait savoir qu'il attaquera demain ; il te défie en combat singulier avec Domfront pour enjeu. Il montera un grand destrier bai à trois balzanes, sera vêtu de noir et portera devant son fléau d'armes un bouclier peint d'azur.

– Par St-Michel ! Il ne pourra manquer d'apercevoir mon écu de gueules au dragon d'or, ni mon étalon alezan aux crins lavés, s'il ose venir se frotter à ma lance et à mon glaive !

– C'est, précise le fils d'Osbern, le message dont Roger a chargé l'émissaire !

Si viril qu'il fût, ce défi sera sans suite et la bataille non plus n'aura pas lieu car, le lendemain, Geoffroi est parti défendre Tours contre les Français. Domfront tombera au printemps 1052, au terme d'un siège hivernal de six mois.

En attendant, Guillaume prend la route d'Alençon, où il arrive quinze heures plus tard, après une chevauchée nocturne censée précéder un assaut à l'aube. Cette fois encore, il manque son effet de surprise : les Angevins ont dressé les hourds sur les remparts et tendu, ainsi qu'il est recommandé, des peaux de bêtes fraîchement écorchées, pour se protéger des tirs de flèches enflammées. Juchés sur l'une des tours, les défenseurs les frappent de leurs armes en riant. Posté en contrebas, Guillaume entend clairement leurs quolibets.

– C'est la peau ! crient-ils. La peau du parmentier !

– Par la splendeur de Dieu ! rugit le duc. Ils osent railler la condition de mon grand-père maternel ? Soldats ! Concentrez toutes vos forces sur cette tour, qu'elle soit mienne sur-le-champ !

Les échelles s'adossent à la muraille. Les traits pleuvent sur les assaillants qui se protègent de leurs boucliers. Malgré les blessés, ils parviennent jusqu'aux créneaux, franchissent les merlons et se rendent maîtres de la tour dont tous les occupants n'ont d'autre ressource que de se rendre. Trente-deux prisonniers sont descendus sans ménagement jusqu'au fossé, alignés devant le duc de Normandie qui commande :

– Tranchez-leur les mains et les pieds, et l'on verra s'ils s'amusent encore à tambouriner sur des peaux !

L'ordre est cruel, mais s'il fait partie des usages en temps de guerre et sera monnaie courante pendant des siècles encore, il constitue pourtant une exception de la part du 7e duc de Normandie, plus enclin à faire preuve de mansuétude à l'égard de ses ennemis. Sans états d'âme, les vainqueurs de la tour saisissent leurs proies. Haches et épées entrent en action dans les hurlements de douleur des suppliciés. Précédant un sillage de sang, les membres coupés sont jetés par-dessus les murailles sous les yeux horrifiés des Angevins conscients du sort qui les attend s'ils résistent plus longtemps. Les portes s'ouvrent sur les soldats terrorisés que Guillaume décide d'épargner. Alençon redevient normand. Lorsque Domfront tombe à son tour, le Bâtard peut envisager de châtier le comte de Talou.

Au fil des ans, son oncle a créé une véritable enclave dans le duché. Quand, en 1038, il fut chargé d'administrer ce territoire, peu après la mort de son demi-frère Robert, sa première décision fut la construction d'un imposant château fort adultérin sur les hauteurs d'Arques, au confluent de la Varenne et de la Béthune. Devenu comte d'Arques, Guillaume de Talou oublie ses devoirs envers le duc qui, à treize ans, n'a pas encore assis son pouvoir. Véritable chef d'orchestre des complots dirigés contre lui, il agit dans l'ombre depuis des années. Son arrogance ne connaît pas de bornes : tel jour, il lui condamne l'entrée de son nid d'aigle ; tel autre, il lui refuse le service d'ost ; puis survient cette affaire de fuites de son plan d'attaque de Domfront. Cette fois, le Bâtard a tout lieu de se méfier de son oncle, bien plus dangereux que Guy de Bourgogne, dont il s'est pourtant débarrassé à grand-peine.

Il s'empare de la forteresse qu'il fait occuper par ses troupes. Or, tandis que, satisfait de cette remise en ordre, il séjourne en Cotentin, il apprend que son oncle, qui s'était réfugié auprès du roi de France comme ses prédécesseurs, est rentré à Arques dont il a retourné la garnison en sa faveur ! Le sang du duc recommence à bouillir.

– Dix hommes avec moi ! Départ immédiat.

Muni de chevaux de rechange, le conroi se met en branle, abat sans répit lieue après lieue, franchit la Dives à Varaville, la Touques à Bonneville et la Seine à Quilleboeuf. Le voici en pays de Caux. Cette chevauchée fantastique a tué tous les destriers, sauf six ! Cinq chevaliers seulement poursuivent le périple, menés par Guillaume qui ouvre ses yeux fatigués sur un spectacle de désolation : le Talou a été ravagé, la terreur a créé une atmosphère de suspicion qui n'épargne personne ; des chevaliers rouennais venus reprendre Arques y ont renoncé au pied des remparts, craignant la trahison de leurs propres soldats. Sur le chemin du retour, éberlués, ils tombent nez à nez avec Guillaume et ses compagnons.

– N'allez pas plus loin, seigneur duc ! On dit que des milliers de défenseurs sont en Arques. Le Talou tout entier a basculé dans le camp du félon. On vous mettra à mal si vous poursuivez.

– Je suis le duc de Normandie ! Quand ils me verront, ils n'oseront pas porter la main sur moi. En avant !

Grossie de quelques volontaires parmi les fuyards, la cavalerie du Bâtard surgit en armes devant Arques, surprenant Guillaume de Talou hors de ses murs ! Il se replie en hâte dans la forteresse qui déjà résonne des assauts du duc, mais le roc est abrupt, les murailles vertigineuses, la place imprenable.

– Fort bien, dit Guillaume. Que l'on condamne la porte par l'édification d'une motte ! Nul ne doit plus sortir, si ce n'est pour se rendre.

Mais l'histoire ne répète pas le siège de Brionne. Le 15 octobre 1053, Geoffroi d'Anjou a pactisé avec le roi de France contre la Normandie ; c'en est fini de l'aide mutuelle entre Guillaume et Henri. Ce dernier s'empresse de venir à la rescousse des retranchés avec une armée qui fait halte à St-Aubin-le-Cauf. Les troupes ducales ne peuvent en venir à bout et le comte Enguerran de Ponthieu est tué par les Français qui réussissent à ravitailler les rebelles. Derechef, Guillaume prend en personne la direction du siège. Henri Ier est rentré en France, laissant une partie de ses hommes à l'intérieur. Le blocus reprend de plus belle ; cette fois, la prise en tenailles est sans défaut. L'hiver a toujours profité aux Normands. Au printemps 1054, la porte s'ouvre sur des soldats méconnaissables. Amaigris à l'extrême, se traînant sur leurs jambes affaiblies, croulant en signe de reddition sous le poids des selles de leurs chevaux morts et dévorés, ils se rendent à la merci ducale. Parmi eux, Guillaume d'Arques attend son châtiment.

– Traître, lui dit le Bâtard, tu as abusé de ton rang pour bafouer mon autorité, tu as édifié ce château sans mon assentiment, tu as passé avec l'ennemi français des alliances pour m'abattre. Tu mérites cent fois la mort, mais les liens du sang me dissuadent de t'appliquer le traitement que tu me réservais. Quitte à jamais ce fief que tu as pillé. D'autres terres te seront attribuées où tu gagneras ton pardon par le loyal service dû à ton duc !

– Fils de Robert, répond le vaincu, le frère du Magnifique ne sera plus jamais vassal de son neveu. Je vivrai mon bannissement auprès du comte Eustache de Boulogne.

Guillaume peut enfin se réjouir. Le départ de son oncle consacre sa victoire sur le dernier des Richardides hostiles. Le dernier ? Pas tout à fait : il reste l'archevêque de Rouen. Il reste Mauger.

Les morts de Mortemer

Depuis longtemps, la cour royale reçoit tous les barons transfuges et autres indésirables du duché. Henri Ier prétend même régler la succession de Guillaume, puisqu'il a l'intention de remettre la Normandie à son plus jeune frère Eudes ! Quand, moins d'un an après la chute d'Arques, il décide de lancer, en accord avec le comte d'Anjou, une attaque contre le duché, c'est à Eudes qu'il confie son armée : s'il veut son fief, qu'il le prenne ! Outre les Français, on trouve des mercenaires de Flandre, de Picardie, et même d'Aquitaine, assoiffés des richesses d'une Normandie promise au pillage. Premier objet de la convoitise du roi : Rouen, la capitale ; pas moins ! De quoi, s'il réussit, déséquilibrer Guillaume au point de l'abattre.

Les Français devront franchir la Bresle, traverser le pays de Bray, pénétrer en Caux et s'abattre sur la vallée de la Seine comme des brigands sur des chariots emplis d'or. De leur côté, les Angevins menés par Geoffroi Martel au coude à coude avec son nouvel allié Henri Ier, passeront l'Avre, traverseront l'Évrecin et feront la jonction à Rouen qui sera prise en étau, broyée, vidée de ses combattants, soumise à la volonté royale.

Ce scénario optimiste tournera court, car Guillaume, fort bien renseigné sur ces deux mouvements de troupes en son duché, divise ses forces d'autant. Robert d'Eu et Gautier Giffard, seigneur de Bolbec, se chargeront des Français. Le Bâtard prendra position sur la rive gauche de la Seine, avec des combattants recrutés sur place.

La première phase se déroule comme prévu. En mars 1054, les Français ne rencontrent aucune résistance de l'autre côté de la Bresle. Forts de leur succès, ils établissent leur campement aux bords de l'Eaulne, sur la paroisse de Mortemer, en pays de Bray. Les soudards agissent comme la plupart des armées d'invasion : ils pillent, violent et boivent à satiété. Des hauteurs avoisinantes, Gautier Giffard observe avec dégoût la soldatesque triomphante.

A la tombée de la nuit, le camp n'est plus que le témoin silencieux des récentes bacchanales. La bière, le vin s'écoulent encore des tonneaux mis en perce par des intrus comateux qui gisent au sol dans des mares poisseuses aux vapeurs enivrantes. Prises de gré ou de force, les paroissiennes de Mortemer, jeunes jouvencelles surprises dans leur vertu, ou femmes mûres résignées, s'en sont retournées en leurs maisons panser les plaies de leur corps et de leur cœur. Les carcasses des bêtes abattues pour l'orgie s'étalent sur l'herbe, près de grands feux dont les braises tournent au rouge, chauffant les brutes endormies, enroulées en cette fin d'hiver dans leurs couvertures de laine et leurs peaux de mouton. Le camp tout entier n'est plus que l'immense ronflement de milliers de poitrines qui exhalent les senteurs fétides de l'alcool. Une rumeur nocturne que troublent çà et là les hennissements des chevaux ou les exclamations sporadiques de dormeurs animés par leurs rêves, la face tournée au ciel ou le front plaqué au sol, anéantis par leurs excès. Dans les tentes dressées à l'intention des seigneurs, tout est calme.

Autour de Mortemer, des ombres progressent silencieusement. Elles marchent, rampent, contournent les obstacles naturels dans le simple froissement des herbes frôlées sur le sol sec et dur. Soudain, des cris anéantissent la paix nocturne.

Les premiers hurlements sont ceux des Français. Penchées sur eux frappent les silhouettes vengeresses d'anges exterminateurs. Les haches s'abattent, les épées taillent, mutilent, tranchent et tuent. Menés par Robert d'Eu et Gautier Giffard, les Normands se livrent au massacre méthodique de l'envahisseur. Armés de fourches, de fléaux, de gourdins et de faux, les Brayons aussi se vengent : tous les pères, les frères, les maris des femmes violentées des heures plus tôt, et ceux-là ne sont pas les moins ardents à la tâche !

Surpris, hébétés, ivres-morts, beaucoup périssent sans même se rendre compte de ce qui leur arrive. Les plus conscients parviennent à se lever, à saisir leur lance ou leur épée avant d'expirer sous les coups, dans la fièvre générale qui s'est emparée du camp. Hurlements de terreur des Français au seuil de la mort, hennissements redoublés des chevaux apeurés, bientôt saisis au licol, rassemblés, appropriés. Leurs maîtres se rendent, ceux qui en sont encore capables. Il n'est pas cette nuit un Normand qui ne fasse un prisonnier, ne s'empare d'un destrier, ne tue une demi-douzaine de Français !

Quand la clameur de la victoire succède au tumulte guerrier, Mortemer est jonché de milliers de cadavres. Guy de Ponthieu fait partie des prisonniers. Eudes de France ne figure, ni parmi les morts, ni parmi les captifs : il a déguerpi dès les premiers gémissements des mourants ! Bien avant l'aube, un messager de Giffard porte la bonne nouvelle à Guillaume.

– Victoire, par St-Michel ! s'écrie le duc. Qu'on aille me chercher le sire de Tosny !

Raoul de Tosny est une force de la nature : charpente de bûcheron et voix de piqueux ; quand il s'anime, on a toujours l'impression qu'il parle à sa meute. Il se porte à la tête de son conroi vers les lignes franco-angevines très proches : une demi-lieue à peine. Une butte sépare les deux armées. Il la gravit à pied, se plante au sommet, les pieds écartés, roc inébranlable surgi du sol normand que viennent caresser les rayons de l'aurore naissante.

– Je m'appelle Raoul de Tosny et suis porteur d'une terrible nouvelle, clame-t-il d'une voix de stentor. Réveillez-vous et levez-vous, Français qui avez trop dormi ! Allez vite voir les cadavres de vos amis que les Normands ont mis à mal à Mortemer. Allez, allez à Mortemer avec tous vos chariots afin de les porter en terre ! Allez chercher les morts de Mortemer !!

Le héraut répète l'annonce à plusieurs reprises, en pivotant à chaque fois de quelques degrés pour que tous entendent et s'imprègnent de l'annonce, pour que nul n'ignore l'effroyable vérité. Face à lui, c'est un impressionnant silence. Geoffroi Martel a compris que l'homme dit vrai, et mesure l'étendue du désastre. Henri de France aussi, qui voit arriver ensanglantés, éclopés et hagards, les rares rescapés du massacre. Quand le disque solaire s'élève sur le camp, Français et Angevins sont sur le départ ; quand il disparaît derrière la voûte nuageuse du petit matin normand, ils se sont évanouis dans la campagne, abandonnant derrière eux toute velléité d'occuper la ville que Hrolf-le-Marcheur avait reçue de Charles le Simple. Satisfait de leur retraite, Guillaume renonce à la poursuite.

La victoire de Mortemer marque un court répit dans la période de troubles qui agite la Bâtard depuis son adolescence. Il était temps : à peine a-t-il eu le temps de se marier, en plein siège de Brionne ! Leur premier enfant, un fils, naît pendant qu'il est aux prises avec les Angevins ; en souvenir de son père, on le baptise Robert. Pour l'heure, sa progéniture ne l'intéresse que dans la mesure où elle assure sa descendance ; les enfants sont l'affaire des femmes, jusqu'à ce qu'ils soient en âge de tenir en selle et porter une arme. Il lui vient aussi des filles, qui seront bonnes un jour à nouer de fructueuses alliances, à se concilier demain les ennemis d'aujourd'hui ; c'est dans l'ordre des choses. Sa famille l'accompagne dans les déplacements de la *curia*, la cour.

C'est en quelque sorte le gouvernement du duché. La cour regroupe Guillaume et tous ceux qui gravitent autour de lui – sa mesnie –, ceux dont la voix est susceptible d'être prise en considération. Il s'y adjoint la masse des serviteurs, des cuisiniers, des gardes : des dizaines de chariots, car on doit pouvoir s'établir n'importe où, y compris en rase campagne, et rester autosuffisant.

Parmi les hommes du duc, le sénéchal, qui rend la justice et commande l'armée en son nom ; le bouteiller chargé de l'intendance et des finances ; le chambrier qui gère le quotidien et assure la sécurité du duc. Toutes ces fonctions de première importance échoient à des seigneurs de la haute noblesse ou de la famille ducale.

La cour prend des décisions sur la politique et l'administration de la Normandie. Elle traite aussi de problèmes religieux, car les gens d'Eglise y sont nombreux, mais surtout de questions judiciaires : elle rend la justice temporelle. Guillaume y attache le plus grand prix. Sans elle, pas de paix du duc possible. La loi du duché est avant tout la sienne, c'est lui qui tranche en dernier ressort, mais la plupart du temps, ce sont les barons qui s'en chargent. Ainsi s'élabore un droit normand qui donnera naissance au *Coutumier de Normandie*, véritable code judiciaire avant la lettre.

Le Bâtard met en place ses vicomtes, officiers nommés et révocables par lui, dont la charge n'est pas héréditaire et qui ne possèdent pas le fief sur lequel ils exercent leurs tâches administratives. Les revenus seigneuriaux de toute nature sont perçus par le vicomte : droit de *warec*, qui consiste à s'approprier toute épave échouée sur une côte normande ; dîmes ecclésiastiques et patronages ; taxes sur la circulation et sur les foires et marchés (tonlieu), sur la justice et le monnayage ; redevances des tenures ; toutes redevances domaniales et taxes indirectes. Le vicomte siège à la *curia* lorsqu'elle s'est établie près de sa résidence.

Guillaume quitte souvent Rouen. Il passe généralement Noël à Lillebonne, Pâques à Fécamp, la Pentecôte à Falaise, mais il séjourne aussi volontiers à Bonneville-sur-Touques ou à Coutances. Et désormais, de plus en plus souvent, à Caen. La physionomie de cette ville ne cesse de changer. Là-haut, sur la falaise qui domine de sa marche calcaire le hameau de Darnétal où règne la vieille église St-Pierre baignée par la Noë (un bras de la rivière principale, parfois appelé *petite Orne*), commence à s'élever la première version du château. Le plateau qui s'étire par-delà l'horizon jusqu'au rivage n'est pas vierge de constructions : s'y élèvent déjà une petite église dédiée à St-Georges et quelques maisons qui seront les plus proches de la nouvelle forteresse.

Pour le matériau, nul besoin de chercher loin : la belle pierre blonde est là, sous les pieds ; il suffit de creuser pour en extraire les précieux moellons. Le rebut formera le tout-venant qui fera l'épaisseur des murs, leur force de résistance au temps et aux assauts. Les carrières deviennent ensuite tout naturellement les fossés de la citadelle.

Guillaume tient tout particulièrement à l'aménagement de sa ville de Caen. Autour des églises de ses nombreux hameaux, l'Orne, l'Odon et leurs ramifications, sa situation privilégiée à proximité de la mer, son port, ses moulins, sa Foire du Pré sont autant de promesses de prospérité. Caen présente tous les avantages d'une capitale, plus un : celui de dresser un rempart entre les turbulents fiefs de l'ouest et le reste du duché. Même si, depuis le Val-ès-Dunes, tout est tranquille de ce côté, Guillaume ne peut courir le risque d'un nouveau soulèvement qui, joint aux menaces extérieures, mettrait son pouvoir en péril. Il a besoin d'une place forte pour contrôler le sud de la Normandie, et Falaise n'y suffit pas. Or, la voie Caen-Tours est un axe très fréquenté, notamment grâce aux foires. Caen permet d'agir à la fois en direction du Perche, du Passais, du Cotentin et de la vallée de la Seine. Ainsi surgit du roc une nouvelle capitale normande.

La victoire de Varaville

La trêve de 1054 va aussi permettre à Guillaume de régler le dernier litige qui l'oppose aux membres les plus hostiles de sa grande famille, avec le concours de Lanfranc.

Depuis son mariage avec Mathilde, le prieur du Bec fait des pieds et des mains auprès du Saint-Père pour lui faire reconnaître cette union. Pour l'instant, Victor II ne veut rien entendre, mais force lui est de constater que le Bâtard n'a rien entrepris qui puisse lui nuire, même s'il continue à nommer les évêques normands sans demander son avis à Rome ! En effet, n'a-t-il pas pris position contre les thèses de Béranger ? Et combattu le comte d'Anjou qui défendait l'hérésiarque ? Quant au roi de France, excommunié pour ses pratiques simoniaques, il s'est lui aussi retrouvé les armes à la main face à Guillaume qui émerge du nombre des princes de son temps comme la figure de proue du vrai christianisme en Occident (1054 est aussi, rappelons-le, l'année du schisme d'Orient qui sépare Byzance de Rome). Sans compter les monastères qu'il restaure, termine ou fait construire un peu partout sur ses terres, telles les deux abbayes caennaises dont Lanfranc est en train d'établir les plans avec son élève du Bec, Gondulphe. Assurément, cet homme ne peut être l'ennemi du pape ! Et chacun doit désormais compter avec lui.

Sur l'échiquier normand, il ne reste plus contre Guillaume qu'une pièce maîtresse : son oncle Mauger, archevêque de Rouen. Assis sur la cathèdre primatiale depuis ses vingt ans, ce fils de Richard II et de sa *fryia* Papia, ce frère du rebelle Guillaume d'Arques qu'il n'a cessé de soutenir dans l'ombre, complote depuis toujours contre son neveu de duc. A cause de lui, Guillaume a dû se résoudre à convoler avec Mahaut, non dans la cathédrale de Rouen, ainsi qu'il aurait sis à une cérémonie de ce rang, mais aux marches de son duché, à Eu. Il est vrai que le prélat s'était plus opposé à ce mariage par haine richardide que pour les motifs canoniques qui animaient Lanfranc. Du reste, Mauger n'a rien d'un parangon de religiosité. On prétend qu'il sait faire apparaître un petit démon familier du nom de Thoret (une survivance païenne du dieu Thor, ramené au rang de lutin domestique) en prononçant une formule magique lue dans un grimoire. Ce qui est avéré, c'est

---

Lanfranc contre Béranger

Lanfranc a été l'un des principaux acteurs d'une joute théologique au cours de laquelle la primauté de Rome fut sévèrement critiquée.

Né en Anjou à peu près en même temps que le Lombard (au début du XIe siècle), Béranger fait ses études à l'école épiscopale de Chartres, sous la direction de l'évêque Fulbert. Après avoir été moine à l'abbaye de Fontenelle (rebaptisée St-Wandrille, du nom de son fondateur), il retourne à Tours pour y devenir un brillant professeur, qui excelle notamment en dialectique et en grammaire. Là, il reprend à son compte les thèses incendiaires du philosophe Jean Scot Érigène, qui soutenait au IXe siècle que la raison devait contrôler toute forme de connaissance ! Autant dire que les dogmes de l'Eglise s'y trouvent sévèrement mis en cause, et particulièrement celui de l'Eucharistie : poussant à son terme la pensée de son inspirateur, Béranger affirme que le pain et le vin ne changent pas de substance par leur consécration, mais que le corps et le sang du Christ n'y sont présents qu'à titre symbolique.

Appuyé par le comte d'Anjou Geoffroi Martel, le Tourangeau se rend en Normandie pour y faire des prosélytes. On le voit en 1047 à l'abbaye de moines de Préaux, près de Pont-Audemer, tenue par l'abbé Ansfroi. Apprenant le siège de Brionne, il entreprend de rencontrer Guillaume pour le convaincre d'épouser sa vision théologique, à l'instar de Geoffroi Martel. Totalement incompétent en la matière comme on s'en doute, le Bâtard réunit alors des prêtres normands pour ce qui restera dans les mémoires sous le nom de Concile de Brionne. Malheureusement, convoqué par Léon IX, Lanfranc se trouve à Rome. Farouchement opposé à Béranger qu'il a eu l'occasion d'entendre en son école de Tours, il dénonce l'hérétique auprès du pape, avec l'appui de Guillaume. Un concile à Rome en 1050, puis en Piémont, à Verceil l'année suivante, ne parviennent pas à trancher le différend. Il est vrai que ces assemblées se tiennent en l'absence de l'intéressé.

La papauté décide d'écarter définitivement l'importun. Elle dépêche en France son légat, le Toscan Hildebrand, chargé de mission contre le trublion. Béranger mourra fort âgé et oublié de tous, le 6 janvier 1088 à St-Côme, sans jamais avoir sincèrement renoncé à ses opinions non conformistes.

De tels débats peuvent étonner aujourd'hui. Il est remarquable que Hildebrand (futur pape Grégoire VII), sorte de St-Dominique avant la lettre, n'ait pas déclenché contre les hérétiques une sanglante répression, telle que la subiront les Cathares deux siècles plus tard. Il est vrai que Béranger ne parvint jamais à convaincre que quelques dizaines d'émules inoffensifs pour l'autorité de Rome, et qu'il ne menaçait aucun pouvoir politique. Ce réformisme-là était trop en avance sur son temps pour susciter une quelconque Inquisition.

qu'il se vautre dans un luxe ostentatoire, tirant sans vergogne un profit personnel des revenus de son diocèse.

Autre grief à son endroit : bien qu'archevêque de Rouen, Mauger est souvent absent des conciles où la hauteur de sa charge exige sa participation, et ce malgré les fréquents rappels à l'ordre du duc et du pape. Pour ces raisons, Léon IX avait refusé de lui remettre le pallium, cette étole d'agneau qui symbolise la reconnaissance archiépiscopale par le Saint-Siège. Simoniaque et nicolaïste, Mauger vit ouvertement avec sa maîtresse Guisla dont il a plusieurs enfants (l'un de ses fils, Richard de Baines, se distinguera dans l'Angleterre conquise).

En 1055 se tient à Lisieux le concile qui aura raison du débauché. Dans ce dessein, Victor II y a envoyé Ermenfroi, l'un de ses légats. Immédiatement déposé sur le plan ecclésiastique, mais non banni par le duc, Mauger prend les devants et choisit de se retirer à Jersey avec les siens. Une retraite de courte durée, car il mourra noyé en passant par-dessus bord lors d'une traversée vers le Cotentin.

Son successeur est à son exact opposé. Moine à Fécamp, ardent défenseur de la réforme de l'Eglise, Maurille est un érudit qui a étudié en Italie : il a reçu en Ombrie et en Toscane l'enseignement de Pierre Damien, abbé de Ste-Marie de Florence. De la même veine que Lanfranc, il est du reste pressenti par le prieur du Bec et agréé par Guillaume, qui par ce choix tranche avec la coutume népotique qui consistait à nommer aux sièges épiscopaux des membres de la famille ducale. Pour autant, le Bâtard n'a pas l'intention de céder du terrain à l'Eglise. Bien au contraire, il cherche plus que jamais à la mêler aux affaires de l'Etat, à se faire le défenseur de la réforme initiée par Clément II. À Noël 1046, lui et l'empereur Henri III avaient publié une condamnation des pratiques simoniaques qui étaient de longue date monnaie courante dans le monde chrétien. Il fallut toutefois attendre que l'évêque Bruno de Toul devienne pape le 12 février 1049 sous le nom de Léon IX, pour assister à la mise en application des principes de cette réforme qu'on dira un jour *grégorienne*, du nom de Grégoire VII, pape en 1073 qui, dès avant 1050, alors qu'il s'appelle encore Hildebrand, prend fait et cause pour l'œuvre rénovatrice de Clément et de Léon.

On sait de quelle manière ce dernier condamne le mariage de Guillaume, pourtant, le contact n'est jamais rompu. Quand, en 1051, l'ancien évêque de Londres Robert Champart, devenu archevêque de Cantorbéry, se rend à Rome pour y recevoir le pallium, il traverse la Normandie dont il rencontre le duc. Le nouveau primat d'Angleterre a d'abord été abbé de Jumièges ; comment douter qu'il se fût fait à cette occasion porteur d'un message à Léon IX ?

Quand Victor II lui succède en 1054, Guillaume décide d'entreprendre sa conquête politique, sans toutefois se livrer à lui pieds et poings liés, car s'il se fait le chantre de la réforme morale, il entend bien garder la haute main sur son clergé normand, tant séculier que régulier. Le découpage géographique lui facilite la tâche : calqués sur les anciens pays romains (eux-mêmes issus des pays celtes), les diocèses ne se démarquent guère des frontières ducales, ce qui leur évite les situations de dépendance multiple qu'on rencontre souvent dans l'Occident féodal. Les fiefs cléricaux n'ont à vrai dire rien à envier aux fiefs seigneuriaux, et sont administrés comme eux, sauf en ce qui concerne leur défense militaire : elle est assurée par le duc, qui contrôle ainsi aisément les velléités d'autonomie des prélats. Plus question de voir revenir un complot comme celui de Bayeux ! Du reste, les clercs jouent pleinement leur rôle, de sorte que leur autorité n'est jamais remise en cause : chacun est à sa place dans une hiérarchie où le duc a toujours le dernier mot.

Enfin, Guillaume a pleine conscience de l'importance des monastères, tout à la fois pépinières de talents, foyers intellectuels, établissements agricoles de pointe, relais du voyageur, symboles d'ordre et de sécurité. La réforme religieuse en Normandie est avant tout celle de son duc.

Après Mortemer, donc, les armes parlent moins. Faut-il parler de paix pour autant ? Oui, mais pas au sens moderne du mot, car cette notion est étrangère au monde médiéval, où la violence est une composante sociale au même titre que le travail ou la pratique religieuse. S'il arrive d'être dans un état de non-guerre, il s'agit tout au plus d'une trêve. Or, le propre d'une trêve est d'être un jour rompue.

En mars 1057, Henri Ier va retrouver chez lui son vieux complice le comte d'Anjou. Ils sont l'un et l'autre bien décidés à prendre leur revanche sur l'humiliation de 1054. D'Angers, ils se rendent dans le Maine où ils concentrent leurs forces. Et là, tels de vulgaires chefs de bandes, ils pénètrent en Normandie pour y semer terreur et désolation. La horde traverse l'Hiesmois. Falaise est proche, où Guillaume séjourne avec sa garde rapprochée, quelques dizaines de chevaliers tout au plus. Dans la crainte d'un siège qui le clouerait sur place, il préfère se tenir discrètement à l'écart avec ses maigres troupes. Sans intervenir, il se fait rigoureusement informer des mouvements ennemis, impuissant face au pillage de sa terre ; une attente éprouvante pour les nerfs.

Henri établit son camp à St-Pierre-sur-Dives, à quelques lieues de la ville de naissance du duc, tout près aussi du Val-ès-Dunes ; en dix ans, sa préférence a changé. Puis il poursuit sa marche dévastatrice dans la campagne, en évitant les châteaux. À quoi bon risquer des vies dans des assauts ? Il est venu pour piller, pas pour conquérir ! La vallée de l'Orne constitue un couloir de pénétration idéal vers le nord. Les voici à l'entrée du Bessin qu'ils ravagent jusqu'à la Seulles. Partout, l'armée se sert sur l'habitant : nourriture, boisson, femmes, vaisselle et bijoux, rien n'échappe à la convoitise des Français. Les odeurs d'incendie flottent dans leur sillage. De jour en jour, les chariots se chargent un peu plus, tractés par les bœufs dérobés aux paysans. Enfin repus, tous leurs appétits assouvis, les voleurs rentrent chez eux par la route de l'est. C'est le moment que choisit Guillaume pour agir.

L'ennemi a franchi l'Orne près de Caen. Son long convoi regorgeant de richesses s'étire sur le chemin. Mondeville et Colombelles le voient passer, puis Gonneville et Varaville. Le roi ignore que le duc, plus mobile que lui, l'y a précédé. À Bavent, il n'a aucune peine à recruter des renforts parmi les familles de paysans qui voient passer la meute comme un mal rampant, une peste insidieuse qui répand le deuil. Et, comme à Mortemer, tout ce qui peut tenir un gourdin, un épieu ou un outil est promu combattant.

L'armée franco-angevine s'avance dans les marais de Troarn. Au XIe siècle, la future Côte Fleurie n'a pas cet aspect rectiligne que lui confère aujourd'hui une poldérisation conçue sous les effets conjugués du temps et des hommes. Les cours paresseux de la Dives et de la Divette serpentent dans une immense lagune entre Brucourt, Périers, Dives, Cabourg, Merville et Varaville. Au nord de ce village, un îlot, un *holme*, donnera ce nom à sa station balnéaire : le Hôme de Varaville, qui n'a rien à voir avec la douceur d'un foyer britannique, mais tout avec un mot norrois qui désigne une île, une colline, une éminence. Au sud, entre Dives et Divette, une autre hauteur naturelle accueille le hameau de Robehomme (toponyme de même origine ; le village possède encore un hameau du *homme*), véritable pic au cœur du marais ! Ce qui évoque le mieux de nos jours la configuration des lieux est sans doute la baie des Veys, où quatre rivières creusent leur lit d'embouchure en un réseau fluvial que la marée vient enfler deux fois par jour au flux. Accessible au jusant pour le plaisir des pêcheurs à pied, le site devient à marée haute un terrible piège où s'aventurer relève de l'inconscience.

Comme la baie des Veys, celle de la Dives est traversée par une voie romaine ; elle relie Varaville à Périers, juchée sur un remblai qui isole du sol spongieux et fait office de digue contre le flot montant. Des ponts en bois permettent le franchissement de la Divette et de la Dives, cette dernière peu avant le lieudit de la Croix-Kerpin, au carrefour entre la voie de Caen à Lisieux et celle de Dozulé à Dives qui passe par le Pont-Frémy et Brucourt. L'avant-garde de l'armée royale a déjà dépassé cet endroit. Juchés sur les premiers coteaux de Périers, voici Henri et Geoffroi au hameau de Bastebourg, suivis par l'interminable théorie des cavaliers, des fantassins et des chariots. L'arrière-garde vient à peine de franchir la Divette à Varaville, à la queue d'un convoi qui s'étire sur plus d'une lieue. C'est le 22 mars 1057 (du moins le croit-on : la date n'est pas avérée) ; le jour se lève sur une abondante marée d'équinoxe qui remonte le cours des fleuves, déborde de leur lit, envahit les vasières et les herbus, et vient battre au pied de la jetée de terre qui porte les pavés romains depuis plus de sept siècles.

– C'est le moment d'agir, enfin ! se réjouit Guillaume. En avant !

Dévalant la côte de Bavent, sa cavalerie fond sur les serre-files franco-angevins, les bouscule et les taille en pièces.

– St-Michel ! Vive la Normandie !

Le début d'un minutieux massacre relayé par les paysans normands qui, de Robehomme et de Petitville, s'abattent à leur tour sur l'ennemi.

– Vengeance ! Mort aux Français !

Les chevaliers à l'ouest, les fantassins au sud, la marée montante au nord. Les envahisseurs n'ont

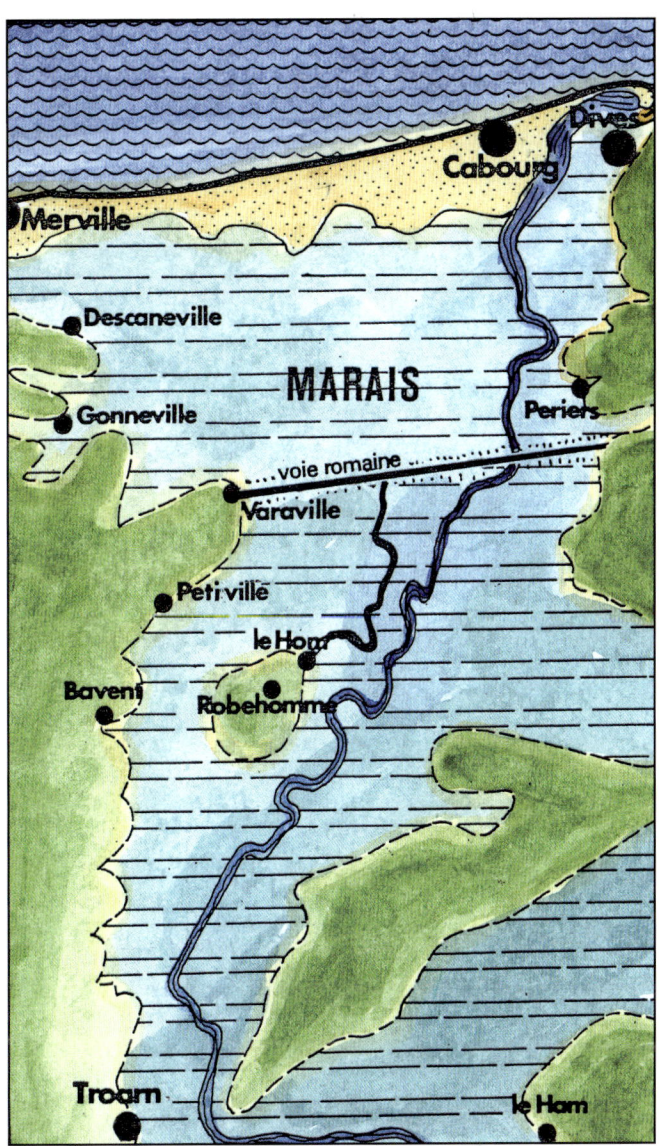

Etat de la baie de la Dives en 1057. La marée haute remonte jusqu'à Troarn.

Au nord de la Dives, la colline de Bastebourg, où le roi de France était parvenu quand l'attaque normande a eu lieu.

Stèle commémorative de la bataille de Varaville.

d'autre parti que celui de se ruer vers l'est, vers ces collines encombrées où le roi se retourne, alerté par les cris de la bataille sans espoir, par ceux des premières victimes. Vers l'est, vers cet unique pont de bois qui franchit la Dives dont le cours s'est inversé à grands flots par la puissance de la marée de printemps !

Sur la chaussée de Varaville, la panique est totale. Les Français s'abattent comme des arbres couchés par la tempête, bien peu ont le loisir de dégainer leur épée, tellement leurs rangs sont serrés ! Les Normands se hâtent de les éclaircir pour aller plus loin, faire de nouveaux morts. Débordés par les assaillants, alourdis par le butin, bloqués par les chariots dont les bœufs s'affolent, tournent et virevoltent, renversant bientôt leur chargement, les pillards sont assommés, taillés par la hache et par l'épée, achevés au couteau ou précipités dans la mer où ils périssent noyés, emportés par un flot meurtrier. Les comtes de Blois et de Soissons se rendent aux Normands, échappent de peu au lynchage par les paysans. Devant, la bousculade est telle que le vieux pont de bois cède sous le poids et s'écroule dans la Dives qui absorbe les corps par dizaines en leur ôtant la vie. Plus loin encore, Henri veut réagir ; il tourne bride, mais ses conseillers saisissent le mors de son palefroi, l'arrêtent, le raisonnent. Il renonce, et regarde la mort dans l'âme la déroute de son armée.

Cette fois encore, Guillaume ne le poursuit pas. Comment l'eût-il fait, sans pont, parmi les monceaux de cadavres humains et animaux qui jonchent la chaussée, à travers les débris du pillage désormais dérisoires sous les chariots renversés aux roues brisées ? Le duc eût-il de toute façon couru ce risque inutile ? Car sa victoire est totale : les survivants retournent chez eux, et jamais, plus jamais, Henri ne se hasardera à s'attaquer à la Normandie de Guillaume.

De pierre blonde

– Dame, cette abbatiale sera à votre image : belle, secrète et pudique. Voyez comme une atmosphère d'intimité émane de cette crypte qui s'apprête à recevoir mille trésors.

– Seigneur, ce temple chrétien, je veux qu'il soit dédié à la Sainte-Trinité, et qu'une de nos filles en soit un jour l'abbesse.

Guillaume hoche la tête. Face au couple ducal, des dizaines de compagnons, de manœuvres, de carriers, domestiquent la colline qui domine le cours de l'Orne et le hameau de Calix où ne s'élèvent encore que quelques masures. En ce lieu désert où la blonde pierre de taille semble retrouver la matrice calcaire dont elle est issue, où elle s'assemble harmonieusement en une futaie de piles cylindriques, où s'affairent maçons et sculpteurs pour constituer la crypte qui portera l'église à venir, le chemin de la mer qui relie Caen à la paroisse St-Samson d'Ouistreham sait déjà qu'il verra bientôt s'ériger un nouveau quartier : le Bourg l'Abbesse, greffé sur l'abbaye bénédictine de Mathilde.

– Oui, dit Guillaume, vous avez bien mérité ce privilège. Nous verrons le moment venu à laquelle de nos filles reviendra l'honneur de gouverner cet ensemble.

– Gondulphe a fait des merveilles. Savez-vous que la disposition naturelle des lieux n'a pas permis de placer le chevet exactement à l'orient ? Il l'a habilement décalé vers le midi.

– Il n'a pas été pour rien l'élève de notre Lanfranc. A propos, j'espère que ses pourparlers avec le pape aboutiront bientôt. Nous lui avons donné toutes les preuves de notre bonne volonté.

– Et de notre piété, Guillaume.

– Oui, Mathilde, cela va sans dire.

Depuis le départ de Mauger, les relations de la Normandie avec le Saint Père se sont améliorées. Maurille est un tenant de Hildebrand, qui est bien en cour à Rome, où il conseille tous les souverains pontifes qui s'y succèdent.

Pendant que l'Abbaye aux Dames s'érige sous les yeux du duc et de sa femme, quatre Hôtels-Dieu sont en construction à Cherbourg, Bayeux, Rouen et Caen. Quant à l'Abbaye aux Hommes, Lanfranc travaille sur ses plans depuis des années. Il les aurait terminés, s'il n'était aussi occupé par les affaires de l'état normand.

Caen est en plein essor, et l'Eglise peut s'enorgueillir de ces bâtiments érigés à la gloire de Dieu. Ils viennent si bien compléter le nouveau château qui se dresse sur l'éperon de Darnétal ! Douce pénitence, ces fondations devraient contribuer à faire sauter un dernier obstacle entre le pape et lui : l'interdit qui pèse sur son mariage depuis le pontificat de Léon IX. De cela aussi, Lanfranc s'occupe. Lanfranc s'occupe de tout. Depuis la récente élection de Nicolas II, il ne se passe guère de mois qu'il ne lui envoie un courrier en ce sens. Guillaume sent qu'une époque s'achève, qu'une ère nouvelle va s'ouvrir à lui, une ère de rayonnement universel de la Normandie. Cette abbaye de moniales en est le premier symbole.

Tandis que les travaux de la crypte St-Nicolas-sous-Terre vont bon train, le reste du chantier laisse augurer les vastes dimensions de l'abbatiale. Dominant l'église inférieure, un chœur à deux travées ; dans son alignement, la grande croisée des transepts, et neuf travées qui ne sont encore matérialisées que par des moellons posés au sol, sous lesquels il faudra creuser profondément, afin d'y ancrer les fondations des hautes piles de la nef.

Partout, on tire des cordeaux, on déblaie, on nivelle, on taille les énormes blocs de pierre claire venus des proches carrières, avec de longues scies maniées par les compagnons, sous l'œil vigilant des maîtres maçons.

Au sud-est de la crypte, juste au-dessus d'elle, on devine l'abside en cul-de-four qui viendra fermer le chevet de l'abbatiale. Nul ne peut imaginer que moins d'un demi-siècle plus tard, cette partie de l'édifice sera déjà jugée obsolète, bonne à refaire sous l'influence de la Première Croisade, grâce à l'immense fortune du duché, ni qu'une nouvelle abside remplacera celle-ci, avec un faux déambulatoire, des colonnes engagées, et ces étranges sculptures d'orient qui font aujourd'hui le charme du lieu.

La paix des morts

La victoire de Varaville a sonné le glas des prétentions franco-angevines sur la Normandie. En 1058,

Derrière les remparts, la ville ancienne du Mans qui a toujours été puissamment fortifiée.

Guillaume a repris sa forteresse de Tillières, sur l'Avre, et le château de Thimert, près de Dreux : deux coins solidement enfoncés dans le chêne capétien ! Au sud, il a construit le château d'Ambrières, au cœur du territoire de Geoffroi de Mayenne, afin d'éviter toute nouvelle incursion de ce côté.

L'année 1060 sera celle de la paix avec ses deux vieux ennemis, la paix des morts. Le 4 août, Henri décède après avoir bu de l'eau. Empoisonné ? En ce temps-là, on attribue facilement au poison tout décès inexpliqué. Jean de Chartres, son mire, lui avait prescrit une diète absolue. Le roi a-t-il succombé à ce régime draconien, ou pour l'avoir transgressé ? Toujours est-il que Philippe, son héritier, serait bien en peine de régner. A huit ans, le fils d'Anne de Kiev doit patienter, et faire place à un régent jusqu'à sa majorité. C'est un oncle de l'enfant, l'époux d'Adèle de France (une fille de Robert le Pieux, une sœur du roi défunt) qui endosse ce rôle : il n'est autre que Baudouin V, comte de Flandre, le père de la duchesse de Normandie !

Guillaume sait qu'il n'a rien à craindre de son beau-père. Le voici tranquille sur le front de l'est, au moins pour quelques années. Avec Henri, il décide d'enterrer leur passé belliqueux ; il se rend aux obsèques du roi et n'hésite pas à s'agenouiller devant l'enfant et sa mère pour leur prêter l'hommage vassalique. C'est dans l'ordre des choses et cela ne coûte rien.

Trois mois plus tard, nouveau coup de théâtre : le 14 novembre, c'est le second de ses ennemis intimes qui disparaît. Geoffroi Martel ne laisse aucun héritier direct malgré ses trois mariages. Son neveu Geoffroi le Barbu lui succède. Il ne semble pas animé des mêmes sentiments vindicatifs que son oncle. C'est donc la paix ? Oui, mais une paix médiévale, une paix fragile, relativisée par des troubles à l'intérieur et une contestation à l'extérieur.

Un appareil qui conjugue la pierre et la brique, caractéristique des constructions romaines.

En Normandie, un mécontentement dure depuis plusieurs années : celui venu du mariage de Mabile, la fille du terrible Guillaume II Talvas de Bellême, avec Roger de Montgomery, l'un des seigneurs les plus puissants du duché. Aux yeux des nobles, c'est consolider une famille qui s'est toujours distinguée par sa cruauté et ses trahisons, c'est récompenser le mal au détriment du bien. Cette ascension n'est toujours pas acceptée par les familles qui ont eu à souffrir des Bellême : au premier chef les Géré (ou Giroie), victimes d'une longue vendetta. Pour complaire au Talvas, Guillaume s'est résolu à exiler Hugues de Grantmesnil et Ernaud Fitz-Géré, et même Raoul de Tosny (son « porte-voix » de Mortemer) sous de fallacieux prétextes. C'est de la bonne politique, mais de la mauvaise psychologie, qui en outre prive le duché d'excellents éléments, quand elle ne les dresse pas contre lui. Principal foyer d'opposition en la matière :

Maquette du premier château de Caen, construit par Guillaume. L'entrée se trouve au nord, sur le plateau, à proximité des bâtiments ducaux. On remarque l'église Saint-Georges et la poterne qui donne accès au bourg de Darnétal, futur quartier Saint-Pierre.

Reconstitution des bâtiments ducaux construits par Guillaume. Derrière eux, la salle de l'Echiquier ne sera édifiée qu'au XII siècle.

l'abbaye St-Évroult en pays d'Ouche, qui n'a jamais caché sa haine des Bellême. L'*Historia ecclesiastica* d'Orderic Vital, qui y vivait comme moine, s'en fera l'écho. Il faudra du temps, des pardons et la perspective d'un grand destin commun pour réconcilier ces antagonismes.

L'attitude de Guillaume faillit même ruiner les efforts de Lanfranc auprès de Nicolas II : banni du duché, Robert de Grantmesnil, ancien abbé d'Ouche, parvient à rallier le pape à son point de vue, ce qui crée des désordres diplomatiques dont le Bâtard ne se sort qu'en faisant preuve d'autorité, pour ne pas dire d'entêtement.

À l'extérieur, Geoffroi de Mayenne n'a pas digéré la construction d'un château sur sa terre d'Ambrières. Hubert de Ste-Suzanne prend fait et cause pour lui, ainsi que l'évêque du Mans, qui a toujours choisi l'Anjou contre la Normandie. Pourtant, la situation diplomatique est apparemment claire : dès 1058, le comte du Maine Herbert II rend l'hommage vassalique à Guillaume, qui l'avait hébergé avec sa sœur Marguerite quand Geoffroi Martel les menaçait après la mort de leur père. Il lui promet même d'épouser sa fille Agathe quand elle serait nubile. Un mariage en induisant un autre, on décide que l'aîné du duc de Normandie, Robert Courteheuse, épousera Marguerite, âgée de dix ans.

Or, en 1062, Herbert meurt sans enfant, sans être revenu sur sa parole. Puisque Robert allait devenir son beau-frère, il lui lègue le Maine. À lui, ou plutôt à son père, car Courteheuse n'a alors qu'une douzaine d'années. Les vassaux du défunt n'ont pas la même vision de la succession du comté, où ils ne voient qu'une forme d'annexion légale, ce qu'elle est en effet : le Maine revenait de droit à la Normandie. Un droit que son duc doit faire valoir par la force.

L'opposition trouve un porte-drapeau en la personne du comte Gautier de Mantes. Ce haut seigneur peut faire valoir ses droits, car sa femme Biota est fille d'Herbert Iᵉʳ. Son père Drogon fut le dernier à voir vivant Robert le Magnifique en 1035 à Nicée. Sans doute craint-il qu'après le Maine, Guillaume s'empare du Vexin français, et pourquoi pas ?… De la France !

Geoffroi le Barbu se rallie au mouvement du bout des lèvres, mais on ne le verra jamais guerroyer.

Retranchés au Mans, les rebelles s'apprêtent à soutenir un blocus. La ville s'appuie sur une forteresse de qualité, qui intègre d'anciens remparts romains. Pour cette raison, Guillaume refuse le siège et préfère mettre son nouveau fief en coupe réglée : il incendie fermes et villages, s'empare des châteaux secondaires, place ses hommes partout où il le peut. De guerre lasse, les Manceaux se rendent en 1063. Mieux, ils font aux nouveaux occupants une véritable ovation, autant dictée par la peur des représailles que par le souci de ménager l'avenir. C'est Gautier de Mantes en personne qui rend l'hommage à Guillaume, renonçant solennellement à ses prétentions successorales. Mal lui en prend : Gautier et Biota mourront peu de temps après au château de Falaise, probablement empoisonnés par d'anciens alliés qui n'avaient pas admis le revirement du comte de Mantes.

Fin politique, Guillaume ne veut pas régner directement sur le Maine. Le comté, qui n'a pas été intégré au duché, relève traditionnellement de la suzeraineté angevine ; le duc de Normandie ne saurait prêter l'hommage vassalique à plus petit que lui ! C'est donc son fils Robert (comte du Maine officiel au demeurant !) qui fera serment d'allégeance pour le Maine à Geoffroi le Barbu. Selon l'usage normand, il le fait en marche, à Alençon, à la lisière du duché ; pourtant, il n'épousera jamais sa promise : Marguerite meurt peu avant la date prévue pour le mariage. On l'enterre à Fécamp, comme une princesse, parmi les membres de la famille ducale.

Si le chef de la conjuration n'est plus à craindre, les seigneurs rebelles tiennent bon. Geoffroi s'est retranché en son château de Mayenne, prêt à soutenir un long siège, et voici que les barons et chevaliers normands en ont assez ! Nous sommes en 1065, les quarante jours du service d'ost dû au duc sont largement dépassés. Certes, on peut considérer qu'il s'agit là, non d'ost, mais de chevauchée, c'est à dire de service armé à l'extérieur du duché, puisque le Maine ne s'y est pas fondu, et dans ce cas, sa durée n'est pas limitée ; mais le cœur n'y est plus : les seigneurs veulent rentrer chez eux, lassés par une campagne interminable dont ils ne voient guère l'intérêt.

– Je vous ai bien entendus, leur dit Guillaume. À votre tour maintenant de m'écouter ! Je comprends votre impatience à retrouver vos femmes, mais je vous demande une faveur : tenez le siège une semaine encore, je vous en conjure, car en vérité Mayenne sera bientôt prise, j'en ai la certitude !

Le duc n'a plus le choix des armes ; l'a-t-il déjà eu ? A Mortemer, il avait vaincu par surprise ; à Varaville grâce à la marée ; à Alençon par la terreur ; partout ailleurs par la famine, sauf au Val-ès-Dunes, sa seule bataille rangée. Il ne peut laisser derrière lui un homme tel que Geoffroi, il doit gagner Mayenne d'une manière ou d'une autre. Ce sera cette fois par la ruse. Il choisit deux enfants du pays sur leur bonne mine, sur la confiance qu'ils inspirent, et aussi sur l'état de détresse de leur famille à qui il promet un pont d'or. Le lendemain, sous prétexte d'aller jouer avec ceux de leur âge, les gamins franchissent une poterne de la forteresse inexpugnable, où la garde ne leur prête qu'une attention distraite. Quelques minutes plus tard, un incendie embrase la ville. Le lendemain, le siège est terminé. La fin justifiait les moyens. Guillaume fera reconstruire la cité ravagée par les flammes.

Un blanc manteau d'églises

Tandis que le jeune Robert règne (de très loin, car il préfère la terre normande) sur son comté du Maine, ses frères et ses sœurs grandissent à la cour ducale. Vers 1055, année de la consécration archiépiscopale de Maurille à Rouen, Mathilde a donné naissance à un deuxième fils. Le précédent avait reçu le nom de son grand-père. On baptise celui-ci en souvenir de son grand-oncle, de son arrière-grand-père et du père de celui-ci : Richard.

Le duc tient (et sa femme encore plus) à ce que leurs enfants jouissent d'une éducation qui lui a fait défaut. Sa progéniture saura lire et écrire. Si Robert s'acquitte fort honorablement de ses obligations scolaires, il se révèle malgré tout plus porté sur le jeu que sur les études. Il prend très au sérieux son rôle d'héritier de la Normandie, sans pour autant se donner tous les moyens d'en tenir un jour les rênes. Richard allie aux qualités physiques du bon chevalier celles qui en font un bon politique. Guillaume s'en rend déjà compte, lui qui a dû s'imposer jeune à la tête du duché. Parfois, il lui vient des regrets que ce ne soit pas lui, Richard, l'aîné de la fratrie.

Et puis il y a Guillaume. Impossible encore de se prononcer sur lui, car il est né l'année de cette visite au chantier de l'Abbaye aux Dames qu'il fit avec Mathilde : 1059. Mais d'où diable tient-il ces cheveux carotte et ces taches de son sur le visage ? De ses lointains ancêtres nordiques, sans doute. Guillaume le Roux. Un bon moyen de le distinguer de son père, et puis, cela sonne mieux que Guillaume le Bâtard !... Herlève est morte. Elle repose dans l'abbaye de Grestain qu'elle avait fait bâtir.

Gautier, le frère de sa mère, est seigneur de Calonne. Herluin de Conteville, veuf d'Herlève, a deux autres enfants de son nouveau mariage : Raoul et Roger. Comme toujours, la branche maternelle de Guillaume est la colonne vertébrale de sa famille, celle sur laquelle il peut compter. Une famille ducale porteuse d'espoir, un duc optimiste, un duché florissant. Son frère Robert tient Mortain, son frère Odon est évêque de Bayeux. La Normandie est bien verrouillée. En ces années charnières, elle a atteint un tel niveau de développement que la paix du duc règne enfin dans un état prospère. Un *état* : le mot est-il compatible avec des équilibres féodaux qui entrent en contradiction avec cette notion moderne ? Et pourtant ! Désormais, nulle nécessité de s'expatrier pour réussir, plus besoin pour les cadets de famille de conquérir des fiefs en Méditerranée. Grâce aux progrès de l'agriculture, avec notamment la consécration de la charrue, la terre normande suffit à tous ses sujets. Le mouvement vers l'Italie se ralentit ; bientôt les candidats au départ ne seront plus qu'une poignée.

Si les domaines sont nombreux, ils restent de petites dimensions, sauf les *honneurs* réservés aux proches de Guillaume. Depuis la révolte de 1047, plus question de laisser n'importe quel tenancier s'ériger en grand seigneur, bâtir un château comme l'avait fait Grimoult du Plessis, sans la permission du duc : car c'est à lui qu'est prêté, tout au bout de la chaîne, le serment de fidélité, du vavasseur au grand vassal. Plus d'allégeances multiples, telles celles des Bellême à leurs trois voisins : l'hommage lige engage son auteur à un suzerain et un seul.

Le droit féodal recoupe le droit romain. Le refus du serment vassalique, tout comme les crimes reconnus, se traduisent par la confiscation des terres du coupable, une manière pour le duc de récupérer des domaines qui lui permettent de satisfaire d'autres vassaux plus méritants. Le duc possède la plupart des forêts et plusieurs grandes villes, dont Caen. Ses droits sont immenses, notamment sur le domaine maritime soumis à de nombreuses taxes. Il frappe monnaie dans ses ateliers de Bayeux et de Rouen. Son principal administrateur est à présent le vicomte, à la fois gestionnaire, collecteur d'impôts, responsable du maintien de l'ordre, de la levée de l'ost, et de l'exercice de la justice (partagé avec l'évêque), dans une zone qui correspond généralement aux anciens pays romain.

Ainsi quadrillé, le duché est plus facile à diriger, appuyé sur le droit en vigueur dans les différents pays, en voie d'unification dans la coutume de Normandie. Le duc s'entoure d'un conseil rapproché, plus restreint que la cour, composé d'anciens, de sages, de notables, en qui il a entière confiance. Après vingt ans de troubles intérieurs, le fils du Magnifique a réussi à créer un vrai gouvernement dont il est le maître incontesté.

En 1061, les efforts de Lanfranc ont enfin été couronnés de succès, pas auprès du pape Nicolas II, mais de son successeur Alexandre II. Une vieille connaissance du Lombard, puisque le prieur du Bec l'avait eu comme élève dans l'abbaye d'Hellouin, sous le nom d'Anselme : *Anselmo di Bagio*. Une bonne école, car il deviendra évêque de Lucques, en Toscane. Le voici souverain pontife : une formidable ascension. Anselme n'avait rien à refuser à Lanfranc, ni à la Normandie. Une fois levé l'interdit qui pesait sur le mariage de Guillaume et Mathilde, le duché peut s'afficher comme principal défenseur de la chrétienté en Europe occidentale. Ces années-là, il se couvre – comme l'a écrit Raoul Glaber pour l'an Mille – d'un blanc manteau d'églises.

Initiée par Robert le Magnifique, la construction de St-Vigor de Cerisy stagnait, bien que l'abbatiale eût connu une première consécration en 1032. Guillaume ranime le chantier, voulant faire aboutir l'œuvre de son père. Cette abbatiale rénovée fait figure de modèle architectural de la troisième génération romane (après les balbutiements du Xe siècle et la deuxième période pendant le règne de Richard II, avec Bernay comme modèle), au même titre que la Trinité de Caen. Ici comme ailleurs, on a adopté le plan type de la grande église bénédictine en forme de croix, avec une tour lanterne, une nef centrale dotée de collatéraux, une facture générale sobre et imposante sans ostentation. Contrairement à la plupart des abbatiales romanes normandes, St-Vigor ne sera jamais voûtée de pierre par la suite : elle a toujours eu un superbe plafond de chêne connu dans le duché sous le nom de *plafond normand*, sans doute une survivance du savoir-faire des ancêtres nordiques, de ces charpentiers maritimes qui savaient aussi bien construire en bois les églises que les esnèques. Simplement, des arcs doubleaux ont été dressés dans les combles en travers de la nef, toutes les deux travées, pour servir de coupe-feu en cas d'incendie. Le chœur séduit par la formule du faux déambulatoire (tout comme à l'Abbaye aux Dames) qui orne l'abside à trois niveaux (autant que dans la nef), l'aérant, lui donnant du volume là où souvent l'austérité est de mise.

Beaucoup d'églises s'inspireront de Cerisy : St-Étienne de Caen, mais aussi Ste-Honorine de Graville, St-Gabriel (dans le Bessin) ou Notre-Dame de Montivilliers, reconstruite à la fin du XIe ; son chevet date des années 1060 ; elle fut achevée sous l'abbesse Élisabeth (1065-1116) et connaît une grande unité de style pour sa période romane. Sa tour lanterne frappe par sa ressemblance avec celle de St-Vigor.

Plus à l'ouest, dans le Cotentin, une autre merveille a pris son essor. À Lessay, l'abbatiale sera, comme celle de Mathilde, dédiée à la Sainte-Trinité. Comme à Cerisy, pas de tours jumelles : la façade harmonique normande en forme de H n'est pas encore généralisée ; mais quelle église ! C'est en 1056 que le baron de la Haye-du-Puits, Turstin Haldup, fonde une abbaye au petit havre de Lessay, près de Ste-Opportune. Il faudra des années pour la construire ; elle verra dans son chœur l'une des premières tentatives réussies de voûtes sur croisée d'ogives, dans les années 1070, une disposition révolutionnaire qui sera reprise à Durham dans l'Angleterre conquise, et par la suite dans toute l'architecture gothique.

Les grandes églises ont influencé les petites. Le décor extérieur de la nef de la Trinité de Caen sera à la base de la façade de la modeste église paroissiale St-Martin de Colombelles, où la simplicité s'accommode au mieux de la beauté des arcades. De même à St-Samson de Ouistreham, dont les arcatures évoquent celles de l'Abbaye aux Dames. Né au VIe siècle au pays de Galles, Samson devient évêque de Dol en 560. Au IXe siècle, Salomon, le « roi » de Bretagne à la mode arthurienne, élève l'évêché-abbaye de Dol au rang d'archevêché, contre l'avis du pape Nicolas Ier et de la province ecclésiastique de Tours dont Dol dépend. Elle parraine plusieurs établissements, dont Ouistreham.

Les rapports de Guillaume avec la Bretagne sont tendus. Son peuple est jugé turbulent, peu fiable et pauvre. On décrit les Bretons comme faméliques, dangereux, à moitié sauvages ! Le Bâtard en protège ses frontières : tandis que Pontorson monte la garde, il nomme un vicomte à Avranches et remplace l'abbé du Mont St-Michel Suppo, peu fiable, par Raoul de Beaumont. Près du prieuré St-James, le château de Beuvron vient renforcer la défense. Des précautions utiles : certains Bretons n'ont jamais admis le rattachement à la Normandie du Cotentin et de l'Avranchin sous Guillaume Longue-Epée. Tous envient la richesse normande. En 1040, le comte de Bretagne Alain III meurt à Vimoutiers lors d'une tentative d'invasion. Éon de Penthièvre assure la régence avec l'appui du comte de Nantes, au nom de son neveu, le jeune Conan, héritier désigné d'Alain. Devenu majeur, ce Conan II s'appuie sur des seigneurs de la région de Rennes pour se débarrasser de son parent. Il y parvient et se pare du titre de duc de Bretagne ! Une Bretagne qu'il met en coupe réglée. Excédé et traqué, Ruallon de Combray s'enferme à Dol et fait appel au duc de Normandie. C'est l'occasion rêvée de donner une leçon aux voisins de l'ouest et de faire taire leurs prétentions.

En son palais, Édouard le Confesseur reçoit l'earl Harold de Wessex à son retour de Normandie. (Avec l'aimable autorisation de la ville de Bayeux.)

Quatrième partie : La conquête

L'héritage

– Harold, je t'ai fait mander pour te confier une mission de la plus haute importance.

Harold est un *earl*, mot dérivé du *jarl* scandinave, devenu l'équivalent d'un comte, mais Harold est beaucoup plus, il est le plus puissant seigneur de la hiérarchie anglaise après le roi. Car son domaine, l'*earldom* de Wessex, s'étend du Kent aux Cornouailles, le plus vaste du royaume. Face à lui, Édouard, petit-fils de Richard Ier de Normandie par sa mère Emma, siège en tenue d'apparat sur son trône de chêne. Pour donner à l'entrevue plus de solennité, il a coiffé sa couronne et serre son sceptre d'or dans la main gauche. Les deux hommes sont proches, car il a épousé une sœur de l'earl de Wessex, mais Édith ne lui a donné aucun héritier. La rumeur populaire prétend qu'il n'a jamais touché sa femme, qu'il a fait vœu de chasteté, une réputation qui lui vaut le sobriquet d'*Édouard le Confesseur*, bien qu'il soit loin d'être un saint ! Par le passé, il a confiné Édith dans la réclusion religieuse du monastère de Wherwell, entre Winchester et Andover, gardée par son abbesse qui se trouvait être sœur du roi. Harold se demande ce que son beau-frère va lui ordonner.

– Harold, reprend le souverain, je suis monté sur ce trône en 1042. Ces vingt-deux années n'ont pas été faciles, ni pour moi, ni pour les tiens, mais grâce à Dieu, tout cela est bien loin aujourd'hui. Depuis la mort en avril 1053 de ton père, pour qui je prie chaque jour, tu gouvernes le Wessex mieux que personne, et je sais que je peux compter sur toi. Je vieillis et sens mes forces décliner. Dans un an, deux peut-être, Dieu me rappellera à Lui. Comme tu le sais, j'ai jadis promis à mon cousin Guillaume de Normandie de lui léguer ma couronne. Je te charge donc de partir en ambassade à Rouen, de lui confirmer que parole sera tenue et qu'il s'assiéra sur ce trône dès que la mort m'en aura arraché.

Harold s'incline derechef, obséquieusement. Ainsi, nous y voilà ! Après lui avoir rappelé qu'il lui était redevable de son earldom, Édouard le chargeait, lui, le fils de Godwin, de conforter sa succession ! L'earl de Wessex avait bien eu connaissance de cet engagement, pris deux ans avant le décès de son père. C'était une réponse à la stérilité d'Édith – ou à l'incapacité de son mari ! – et surtout, une cinglante réaction à l'ostracisme dont les amis normands du roi ont fait l'objet.

Étrange histoire que celle de l'Angleterre du XIe siècle ! Étrange jeu d'alliances que cet enchevêtrement de haines ancestrales, de généalogies croisées, d'influences contradictoires et d'intérêts éphémères ! Éternelle terre d'invasions, le royaume suscite toutes les convoitises. Peuplé au Ve siècle par les vagues germaniques, essentiellement celles des Angles et des Saxons, il est en butte aux visées vikings dès le IXe ; comme le reste de l'Occident, mais parce qu'il se trouve aux premières loges face au monde scandinave, un peu plus tôt et plus systématiquement qu'ailleurs, si l'on excepte le cas particulier de la Normandie.

En 1002, Ethelred II, roi anglo-saxon depuis 978, épouse en secondes noces une sœur du duc de Normandie Richard II : Emma, née dans les années 980. En un temps où les jarls se servent encore volontiers des côtes normandes comme base arrière pour leurs expéditions de l'autre côté du Chenal, il s'agit pour Richard de donner aux Anglais un gage d'apaisement qui favorisera les relations commerciales avec l'île. Instrument de cet accord, Emma éprouvera toujours pour son mari une réelle aversion qu'elle étendra à leurs deux fils, Alfred et Édouard. Il est vrai qu'Ethelred n'a rien d'un tendre. L'année de leur mariage, le 13 novembre 1002, il donne l'ordre d'éliminer du royaume tous les Danois qui s'y trouvent (et il s'en trouve beaucoup) ! Ainsi périssent la sœur et le beau-frère du roi du Danemark Sven à la Barbe Fourchue (Tjuguskegg), lequel décide alors de s'emparer de l'Angleterre. Quand il y parvient en 1013, Ethelred se réfugie à Rouen avec sa famille à la cour du frère d'Emma, le duc Richard II.

Sven meurt en 1014. Il s'ensuit une période de confusion et de double pouvoir. Tandis qu'en Angleterre du nord, les seigneurs élisent Knut, le fils de Sven, le sud met en œuvre le retour d'Ethelred et d'Emma qui laissent leurs fils en Normandie. Un retour en grâce de courte durée : le 23 avril 1016, la mort d'Ethelred pose à nouveau la question de la succession. Comme Alfred et Édouard vivent opportunément à Rouen, c'est Edmond Côte-de-Fer, le beau-fils d'Emma né d'un premier mariage d'Ethelred, qui monte sur le trône… pendant six mois, puis il meurt aussi. Ses enfants sont loin, en Hongrie : la voie est libre pour le jarl Knut Riki (le Grand) qui met la main sur l'ensemble du royaume en cette année 1016 (puis sur le Danemark en 1018, et sur la Norvège en 1030 !). C'est sans états d'âme qu'il épouse la veuve de son rival : ainsi donnera-t-il à travers la « reine » un sentiment de continuité dynastique. Emma et lui auront un fils : Harthacnut.

Le royaume connaît alors une phase de relative stabilité et de prospérité qui fait oublier le règne désastreux de l'Anglo-Saxon Ethelred. Les relations avec la Normandie sont au beau fixe ; il est même question de donner pour femme à Robert, fils de Richard II, la princesse Estrid, un projet apparemment non suivi d'effet (on manque de documents à ce propos), puisque le Magnifique tentera une expédition pour restituer Alfred et Édouard dans leurs droits ; la flotte dérivera sur Jersey et n'atteindra jamais les côtes du Wessex…

En 1035, les deux princes meurent : Knut le Grand et Robert le Magnifique. Emma fait élire son fils Harthacnut. C'est alors que Godwin entre en scène. Ce Saxon du Sussex – probablement de Bosham – avait gagné la confiance de Knut qui l'avait fait earl de Wessex. Autant dire qu'il gouverne tout le sud de l'Angleterre, dont il est de droit et de fait le plus puissant derrière le roi. Il a épousé une Danoise, Gytha, qui est la sœur d'un beau-frère de Knut, ce qui l'apparente à la famille royale. C'est donc tout naturellement que Godwin favorise le fils de Knut et d'Emma. Le problème est que Harthacnut vit au Danemark et ne semble pas pressé de rentrer en Angleterre.

Or, Knut a eu deux fils avec sa *friya* Aelfgyfu, fille d'un *thegn* (petit propriétaire foncier, à la base de la hiérarchie saxonne) de Northampton : Harald et Sven. Harald assurera la régence du royaume jusqu'au retour de Harthacnut, conformément à une décision prise à Oxford en janvier 1036. De son côté, Emma garde le trésor royal à Winchester, sous la protection des *housecarles*, gardes permanents de la maison royale, équivalents des *huskarlar* danois, dont l'arme principale est la grande hache maniée à deux mains. Protection assurée ! Mais un équilibre de courte durée car, la même année, Emma rappelle en Angleterre son fils Alfred pour remplacer Harthacnut et contrecarrer les projets d'Aelfgyfu. Fidèle de Knut, Godwin refuse le retour de ce fils d'Ethelred. Arrêté à Guildford, Alfred voit sa nombreuse suite de faire massacrer. On le conduit à Ely où on lui crève les yeux ; il ne tarde pas à en mourir. Quelle part Godwin a-t-il pris dans cet assassinat ? S'il ne l'a pas ordonné, il l'a au moins laissé s'accomplir.

Les vieux clivages nord-sud ont repris le dessus. Par la force, Harald récupère le trésor royal et se fait couronner en 1037. Emma est en fuite. Délaissant Édouard, elle trouve refuge à la cour de Flandre, rejointe par Harthacnut. Le triomphe de Harald est de courte durée ; il meurt le 17 mars 1040. Retour trois mois plus tard de son demi-frère Harthacnut… et de soixante bateaux solidement armés par Baudouin V !

C'est l'heure des règlements de comptes. Mis en accusation du meurtre d'Alfred, Godwin s'en sort grâce à l'appui de douze de ses thegns qui affirment sous serment que l'earl de Wessex n'a rien à voir avec cet assassinat. Il n'en faut pas plus, au regard des lois saxonnes, pour l'innocenter : en faisant arrêter Alfred, il n'a fait qu'obéir aux ordres de Harald, la suite ne le concernait pas. Tout en se blanchissant du crime, Godwin offre au nouveau roi un navire richement décoré et ses quatre-vingts hommes d'armes parfaitement équipés, comme pour racheter sa faute… L'affaire est jugée, mais ni Emma, ni Édouard ne sont dupes.

Ce dernier quitte enfin son exil normand en 1041, à l'appel de Harthacnut en personne. Pas de piège cette fois-ci. Pétri de culture normande, parlant mieux le français que le saxon, Édouard retrouve sa place à la cour. À la mort de Harthacnut le 8 juin 1042, probablement empoisonné, il est immédiatement choisi par acclamation, sans aucune ambiguïté ni contradiction, et couronné à Pâques 1043. La même année, il apprend que sa mère, retournée dès 1040 à Winchester, complote contre lui avec le roi Magnus de Norvège. Aidé des earls Leofric de Mercie et Siward de Northumbrie, il marche vers elle et s'empare du trésor royal.

Godwin apporte son soutien à Édouard pendant les premières années de son règne. En 1045, sa fille Édith épouse le roi d'Angleterre. Ses fils Sven et Harold reçoivent des earldoms, l'un à l'ouest, l'autre à l'est. L'ascension de sa famille commence à inquiéter Édouard, qui va chercher appui auprès de ses compagnons d'exil. Car après sa longue disgrâce (de 1013 à 1041 !), il s'est fait suivre par de nombreux Normands. Venu du Vexin, Raoul de Mantes, dit *Le Timide*, reçoit l'earldom de Hereford où d'autres Normands le rejoignent. Ce sont encore des Normands qui viennent bâtir en bois beaucoup de châteaux, perchés sur des levées de terre selon une technique ignorée des Saxons. La frontière galloise se trouvera hérissée de ces ouvrages défensifs, les plus importants étant ceux de Hereford et d'Ewias Harold. C'est le Normand Robert Champart, ancien abbé de Jumièges, qui devient évêque de Londres en 1044, puis archevêque de Cantorbéry (donc primat d'Angleterre) sept ans plus tard, contre le candidat proposé par Godwin, en laissant sa place de Londres au Normand Guillaume. C'est encore le Normand Ulf qui coiffe la mitre à Dorchester en 1049. C'est une abbaye typiquement normande, analogue à celles du duché, qu'Édouard fait édifier à l'ouest de Londres : Westminster. Bien d'autres monuments sont de même inspiration : Ste-Marie à Douvres, Hadstock en Essex, St-Augustin à Cantorbéry, Paxton, Langford… D'origines partagées, mais marqué par 28 années vécues à Rouen, Édouard se révèle plus normand que saxon ! Une aussi importante présence de seigneurs, de prélats, de soldats d'outre-Manche ne peut que déplaire aux autochtones, d'autant plus que ces nouveaux venus les colonisent : l'érection des châteaux se fait avec le concours forcé de la population, voire des moines du voisinage. De telles pratiques ne peuvent qu'attiser les sentiments nationalistes.

Même faible politicien, Édouard perçoit confusément le danger potentiel que représente l'earl de Wessex. Le 29 juin 1051, quand Robert Champart se rend à Rome pour y recevoir le pallium, il ne va pas voir Guillaume dans le seul but d'intercéder auprès du pape pour son mariage : il lui remet deux otages de marque : Wulfnoth et Hakon, respectivement fils et petit-fils de Godwin, afin que ce dernier n'aille pas au-delà de ses prérogatives. Et il porte au Bâtard le message d'Édouard : son cousin veut qu'il lui succède sur le trône d'Angleterre ! Pour l'instant, cette volonté doit rester secrète.

D'autres continentaux proches du duché sont sources d'incidents. En 1051, le comte Eustache de Boulogne, beau-frère d'Édouard le Confesseur – il a épousé sa sœur Goda –, lui fait visite à Londres. Lors de son retour par Cantorbéry, il se trouve à Douvres au centre d'une véritable bataille de rue contre ses habitants qui l'ont mal accueilli ! Deux dizaines de personnes sont tuées de part et d'autre. Édouard exige de Godwin – Douvres est sur son fief – qu'il punisse les coupables de manière exemplaire. L'earl de Wessex s'y refuse, excédé de voir ses pouvoirs rognés par les étrangers, arguant qu'il ne peut agir contre ses propres administrés. Des partis se forment. Les « nordistes » Leofric et Siward soutiennent Édouard contre Godwin. Son fils Sven se révolte, perd son earldom, est condamné à l'exil. En septembre 1051, son père décide de l'accompagner avec sa femme et deux autres fils : Tostig et Gyrth. A leur tour, les voici en Flandre, un choix qui s'explique par des liens de parenté : Tostig a épousé une fille de Baudouin, une sœur de Mathilde de Normandie. Harold et son frère Lewine s'embarquent pour l'Irlande. Wulfnoth est toujours otage à la cour normande. Pour faire bonne mesure, Édouard cloître son épouse Édith (fille de Godwin) à Wherwell, sous le prétexte d'assurer sa sécurité. Tous les Godwin sont écartés, la guerre civile est évitée.

Informé de cette nouvelle donne, Guillaume traverse le Chenal en personne. Parvenu à Londres, il apprend, par la bouche d'Édouard cette fois, la confirmation de l'incroyable promesse : oui, c'est bien lui, son cousin, le petit-neveu d'Emma la Normande, qui lui succèdera sur le trône d'Angleterre !

Emma meurt au monastère de Wherwell (décidément très utilisé par son fils) le 6 mars 1052. On l'enterre à Winchester, à côté de Knut le Grand. Elle aura eu dans sa vie quatre rois d'Angleterre : deux maris et deux fils ! Peu après, Godwin revient dans le royaume, épaulé par une armée de mercenaires. Il reçoit sur place l'appui de l'évêque de Winchester Stigand et de l'assemblée des notables, le *Witanagemot*, et rentre en cour auprès d'Édouard. Sous la pression de l'aristocratie saxonne, le roi doit alors se séparer de la plupart des Normands qui l'épaulaient depuis toujours. Édith peut enfin quitter sa cellule de Wherwell.

Dans la grand'salle du palais d'Édouard, Harold se remémore ces événements en un éclair. Le roi a raison, son règne n'a pas été des plus faciles. Surtout que les troubles intérieurs s'étaient doublés d'autres menaces. À la mort en 1047 du roi de Norvège Magnus, son successeur Harald Hardrada (le *Sévère*) brigue à son tour le trône d'Angleterre. Il est arrière-petit-fils de Harald Harfagri (*aux beaux cheveux*) et demi-frère par sa mère Asta d'Olav le Saint, père du défunt Magnus. Il a un solide passé d'aventurier. On l'a vu en exploration dans les glaciers du nord. Après la mort d'Olav à Sticklestad en 1030, il quitte la Norvège pour la cour de Kiev où il arrive en 1031, chez le prince Jaroslav, fils et successeur de St-Vladimir. A Constantinople, il sert le basileus Constantin IX. On prétend qu'il a eu pour maîtresse l'impératrice Zoé… Il entre dans les troupes varègues en 1038 (les Varègues sont les Vikings de l'est, partis par les fleuves fonder les principautés russes et commercer avec la Mer Noire et la Méditerranée). De bleu vêtu, monté sur son cheval noir, il combat les Musulmans en Sicile, prend Messine et Syracuse. En 1041, il épouse Élisabeth de Kiev et reprend le bateau en 1045. Deux ans plus tard, il succède à son neveu Magnus. Dès 1047, il écume les côtes anglaises, mène en 1049 un raid contre le Kent, multiplie les actions avec l'aide des colonies norvégiennes des Shetlands, des Hébrides et d'Irlande. Un personnage hors du commun !

En 1058, son fils Magnus organise une expédition maritime en Angleterre du nord. L'étau nordique se resserre. Après les Danois, ce sont les Norvégiens qui menacent l'île, un danger qui se précisera au cours des années 1060.

Ce jour de printemps 1064, ce passé assombrit l'humeur de l'earl de Wessex. Celui-ci n'a pourtant pas lieu de se plaindre ; son domaine s'est même agrandi du Herefordshire à la mort en 1057 du Normand Raoul le Timide, un earldom puissamment fortifié par ses soins et dont les thegns ont reçu une initiation au combat à cheval, une innovation en terre anglaise ! Son frère Lewine a reçu l'Essex et le Surrey ; l'Estanglie est remise à Gyrth et la Northumbrie à Tostig. Autant dire que si Godwin, mort le 15 avril 1053, ressuscitait, il retrouverait ses domaines accrus, tenus par quatre de ses fils. Le revers de la médaille est la jalousie que cette situation suscite, la rivalité qui s'accentue entre le nord et le sud, sans parler du pays de Galles.

Harold devait habilement régler la question de ce royaume dominé par le despotisme de Gruffyd ap

Llywelyn. En 1062, il attaque le pays jusqu'à Rhuddlan où il endosse le rôle de libérateur. Le 5 août 1063, le roi se fait assassiner par ses propres sujets et sa tête est offerte à l'earl de Wessex sur fond de promesses d'aide et de fidélité ! Ce succès accroît le prestige de Harold auprès d'Édouard qui s'en remet de plus en plus souvent à lui pour ses affaires. Et voilà que, contre toute logique, le roi le rappelait à la vieille promesse de 1051 faite à Guillaume !

Un hôte de marque

L'audience est terminée. Harold est abasourdi, mais Édouard est le roi. Aussi longtemps qu'il le sera, il lui obéira. Et puis, il n'oublie pas que deux des siens, son frère Wulfnoth et son neveu Hakon, sont les otages du duc de Normandie, garants de la docilité des Godwin. Cette mission est pour lui l'occasion rêvée de les faire libérer !

Pour ces raisons, il doit faire bonne impression. Il rassemble quelques compagnons triés sur le volet, s'entoure de ses meilleurs serviteurs et prend la route en grand appareil, le faucon au poing, précédé de sa meute, comme s'il se rendait à une partie de chasse. Il a l'intention d'embarquer à son port de Bosham, où son père a fait construire une abbaye et un manoir. De là, il fera voile jusqu'à l'estuaire de la Seine pour atteindre Rouen.

À Bosham, il ne manque pas de s'agenouiller dans le choeur de l'église pour solliciter la protection divine sur sa mission. Un dernier repas rassemble les voyageurs avant une traversée qui devrait s'effectuer sans incident. Rien de plus banal que ce passage du Chenal ; les pays ne sont pas en guerre, les bateaux rapides et sûrs, du type de ceux qu'on utilise alors, d'inspiration sinon de fabrication danoise, à faible tirant d'eau, à la coque formée de bordages montés à clins, aux proue et poupe très relevées, et une rame-gouvernail à tribord. Dès que le vent se lève à marée descendante, la petite flotte appareille. Tout va bien pendant la majeure partie de la navigation, mais alors que Harold s'attend à voir apparaître les côtes normandes, le souffle de la tempête se lève soudain à l'ouest et s'engouffre dans les voiles. Les marins les affalent, mais rien n'y fait : les esquifs dérivent inexorablement vers l'orient.

Sur la côte du Ponthieu, les guetteurs voient surgir de l'horizon l'étrange flotte anglaise portée par les éléments comme un amas d'épaves. Car le vent l'a poussée bien loin de la baie de Seine où elle aurait dû s'engouffrer : au-delà même des limites du duché.

La Normandie pourtant exerce une sorte de protectorat sur le Ponthieu que délimitent les rivières Somme et Authie. A l'ouest, entre Bresle et Somme, avec St-Valery pour port principal, se trouve le Vimeu, qui relève de l'autorité théorique du comte de Ponthieu, lequel pour sa part rend l'hommage vassalique à Guillaume. Dans les faits, le Vimeu se tourne plus volontiers vers la Normandie, sans l'intermédiaire de son suzerain immédiat. Quant au Ponthieu, créé en 1043 à l'instigation des abbés de St-Riquier qui voulaient ainsi distinguer leurs avoués, ce comté flotte entre la Normandie de Guillaume et la Flandre de son beau-père Baudouin, avec Abbeville pour capitale. Il fera un jour partie de la Picardie, mais en 1064 le sentiment picard ne fait qu'émerger. Il commencera à prendre corps, par le biais d'un parler qui lui est propre (tout en restant proche du normand) à la fin du XIe siècle : la première mention des Picards date de la Première Croisade, soit quelque trente ans après le voyage de Harold.

Pour l'heure, la loi de Guy de Ponthieu est normande, tout comme ses intérêts bien compris (à défaut d'un coeur sincère) et jusqu'à son aspect physique : sa nuque est rasée droit derrière les oreilles, selon l'usage du duché. Pourtant ses relations avec Guillaume ont connu des déboires. Révolté contre lui avec le roi de France et le comte d'Anjou, battu et fait prisonnier à Mortemer, il a passé deux ans dans les geôles normandes avant de récupérer son fief et ses droits.

Le comte interrompt sa partie de chasse dès qu'on l'informe de l'échouage imminent des bateaux saxons. Leurs occupants n'ont pas plus tôt jeté l'ancre et mis les pieds dans l'eau qu'ils sont encerclés, désarmés, maîtrisés. Derrière les soldats, juché sur son *chaceor* (cheval de chasse), il veille à l'exécution de ses ordres, flairant en ces étrangers richement vêtus une prise de choix.

– Je suis Harold Godwinson, earl de Wessex, en mission auprès de Guillaume de Normandie par la volonté d'Édouard, roi d'Angleterre.

Mise en route de Harold Godwinson, earl de Wessex, en grand équipage.
(Avec l'aimable autorisation de la ville de Bayeux.)

Harold fait une halte pour prier en son église de Bosham.
(Avec l'aimable autorisation de la ville de Bayeux.)

Le comte ricane. Ainsi, son intuition était juste : le fils de Godwin ! De cet homme qui a jadis massacré les gens de son voisin Eustache de Boulogne ! Sûrement pas un ami du Bâtard.

– Je suis Guy de Ponthieu, réplique-t-il, seigneur de ces côtes où vous avez échoué. En vertu de la loi de bris et naufrage, et du droit maritime de *warec*, vous m'appartenez !

Harold a beau protester que ses bateaux sont intacts, qu'il n'a pas fait naufrage, mais accosté, que ses intentions sont pacifiques, rien n'y fait. C'en est fini de la superbe de l'earl de Wessex, qui vient de passer du statut de chasseur dilettante à celui, moins glorieux, de gibier pris au piège de son imprudence. Les captifs reçoivent des montures. Harold, à qui on a ôté l'épée, a pu conserver son faucon. Guy porte le sien au poing, lui aussi. Sous solide escorte, Harold chevauche en tête comme un hôte de marque. Avec ses thegns et ses marins, il arrive selon la Tapisserie de Bayeux à Beaurain. On trouve plusieurs *Beaurain* au nord d'Eu, jusqu'en Belgique. On a identifié le *Belrem* de la Broderie au château de Beaurain, près de Montreuil, au bord de la Canche (Pas-de-Calais aujourd'hui), soit très loin d'Abbeville et de St-Riquier ; en outre, hors des limites du Ponthieu, puisque chez Eustache de Boulogne qui rend hommage au comte de Flandre ! On se demande pourquoi Guy aurait envoyé sa prise de choix chez son voisin ! Sans doute ce Belrem désigne-t-il une résidence comtale bien plus proche d'Abbeville. On rend son épée à Harold ; lui et ses compagnons jouissent d'un régime de liberté surveillée. C'est dans ce contexte humiliant que Guy le reçoit en audience.

– Tu prétends, lui dit-il avec morgue, être attendu par le duc de Normandie. Depuis quand le cerf se jette-t-il de son plein gré au cœur de la meute ?

Accompagné d'un thegn aussi piteux que lui, Harold se sent ridicule. Comme s'il avait choisi d'aller en Normandie ! Se refusant à révéler les détails de sa mission, il tente de se justifier, et ne peut que balbutier :

– Le roi d'Angleterre me l'a ordonné... Libère-moi, tu ne le regretteras pas.

– Si nous parlions plutôt du montant de ta rançon ? Quel est le prix d'un earl de Wessex ? Que vaut le fils de Godwin ?

Dans la salle, un serviteur à la solde de Guillaume assiste à la scène. Comme il ne peut s'absenter sans attirer l'attention, il favorise l'évasion d'un thegn, lui procure un cheval et lui indique le moyen de rejoindre le duc de Normandie. Quelques jours plus tard, Guillaume apprend le débarquement de Harold, son intention de le rencontrer et son arrestation ! L'esprit du duc ne fait qu'un tour ; il comprend le profit qu'il peut tirer de cette situation : en imposer au fils de Godwin, en faire son obligé et lui apparaître en futur roi d'Angleterre crédible. Mais tout d'abord, le faire libérer.

– Par la splendeur de Dieu ! s'écrie-t-il. Que des parlementaires se rendent auprès de Guy de Ponthieu et me ramènent l'earl de Wessex comme mon hôte !

Deux chevaliers enfourchent dare-dare leurs destriers et galopent jusqu'à Beaurain, cheveux au vent, la lance en avant et l'écu au cou, accroché par la guiche. Guy les reçoit en plein air dans la cour de Beaurain, en manteau d'apparat, sa grande hache agressivement brandie comme un sceptre. Nullement impressionnés, les émissaires confient leurs chevaux à Turold, un nain barbu figuré sur la Tapisserie (en est-il l'auteur ?) et délivrent le message de Guillaume. Si Guy libère son prisonnier et le conduit en personne au duc de Normandie, ce dernier lui paiera rançon pour sa prise : une belle somme d'argent et des terres au bord de l'Eaulne, autour du manoir qui y est sis.

Le chœur de l'église de Bosham aujourd'hui.

Guy de Ponthieu reçoit la reddition de Harold.
(Avec l'aimable autorisation de la ville de Bayeux.)

Sinon, le comte de Ponthieu affrontera la fureur ducale !… Guy comprend son erreur. Sept ans après sa mésaventure de Mortemer, il entrevoit les conséquences d'un refus.

Guillaume a pris la route à la suite de ses ambassadeurs. Parvenu en son château d'Eu, à la limite du Vimeu, il apprend le succès de l'entrevue. Laissant sur place le détachement armé qu'il avait emmené par précaution, il décide d'impressionner Harold en allant à sa rencontre. Les troupes font leur jonction sur le chemin. Le duc et son vassal se font face : Guillaume en grande tenue, sa cape rouge et or sur le dos, trônant sur un superbe palefroi alezan qu'il s'amuse à mettre au passage devant son vassal embarrassé ; Guy avec son faucon, monté sur une mule à la robe noire, se déhanche à demi sur sa selle pour présenter Harold de l'index droit, comme pour signifier qu'il n'est pas son prisonnier, mais un hôte de qualité qu'il mène à destination. L'incident est clos. Guillaume feint d'ignorer ce qui a précédé. Le marché conclu sera honoré.

De son côté, Harold se sent au centre d'obscurs marchandages dont l'objet lui échappe ; il se demande si on l'a libéré ou s'il a changé de geôlier. Toutefois, il remercie Guillaume en lui offrant son faucon, qu'il arbore au poing en retournant à Eu. Un présent royal, car un oiseau de chasse a plus de valeur qu'une épée, ce qui n'est pas peu dire ! L'usage médiéval précise du reste qu'un prisonnier ne peut payer sa rançon, ni avec son épervier, ni avec son épée, ce qui eût constitué une sorte de mutilation… C'est seulement en son palais que Guillaume consent à entendre le message d'Édouard le Confesseur. Harold ne se sent pas à l'aise. Il gesticule inutilement, debout face au duc qui simule le détachement, voire l'indifférence.

Bien sûr il n'en est rien. Dans son esprit défilent les images de son voyage de 1051 en Angleterre. Sa confirmation officielle dans la succession d'Édouard est ce qu'il attendait depuis treize ans ! Si son cousin lui a dépêché le plus puissant seigneur de son royaume pour lui annoncer la nouvelle, c'est qu'il entend engager Harold par sa démarche ambassadrice. Guillaume le remercie. Il l'assure de son amitié et se montre à son égard agréable en tout. Il semble même qu'il lui promette en mariage une de ses filles. Une scène de la Tapisserie de Bayeux montre une certaine *Aelfgyva*, désignée par un clerc entre deux piliers coiffés de dragons lampassés, mais l'œuvre a été brodée dans le Kent, ce qui peut expliquer, et ce décor peu normand, et ce nom saxon couramment identifié à Aélis, une fille du couple ducal. Le débat reste toutefois ouvert autour de cette mystérieuse scène 15.

À l'issue du souper donné en l'honneur de Harold, Guillaume consulte en privé ses plus proches conseillers.

– Tu dois aller plus loin, lui dit le fils d'Osbern de Crépon. L'engager officiellement devant toute la noblesse normande.

– Et devant ses propres hommes, ajoute Robert de Mortain.

– Et devant Dieu, ajoute son chapelain Guillaume de Poitiers.

– Faisons de lui un Normand !

Le duc sourit à Guillaume Fitz-Osbern d'un air dubitatif.

– Saxon il est, saxon il restera, lui répond-il. Mais ton idée a du bon, je vais le ranger à nos côtés. Ruallon vient de faire appel à moi ; je crois que Harold est arrivé au moment propice.

Le lendemain, le duc s'adresse à l'earl de Wessex devant sa tablée.

– Earl Harold, le comte Ruallon s'est fait chasser de chez lui par Conan de Bretagne, qui se prétend duc. Il en appelle à moi, son suzerain, pour lui rendre justice. De son côté, Conan a osé me mettre au défi de rendre Dol à Ruallon avant l'automne ! Par la splendeur de Dieu, je ne puis me dérober à mes devoirs envers un vassal. Je me rends donc en personne sur las marches bretonnes pour y rétablir l'ordre. On vous dit fier guerrier : voulez-vous nous accorder de prendre les armes avec nous dans cette expédition ?

Autour de la table sur tréteaux encombrée de pâtés, de galettes, de pains, de fruits, de coupes et de vases d'or, tous les regards convergent vers lui. Harold ne peut que répondre :

– Duc Guillaume, ce sera pour l'earl de Wessex un insigne honneur de s'associer à vous pour le bien et la justice.

Guillaume jubile intérieurement. Il vient de gagner une manche, la première d'un long combat.

Il mobilise ses troupes. Comme la campagne aura lieu hors du duché, il s'agit d'un service de cheva-

chée, non limité dans le temps comme celui d'ost. Ses barons de Caux et du Cotentin sont les premiers sollicités. Il sait que d'autres se joindront à lui en cours de route, avertis par ses hérauts d'armes qui le précèderont.

Quel itinéraire choisit-il ? Soucieux d'impressionner Harold, il n'aura pas manqué de lui montrer ostensiblement au passage, avec une fierté de nouveau riche, soit son donjon natal de Falaise, soit sa ville de Caen en pleine effervescence grâce à la construction du château et des deux abbayes. Ce qui est sûr, c'est que les conrois parviennent à Avranches. Là, du haut de son rocher, ils aperçoivent le Mont-Tombe cerné d'une vaste étendue maritime où se mire le soleil d'été. Le mont où se dresse l'arrogante silhouette de l'abbaye de Richard Ier, et derrière lui, dans l'horizon brumeux, l'éminence du Mont Dol qui annonce aux guerriers le but de leur voyage.

Pas question de contourner la baie. L'armée la traversera à marée basse, franchira les cours de la Sélune et du Couesnon pour arriver plus tôt en terre bretonne. Quand elle passe cette dernière, au nord du mont, des chevaux s'enfoncent dans les sables mouvants ; leurs cavaliers tombent et s'enlisent en hurlant de désespoir dans la tangue gorgée d'eau. N'écoutant que son courage et soucieux de briller devant son hôte, Harold s'élance à leur secours et les sort du piège, l'un perché sur son dos, l'autre agrippé à son bras. Guillaume apprécie et n'en laisse rien paraître.

Le nuage de poussière que soulève la troupe en approchant jette l'effroi sur la garnison de Conan qui ne s'attendait pas à un tel déploiement de forces ! Il n'a plus le temps d'organiser la défense et choisit la fuite. La Tapisserie le montre en pleine évasion, s'esquivant du château le long d'une corde, tandis que la chevalerie normande, telle un centaure géant, investit les lieux. Pendant que Ruallon en reprend possession, Guillaume talonne le fugitif.

– Par la splendeur de Dieu ! Si ce pleutre est un duc, alors je suis Charles le Grand, empereur d'Occident !

Les Normands poursuivent Conan jusqu'à Rennes qu'il a déjà quittée, puis à Dinan où il s'est retranché. Le Bâtard y met le siège et l'attaque suivant les règles : lancer de projectiles, sape souterraine et incendie des hourds par des torches d'étoupe enduites de résine. Quand la garnison bretonne n'en peut plus, Conan capitule enfin. Symboliquement, il remet au bout d'une lance les clés de la cité à Guillaume qui les reçoit sur son porte-gonfanon.

1 et 2. *Pour joindre Dol plus vite, l'armée normande traverse la baie du Mont Saint-Michel malgré ses dangers.*

3. *Vestiges romans dans une rue de Dol.*

A gauche, Harold s'illustre en sauvant des soldats des sables mouvants. A droite, les Normands attaquent le château de Dol. (Avec l'aimable autorisation de la ville de Bayeux.)

Après ce coup d'éclat, le duc de Normandie entend honorer son hôte, dont la bravoure sans faille l'a distingué parmi tous les combattants, du moins est-ce le discours qu'il lui tient. Devant ses soldats, il le revêt du haubert, lui remet la lance et l'épée et, touche traditionnelle finale, le coiffe du casque à nasal, qu'il lace lui-même au cou de l'earl de Wessex qui ne saisit pas toute la signification de la cérémonie, puisque le rite franc de l'armement du chevalier sur le champ de bataille est inconnu en Angleterre. Il peut même surprendre quand il touche Harold qui n'a plus l'âge du rôle, mais cet adoubement n'en implique pas moins l'engagement de celui qui le reçoit vis à vis de celui qui l'octroie ! Désormais, aux termes du droit féodal naissant, il est l'homme lige de Guillaume, qui n'est pas mécontent de cette nouvelle emprise morale sur son « invité ». Une seconde manche à son avantage.

L'essentiel a été fait : Ruallon restitué dans ses droits, Conan vaincu, Harold ébahi. La campagne est terminée. Or, comme le duc a pris le chemin du retour, des messagers lui apprennent l'intervention du comte d'Anjou, dont l'armée vient de rejoindre celle du duc

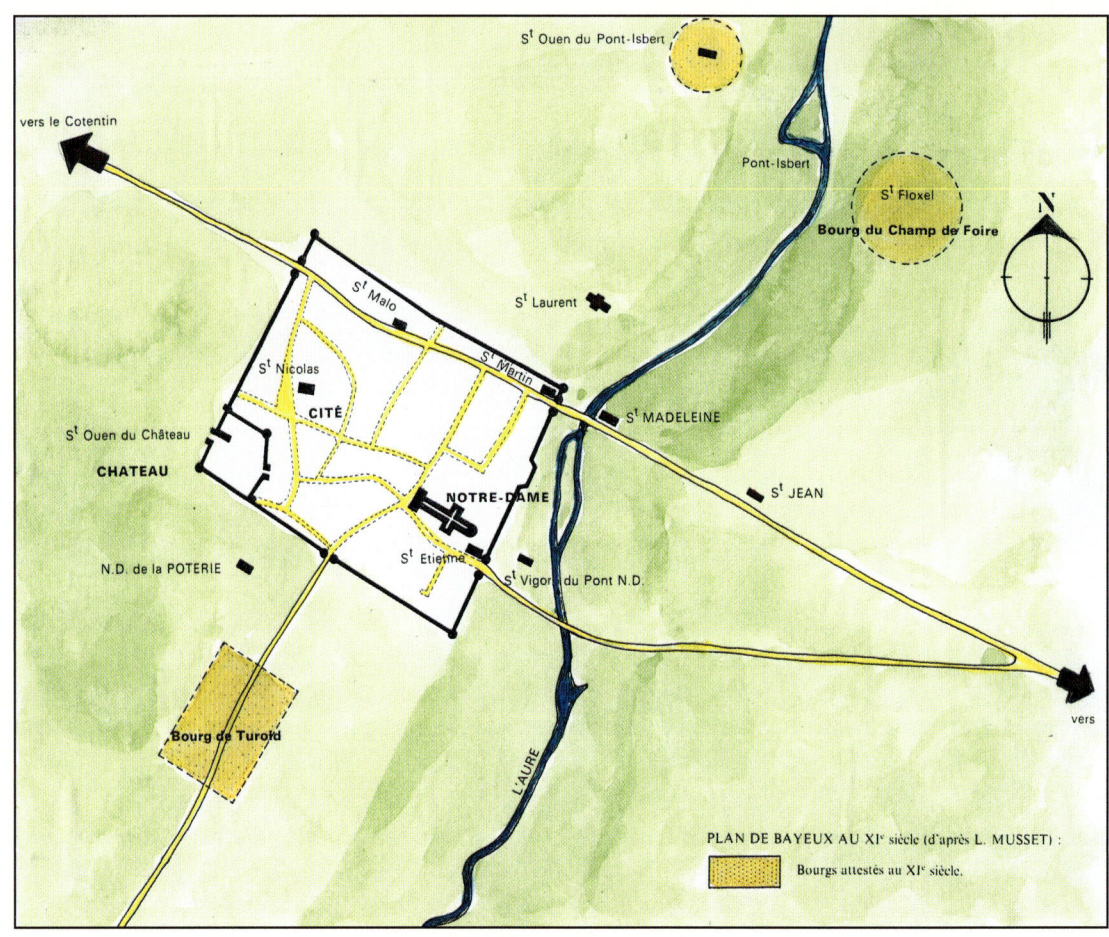

Bayeux au XIe siècle. (Heimdal d'après L. Musset.)

de Bretagne. C'en est trop pour Guillaume qui tourne bride sur-le-champ.

– Je vais en finir avec ce Conan, et par la même occasion, avec ce Geoffroi le Barbu ! Retournons à Dol, où j'établirai ma base arrière.

Tandis que les Normands s'installent, Ruallon vient à Guillaume.

– Seigneur duc, lui dit-il, grâce te soit rendue pour ce que tu as fait. Mais regarde mon pays, vois comme il est pauvre ! La moisson de l'été n'est pas encore arrivée à maturité que nos greniers sont déjà presque vides.

– S'ils sont vides, objecte Guillaume, c'est que tes paysans ont caché leurs provisions ailleurs. Où sont passés les troupeaux ? Toutes les bêtes ont disparu !

– Ils craignent de mourir de faim, ils savent ce que font les armées. Si la guerre continue, ils seront affamés de toute manière, peu leur importe par qui.

– Si je pars, on dira que je suis un couard ! Si mes soldats font du tort à tes paysans, ils seront dédommagés par mes soins. Je les rembourserai en or de tout dégât commis.

Le duc maintient son campement, hésite à s'aventurer dans ce pays inconnu qu'il n'aime guère, attend une attaque qui ne vient pas. Il s'ennuie ferme, Harold aussi ; l'exercice de la chasse ne suffit pas à les distraire. Quand l'automne arrive, Guillaume décide de retourner en Normandie sans coup férir.

Conan ne savourera pas longtemps cette semi-victoire. Peu après, son alliance avec le comte d'Anjou vole en éclats. En 1066, tandis qu'il assiège Château-Gontier, son propre chambrier, celui qui était allé porter à Guillaume le défi du duc de Bretagne, empoisonne ses gants, sa corne de chasse et le dos de son cheval. Conan agonise. Dès qu'il est mort, Éon de Penthièvre recouvre la totalité de ses fiefs. Il se montrera toujours envers Guillaume d'une fidélité sans faille.

L'armée ducale rentre par Bayeux. Comme la cité épiscopale n'est pas assez vaste pour l'accueillir, elle fait halte à proximité, au château de Bur (aujourd'hui à Castillon, près de Noron-la-Poterie) qui sert de résidence à la famille ducale. Guillaume aime à y venir pour chasser le cerf dans la forêt adjacente. Avant lui, son père l'a fait, qui venait voir surgir de terre son abbaye bénédictine de Cerisy au gré de ses laisser courre sous la futaie. C'est là que ses soldats vont récupérer de leur fatigue avant de rentrer dans leurs foyers. C'est là que le Bâtard va choyer son hôte, le gaver de vin, de venaison et d'autres menus plaisirs propres aux seigneurs du temps.

C'est là que Harold va « payer » les bienfaits dont il est le bénéficiaire depuis des mois ! Revenant soudain à la mission de l'earl de Wessex, Guillaume fait acheminer les reliques les plus vénérées du Bessin : celles notamment de Vigor, Exupère, Martin de Vertou, Théodemir, Manvieu et autres saints très priés à Bayeux et alentour. Les mains tendues sur ces pieux restes, Harold prête serment à Guillaume, devant ses hommes assemblés. L'évêque de Bayeux Odon, demi-frère du duc, est présent.

– Je jure de rester fidèle à mon seigneur le duc de Normandie, et de le représenter auprès de mon roi Édouard d'Angleterre. Je jure de tout mettre en œuvre pour qu'à sa mort, la couronne lui revienne selon la volonté du défunt, de ne rien faire pour m'y opposer et, si besoin était, de mettre mes forces à sa disposition pour qu'on lui fasse droit.

Ce serment promissoire prononcé, Harold n'a plus qu'à repartir pour l'Angleterre. Il va reprendre la mer en pays d'Auge, non sans une dernière cérémonie. Au château de Bonneville qui domine le port de Touques, le fils de Godwin renouvelle son serment devant toute la cour normande réunie par Guillaume.

– Je m'engage, ajoute-t-il, à remettre au duc de Normandie la place de Douvres qui vient d'être puissamment fortifiée, pour qu'il y installe une garnison. Il peut de même, dès qu'il le désire et où il le désire, construire à son profit d'autres places fortes en mon earldom de Wessex, pour y placer garnison en gage d'amitié et de soutien mutuel. Je pourvoirai au maintien de ces hommes et à leurs besoins.

Agenouillé, Harold place ses mains jointes dans celles de Guillaume qui lui fait face debout, la tête haute, heureux de cet acte d'allégeance.

– Earl de Wessex, lui dit-il, en ma qualité de seigneur, duc de Normandie et futur roi d'Angleterre, je te confirme dans la possession de l'ensemble de tes terres et de tes charges dans le royaume, afin que tu me serves en toute équité.

La cérémonie s'achève. Au premier rang, un jeune homme n'a rien perdu de la scène : Hakon, le neveu de Harold, qui part avec lui après douze ans de semi-captivité. Guillaume, toutefois, n'a rendu qu'un otage : il garde Wulfnoth auprès de lui.

Au large du hameau de *Thorulfvilla* (qui deviendra Trouville), une voile s'éloigne, emportant l'earl de Wessex et les siens vers Bosham. La Tapisserie le représente en train de faire son rapport à Édouard, mais son absence a duré près de trois saisons, et il ne fait aucun doute que le roi a déjà reçu des nouvelles de son ambassadeur.

Parjure et usurpateur

Un accord de mariage a-t-il vraiment été passé entre Harold et Guillaume ? Quoi qu'il en soit, l'earl de Wessex se marie en Angleterre au printemps 1065, non avec Aélis, mais avec Ealdgyth, la veuve de Gruffyd ap Llywelyn, le roi du pays de Galles mis à mort deux ans plus tôt par ses sujets. Une assurance de son soutien à la noblesse galloise, que Harold souhaite soumettre à son autorité.

Pendant la longue absence du fils de Godwin, la situation en Angleterre n'a pas évolué en sa faveur. À l'automne 1064, peu après son retour à la cour d'Édouard, l'animosité qui l'oppose à son frère Tostig s'exprime tragiquement : l'earl de Northumbrie fait tuer deux de ses thegns qu'il soupçonnait de comploter contre lui en raison de sa politique fiscale fort lourde. Une double exécution qui provoque des mécontentements. Mais le troisième fils de Godwin ne s'arrête pas là. À Noël, tandis que la cour est réunie à Londres, Tostig fait mettre à mort le dernier prétendant à l'earldom de Bernicie, un fief créé au VIe siècle dans le nord de l'Angleterre (entre la Tyne et la Forth) et intégré depuis au vaste earldom de Nor-

> ### Serment de Bayeux, ou serment de Bur ?!
>
> Où Harold a-t-il prêté son célèbre serment ? Les chroniqueurs disent à Bonneville-sur-Touques, la Tapisserie dit à Bayeux. Chapelain du duc, Guillaume de Poitiers était archidiacre à Lisieux, ville toute proche de Bonneville, on peut donc lui faire confiance dans la relation de cet événement. Il n'en demeure pas moins que ce serment a été précédé d'un autre, celui qui est représenté sur la Tapisserie. Alors, Bayeux !? Oui, peut-être. Bayeux… ou Bur ?
>
> Contrairement à ce qui est généralement avancé, le serment de Harold n'a pas pu être prononcé dans la cathédrale, mais en plein air. En effet, chaque fois qu'une scène de la broderie se déroule dans un édifice, celui-ci est « dessiné » ; c'est le cas des entrevues d'Édouard et de Harold, avant et après sa mission, des palais de Bosham et de Rouen, de la mort d'Édouard et du couronnement de Harold. La grande salle de Beaurain est suggérée par des piliers et des esquisses de voûtes et, si l'on ne voit pas Harold prier à l'intérieur de l'église de Bosham, on comprend qu'il s'y trouve.
>
> Rien de tout cela dans la scène du serment de Harold ! Au contraire, on y a figuré un sol onduleux et caillouteux, analogue à celui que foulent les destriers, et les poignées du reliquaire à gauche de la scène prouvent bien qu'on l'y a apporté, que les reliques qu'il contient ne sont pas à leur place habituelle. Enfin, Harold est environné de soldats en armes, ce qui est difficilement concevable par temps de paix en un lieu sacré, pour une occasion aussi solennelle que le serment.
>
> On objectera qu'en 1064 la cathédrale était en reconstruction après son incendie, que cela suffit à expliquer une prestation de serment en plein air… à Bayeux ! L'argument semble péremptoire, mais on sait que du vieil édifice de 1050 subsistent, outre les tours jumelles de la façade, les bases de la croisée du transept, et surtout la crypte, qui aurait pu accueillir Harold s'il avait dû prêter serment dans la cathédrale.
>
> Certes, la Tapisserie nomme Bayeux (*Bagias*) et représente son château clairement fortifié, ce qui ne devait pas être le cas de Bur, simple résidence ducale vouée à la détente et à la chasse. D'une part, Bur n'étant qu'à deux lieues de Bayeux, on peut admettre un amalgame entre les deux endroits ; l'Histoire n'a-t-elle pas retenu la bataille *de Hastings* alors qu'elle a eu lieu douze kilomètres plus au nord ?! D'autre part, il ne faut jamais oublier que la Tapisserie était une commande d'Odon, évêque de Bayeux, qui préfère évidemment donner le premier rôle à cette place, d'autant plus que les reliques proviennent de sa cathédrale. Il paraît donc plus vraisemblable que ces reliques ont été acheminées à Bur, séjour habituel des ducs de Normandie autrement plus confortable que le casernement de Bayeux, surtout après plusieurs semaines de campagne militaire !
>
> Pour conforter cette hypothèse, il se trouve que Guernes de Pont-Ste-Maxence, auteur à la fin du XIIe siècle d'une *Vie de Thomas Becket*, a écrit les vers suivants :
>
> A la grand'salle de Bur, étrange destinée :
>
> Mainte dure parole fut là écoutée.
>
> Harold y fut parjure, par son serment donné ;
>
> L'ost d'Angleterre du Bâtard y fut constitué,
>
> Et la mort de Thomas complotée et jurée.
>
> (vers 5000 à 5009)
>
> Or, il ne fait aucun doute que la conjuration contre l'archevêque de Cantorbéry Thomas Becket a été fomentée à Bur en 1170, en présence de Henri II Plantagenêt. Nul doute non plus que Guillaume y a séjourné en 1066 pour convaincre ses barons du Bessin (rebelles 19 ans plus tôt !) de participer à la conquête d'Angleterre. Pourquoi, deux ans avant, n'aurait-il pas fait prêter serment à Harold au même endroit ? Sinon dans *la grand'salle*, en tout cas à Bur.
>
> Alors, serment de Bur ? Quoi qu'il en soit, faute de certitude, on continuera à parler du *serment de Bayeux*, tout comme on continue à nommer *Tapisserie* ce qui est en réalité une broderie.

thumbrie. Face à ces troubles, le mariage de Harold lui fait au moins espérer la paix sur sa frontière galloise. Or, le 24 août 1065, son beau-fils Caradoc s'attaque au chantier d'une résidence de chasse que Harold fait construire pour Edouard le Confesseur : les ouvriers sont tués et le site pillé.

Une action concertée avec les rebelles de Northumbrie ? Peut-être. Quelques semaines plus tard, profitant de l'absence de Tostig, quelque deux cents thegns massacrent ses housecarles et, réunis à York, élisent Morcar, le frère de leur voisin Edwin de Mercie, qui les rejoint avec ses thegns et des Gallois. Un retour à la situation des années 1040 pour ces deux comtés nordistes face au clan Godwin. Le 28 octobre, Édouard confirme l'élection de Morcar et sauve la paix civile. En compensation, Waltheof, fils du précédent earl de Northumbrie Siward mort en 1055, reçoit un vaste earldom au sud-est de la Mercie.

Quel rôle Harold a-t-il joué dans le soulèvement de la Northumbrie ? Tostig accusant son frère d'en être à l'origine, il s'en défend sous la foi du serment, mais, note la chronique saxonne, les serments… « il en était prodigue » !

Harold a des problèmes avec l'étranger. Le roi Harald Hardrada de Norvège convoite le trône d'Angleterre. Guillaume de Normandie l'attend en héritage ;

Stigand et les nobles saxons incitent Harold à recevoir la couronne d'Angleterre. (Assor-BD.)

son beau-père Baudouin de Flandre, non seulement héberge Tostig, mais assure la régence de la France pendant la minorité de Philippe Ier. Seul parmi les grands, le Saint Empire germanique ne devrait pas contrarier l'ambition de Harold. En mars 1065, Henri IV est majeur et adoubé. Le vrai descendant spirituel de Charlemagne est pourtant bel et bien l'archevêque Adalbert de Brême, qui gouverne l'empire en opposition avec le pape Alexandre II et ses Normands d'Italie. Peu de chances donc que Guillaume reçoive l'appui de l'empereur. Et sans doute compte-t-il sur la sécurité de son insularité pour ne pas prendre au pied de la lettre les termes des serments qu'il a faits en Normandie.

Âgé, usé, le roi décline. Affecté par les soubresauts de la Northumbrie, il n'a plus désormais qu'un souci : voir achevée sur l'île de Thorney sa nouvelle abbaye où il se fait transporter, extrêmement affaibli, pour Noël 1065. Le 28 décembre, il est à l'agonie et ne peut assister à la consécration de Westminster. À son chevet, ses proches sont attentifs aux dernières paroles du roi : sa femme Édith, le primat Stigand, le sénéchal Robert Fitz-Wimarch, Harold et d'autres nobles, d'autres clercs dont un, sans doute son chapelain, n'a pas trouvé le temps de se raser, comme en témoigne la Tapisserie. Édouard murmure :

– Puisse Dieu se montrer bienveillant pour ma femme, car toujours elle s'est dévouée à moi fidèlement. Je la place sous ta protection, Harold, ainsi que le royaume. Sers et honore ta dame et ta sœur, laisse-lui ses possessions, ainsi qu'à tous ceux qui m'ont servi. Que mes amis normands puissent rentrer chez eux outre-mer s'ils le désirent, avec tous leurs biens.

Paroles ambiguës ! Placer le royaume sous la protection de Harold revient-il à le désigner comme successeur, ou plus simplement à l'exhorter à tenir son rôle de premier earl d'Angleterre comme auparavant ?! À servir fidèlement son nouveau maître ou… à prendre sa place ?! Poussé par son entourage, Harold favorisera cette dernière version qu'il répand dans la cour, malgré la promesse d'Édouard en 1051, jamais remise en cause, et ses propres serments à Guillaume.

Édouard expire le 5 janvier. Le lendemain, on porte son corps dans le chœur de Westminster, au son des tintenelles, un usage normand dont la Tapisserie se fait l'écho. De même y voit-on l'installation d'un coq sur l'abbatiale, première représentation connue de ce symbole, évidemment lié à l'apôtre dédicataire de l'église.

Et le soir, le *Witanagemot*, que la consécration de St-Pierre de Londres avait rassemblé, confirme Harold comme nouveau roi. Il se fait immédiatement couronner par Stigand, archevêque trouble à qui Harold avait remis Cantorbéry après la fuite de Robert Champart au retour de Godwin, en 1053. Stigand est un excommunié ! Primat d'Angleterre, il règne aussi sur Winchester qu'il a conservée en prenant Cantorbéry. Il s'est emparé de l'évêché de Norwich et des abbayes de Glastonbury, Ely et St-Albans ! Son excommunication lui interdisant de consacrer des évêques, il laisse cette tâche à Ealdred, l'archevêque d'York, qui présente l'avantage de ne pas sentir le soufre ! Et si Stigand pose la couronne sur le front de Harold comme le suggère la Tapisserie, Ealdred ne doit pas être loin.

Le choix des *witan* s'inscrit dans une logique de longue date. Harold gouverne dans les faits depuis douze ans, il est issu d'une noble lignée et possède les qualités pour être roi. Earl parmi les earls, dont le pouvoir ne cesse de croître, son accession au trône

Couronnement de Harold par l'archevêque Stigand. (Avec l'aimable autorisation de la ville de Bayeux.)

relève de l'ordre naturel des choses pour les Anglo-Saxons, même si le droit en vigueur ne leur permet pas de l'élire au sens strict du terme. Du reste, l'accord des *witan* est-il unanime ? Sans doute pas, ce qui expliquerait la précipitation de Harold à se faire couronner. Car l'usage veut que la succession royale s'exerce au sein même de la famille régnante. Or, Harold n'est que le beau-frère d'Édouard le Confesseur. Petit-neveu de sa mère, Guillaume en est assurément un plus proche parent.

Échaudée par le despotisme de Tostig, la Northumbrie accueille mal le couronnement de son frère, et déjà se raniment les feux de la révolte. Conscient du danger, Harold se fait accompagner par l'évêque de Worcester, Wulfstan, qui l'aide à obtenir sa reconnaissance par Edwin et Morcar, ses beaux-frères depuis son mariage avec leur sœur Ealdgyth.

Le sanglier était sur ses fins. À l'aurore, après avoir flairé broutis et vermillis, le limier l'avait délogé de la bauge où il se mettait chaque nuit à la reposée, dès qu'il avait fini ses mangeures au gagnage, et où il récupérait des rudes assauts de la saison du rut.

Guillaume de Normandie était, lui aussi, sorti de sa nuit, une nuit qui eût pu être éternelle. L'hiver l'avait frappé de l'un de ces maux dont on se sort grandi, à moins qu'il ne mène droit au cimetière. Le duc avait vaincu ce mal-là. Son corps ne le brûlait plus ; ce corps nourri des bouillons des serviteurs et des décoctions nauséabondes des mires depuis une demi-lune, il voulait le remettre en route, comme on libère la roue d'un moulin bloquée par un chablis. La maladie était semblable à la vénerie : on prend le gibier ou on le manque ; pas d'entre-deux. Or, la mort l'avait épargné et il s'était trouvé saisi, la veille, d'une irrépressible envie de chasser la bête noire à cor et à cri. C'était bon signe. Ce matin, après tierce, il avait avalé pâté et volailles de bon appétit et découplé en sa forêt de Roumare. Dérangé par la meute, le vieux mâle avait quitté son roncier éclairci par le soleil rasant, et les mâtins empaumé sa voie au fort sentiment. Son pied crissait sur le tapis des feuilles mortes figées par la gelée blanche de janvier.

Guillaume se sentait renaître. Grâce à Dieu et aux bonnes prières des Normands, Robert qui l'accompagne attendra encore pour ceindre l'anneau ducal ! Le duc avait cru mourir, et voici qu'il était juché sur son *chaceor*, l'épieu à la main. Dans quelques instants, après trois heures de laisser courre, il mettrait pied à terre pour l'hallali, se fraierait un chemin parmi la meute agglutinée autour de sa proie, la queue fouettante et les crocs hors, aboyeuse aux coups de boutoir du fauve. Il décocherait dans le poitrail de la bête hérissé de soies dures un carreau de cette arbalète d'un nouveau type qu'on lui avait façonnée pendant sa maladie comme une amulette de guérison. Si l'arme se révélait inefficace, il servirait le sanglier à l'ancienne, de son épieu acéré à la pointe durcie au feu.

On était à mi-journée. Dans le ciel sans nuages, le soleil finirait bientôt sa courbe ascendante. Ils arrivaient à vue. Au bout du layon, le sanglier faisait face, acculé à une muraille de rochers. A grand renfort de voix, les piqueux contenaient l'ardeur des chiens aux récris, les protégeaient d'eux-mêmes, de la fureur chasseresse qui les animait. C'était une belle bête : quelque trois pieds au garrot ; elle devait bien peser ses cinq-cents livres ! Les veneurs accouraient, leurs montures blanches d'écume, quand un appel retentit :

– Seigneur duc ! Seigneur duc !

Escorté par deux écuyers de sa cour, Guillaume voit venir à lui un cavalier exténué, seul, hirsute et le poil long.

– Mauvaise nouvelle, murmure le Bâtard pour lui-même.

L'homme l'approche et lui délivre son message. Le duc pâlit.

– Rassemblez les chiens ! La chasse est finie.

Stupeur parmi les veneurs. Interrompre une chasse à l'hallali, c'est mauvais pour la meute, c'est briser les chiens les mieux créancés, c'est anéantir des mois d'entraînement. Mais le duc est le duc, et le duc a ses raisons qui doivent être bien puissantes pour justifier une telle hérésie cynégétique ! À regret, valets et piqueux rappellent les mâtins, les arrachent à leur proie, les entravent, les rassemblent, les éloignent enfin du sanglier ébahi qui disparaît au petit trot après s'être vidé. Dommage pour sa hure ! St-Eustache n'en a pas voulu…

– Que se passe-t-il, père ?

– Par la splendeur de Dieu, Robert, enrage Guillaume. Une journée qui avait si bien commencé…

– Qu'y a-t-il ? insiste son fils. Que vous a dit cet homme ?

– Il m'a remis deux lettres de nos amis d'Angleterre, et il m'a dit… Il m'a dit : « Édouard est mort, Harold s'est fait couronner ». Le parjure ! Qu'il soit maudit !

C'est vers la mi-janvier que Guillaume apprend ces funestes nouvelles par ses espions. Il galope dare-dare jusqu'à la Seine, laisse son cheval aux écuyers et embarque pour son palais, où il écoutera ses conseillers. Par chance, Lanfranc a délaissé ses chantiers caennais – la saison n'est guère propice aux grands travaux – pour se rapprocher de la cour.

– Guillaume, lui dit le prieur du Bec, le droit est de ton côté. Ton cousin t'avait de longue date désigné pour lui succéder.

– Mais il s'est récusé sur son lit de mort, si ce que tu m'as lu de cette lettre est vrai !

– Et quand bien même ! S'il l'a fait, ce qui n'est pas prouvé, le premier testament prime selon le droit romain. Tout au plus a-t-il chargé Harold d'être son exécuteur testamentaire.

– L'Angleterre m'appartient, Lanfranc ! Il en a fait le serment devant deux cents témoins. Il s'est parjuré !

– Tu dois te défendre, Guillaume, faire valoir ton droit.

– Par la splendeur de Dieu ! Je le ferai valoir par la force, et sans plus attendre ! Le temps de réunir l'ost, et Harold va savoir qui est roi d'Angleterre !

Lanfranc esquisse un sourire, lève la main.

– Tout doux, impétueux duc, Harold n'est pas un sanglier, et l'Angleterre est une île. Pour y aborder, il te faut des bateaux. As-tu des bateaux ?

– Oui, certes, mon père en avait, et j'en suis encore pourvu.

– En nombre insuffisant, même si la flotte de Robert a été reconstituée après sa tentative de traversée du Chenal. Un fâcheux précédent qui donne matière à réflexion, soit dit en passant.

– J'en ferai construire d'autres, j'en achèterai.

– L'Angleterre est une véritable forteresse, bien défendue. Harold est un chef de guerre, la plupart de ses earls et de ses thegns le suivront, car il est le garant de leur pouvoir. Et ils savent se battre.

– Lanfranc, que me chantes-tu là ?! Mes barons aussi savent se battre !

– Guillaume, il ne s'agit, ni de rétablir l'ordre sur la frontière bretonne, ni d'amener un rebelle à résipiscence, mais de conquérir un royaume, fût-il le tien ! Le service d'ost n'est pas de mise en l'occurrence, c'est une expédition à l'extérieur du duché, lequel n'est nullement menacé, donc une chevauchée. Tu ne pourras compter que sur des volontaires.

– J'en trouverai tellement que la terre anglaise ne suffira pas à les récompenser tous !

– En tout état de cause, tu n'es pas prêt. Mets le temps avec toi, c'est un allié sûr. Attends la belle saison. Cet été, tes forces seront constituées. Et n'oublie pas que tu joues avec les blancs.

– Les blancs ?

– Oui, Harold ne viendra pas porter la guerre en Normandie. C'est toi qui l'attaqueras, où tu voudras, quand tu voudras. Comme aux échecs, tu as un coup d'avance.

– Par la Sainte Vierge, tu as raison !

– En outre, le monde entier doit savoir ce qui arrive. Tu vas isoler Harold politiquement, lever toutes les cours du continent contre lui, le mettre au ban de la société chrétienne. Il a commis le pire des crimes contre Dieu : il est parjure.

Le duc hoche la tête. Il va agir.

Diplomatie

Guillaume envoie des émissaires en Angleterre, pour le premier acte d'une longue partie diplomatique susceptible d'éviter l'affrontement armé. Puis, sans attendre une réponse dont il pressent la teneur, il se prépare à traverser le Chenal. Que ce soit pour recevoir son héritage ou pour le conquérir, il a besoin de navires, beaucoup de navires. Il donne ses ordres, et dans toutes les futaies normandes, les bûcherons se mettent à l'œuvre, qui ouvrent la voie aux charpentiers maritimes.

Harold envoie sa réponse. C'est vrai, admet-il, il a juré, mais sous la contrainte. Comment eût-il pu faire autrement, quasi prisonnier de son hôte ? Pour lui, ses serments sont sans valeur. Il n'a respecté aucun de ses engagements : il s'est marié hors de la Normandie, a conservé Douvres, n'a livré aucune place forte aux Normands ; pourquoi devrait-il céder son trône ? Que le duc vienne le lui prendre, s'il s'en trouve capable !

Une lettre conforme à l'attente de Guillaume, lequel ouvre de nouveaux fronts : Lanfranc se chargera des pourparlers avec le pape. A la curie romaine siège le diacre Hildebrand, bien connu du duc depuis sa diatribe contre Béranger. Il semble un avocat idéal à la plaidoirie argumentée d'avance. Le père de Harold n'est-il pas responsable de l'assassinat d'Alfred, propre frère du défunt ? Godwin n'a-t-il pas fait empoisonner Édouard l'Aetheling, décédé de mort suspecte ? Harold n'a-t-il pas expulsé l'archevêque Robert Champart et porté à la primauté l'excommunié Stigand, avec qui il a pillé monastères et cathédrales ? Et le voici parjure ! Il a souillé les plus saintes reliques de Normandie comme une vulgaire bimbeloterie !

De leur côté, les Normands ne reçoivent que des éloges. Depuis la levée de l'interdit sur le mariage de Guillaume, l'héritier de l'Angleterre fait figure de porte-étendard de la chrétienté. Il couvre son duché d'établissements religieux, dote richement ses monastères et, depuis sept ans, profite de l'action musclée des mercenaires de Robert Guiscard en Méditerranée, qui jouent le rôle d'avoués du Saint-Siège. Troupes turbulentes, mais d'une redoutable efficacité qui donne à penser que, puisque les Normands sont du côté de Dieu, Dieu sera aussi du côté des Normands ! En gage de soutien, parmi nombre de saintes reliques, Alexandre II envoie à Guillaume un cheveu et une dent de St-Pierre enchâssés dans un anneau d'or, qu'il pourra porter au cou en pendentif, et son étendard papal, *l'étendard de St-Pierre*, qui devra flotter sur le champ de la bataille si, ou plutôt *quand* elle aura lieu.

Guillaume exulte. Il surenchérit : quand il aura récupéré son trône, promet-il, il rétablira le *denier de St-Pierre*, ce chevage jadis levé au profit du pape par le roi Knut-le-Grand, et il remettra de l'ordre dans le clergé anglais en se débarrassant du pseudo archevêque Stigand, qui a osé ceindre le front de Harold de la couronne du pieux Édouard !

Au printemps, Alexandre II signe la bulle d'excommunication de Harold. La Première Croisade ne sera prêchée qu'en 1095 ; en 1066, on ignore encore ce mot, mais c'est bien d'une croisade qu'il s'agit, même si l'ennemi n'est pas musulman comme pour la *Reconquista* en Espagne.

Vers l'équinoxe, un visiteur se présente au palais de Rouen : Tostig, le frère exilé de Harold. Il n'arrive pas les mains vides. Désireux de se venger de son aîné, il a pris contact avec le roi de Norvège, avide lui aussi du trône d'Angleterre. Harald Hardrada, Tostig, Guillaume… Est-ce l'ébauche d'une coalition ? Pour l'instant, leurs intérêts se rejoignent. Après…

Baudouin V, beau-père du duc, devrait concourir à une manœuvre d'encerclement, fût-ce par simple neutralité. La Flandre peut constituer une appréciable base arrière, pourtant le comte est réticent et demande à son gendre ce qu'il recevra s'il lui apporte son soutien. Pour toute réponse, Guillaume lui fait parvenir sous un sceau… une feuille blanche ! Baudouin s'en étonne.

– Le duc de Normandie te fait dire, lui explique alors le messager, que tu retireras un profit moral assez grand de la victoire du mari de ta fille et de l'enrichissement de tes petits-enfants normands !

Baudouin se rend aux raisons de Guillaume. Il lui organise à St-Germer, entre Gournay et Beauvais, une rencontre avec le jeune Philippe de France. Pour le rassurer sur son règne à venir, le duc lui propose, non sans superbe, la suzeraineté sur sa future possession, ce qui attise l'ironie des barons français présents ! Puis il lui affirme qu'après sa mort, la Normandie et l'Angleterre seront séparées entre ses deux fils aînés. Philippe lui accorde sa neutralité ; Guillaume n'attendait pas plus du fils de Henri Ier.

Rien n'est parfait : Sven Estrithson de Danemark, neveu de Knut, ne le soutiendra pas, bien trop occupé à juguler la menace que constitue son puissant voisin norvégien. Mais pour cette raison, il n'agira pas non plus contre les Normands et ne fera valoir aucune prétention personnelle sur le trône qui fut celui de son oncle.

De même, l'Empire en conflit avec Alexandre II ne peut en tant qu'état appuyer les Normands. Qu'importe ! Ses sujets seront les bienvenus à titre individuel dans les rangs de l'armée ducale, s'ils le désirent. Il y en aura beaucoup d'autres : des Angevins, des Poitevins ; des Manceaux, parce que Robert est leur comte ; des Bretons, très nombreux, parce que Guillaume les a délivrés de Conan ; beaucoup de Flamands aussi, parce que Baudouin est son beau-père ; des Français, parce que le comte de Flandre a veillé sur Philippe enfant… Et tous, bien évidemment, parce que le duc de Normandie, dont la bonne renommée est universelle, leur fait miroiter l'enrichissement après la conquête !

Bien sûr, celle-ci sera avant tout normande, et c'est là que le bât blesse, car il reste à convaincre les barons. Pas ses proches, bien sûr, qui lui sont acquis d'avance, mais les autres : vassaux, vavasseurs, tenants de fiefs de haubert, soldats du ban et de l'arrière-ban, tous ces guerriers qui servent Guillaume depuis des années et ne semblent guère enclins à se lancer dans l'expédition anglaise.

Quand l'hiver s'achève, il décide de les réunir en son château de Lillebonne : ceux du Caux, du Bray et du Roumois. En l'absence du service d'ost, il ne peut les contraindre, il lui faut donc les convaincre. Or, les vassaux sortent de plusieurs campagnes militaires et aspirent au repos sur leurs fiefs ; ils n'ont aucune envie de se risquer en terre étrangère pour une cause qui ne leur apparaît pas moins lointaine. Beaucoup sont moins jeunes que le duc, et les plus anciens se souviennent du fiasco de l'expédition maritime de Robert le Magnifique. Le Bâtard argumente, relayé par son fidèle ami Guillaume Fitz-Osbern qui fait assaut d'éloquence, sans pour autant emporter les réticences. Les barons reconnaissent les droits ducaux, ils sont prêts à mettre la main à la bourse, mais quant à prendre les armes en Angleterre !

Guillaume ruse. Il quitte la salle, y laisse son sénéchal parmi les éclats de voix. Quand il y revient, son ami tente une intimidation, lui assure que les barons sont prêts à l'accompagner, mais ceux-ci se récrient : ils n'ont jamais dit cela, et se garderont bien de créer outre mer un précédent qui pourrait se transformer en droit coutumier pour leur descendance ! Le duc lève la séance. S'il ne peut les rallier collectivement, il le fera individuellement.

Il les reçoit l'un après l'autre, pas tous, les plus importants, les plus influents. Et là, à part, les yeux dans les yeux, il les entreprend sur leur cas personnel, évoque leur passé, les liens de famille et d'amitié, l'esprit d'aventure des ancêtres nordiques, fait valoir l'engagement de tel autre baron moins puissant qu'eux, éveille orgueil et jalousie. Enfin, il leur assure gloire et richesse ; au terme des combats, ils trouveront des terres et une renommée universelle. Peu à peu, ils se rendent tour à tour à ces arguments. Le duc leur promet des lettres à son sceau pour les mettre à l'abri de nouvelles exigences de sa part.

Puis Guillaume part en tournée de propagande. Il renouvelle les rencontres de Lillebonne à Bonneville-sur-Touques, et en sa demeure de Bur, près de Bayeux. Enfin, sa cause est gagnée : l'unité normande s'est accomplie autour d'un grand dessein !

La campagne peut prendre son véritable essor. Dans tous les ports, la flotte s'élabore. Délai d'exécution : quatre mois ; or, un bateau se construit en trois, et il en faut plus d'un millier ! On multiplie les chantiers navals, près des forêts, à l'embouchure des rivières, dans tous les ports d'échouage, dans la moindre anse susceptible d'en accueillir. On recrute des artisans hors du duché : en Bretagne, en Flandre.

Odon de Bayeux lui promet cent nefs avec gréement et équipage armé. Son autre frère utérin, Robert de Mortain, cent-vingt ! Richard d'Évreux quatre-vingts, les autres grands barons de soixante à quatre-vingts. La duchesse Mathilde un seul : son navire amiral qui conduira son époux et les reliques papales vers son destin anglais. Il s'appellera le *Mora*, un nom au sens mystérieux ; la pierre sur laquelle on proclamait les rois de Suède, près d'Upsal, s'appelait *pierre de Mora*. Si telle est l'origine du *Mora* de Guillaume, il faut y voir une allusion au destin royal du duc de Normandie.

Les gens d'Église ne sont pas en reste. Nicolas, abbé de St-Ouen de Rouen et fils de Richard III, offre vingt navires ; l'évêque du Mans, trente. Rémi, abbé de Fécamp, vingt, il est vrai contre l'assurance qu'il recevrait après la conquête un évêché en Angleterre, et recouvrerait son domaine de Steyning (Sussex), qu'Édouard lui avait donné et dont Harold s'est emparé.

Pour compléter la flotte, on réquisitionne tous les bateaux existants, navires de commerce et barques de pêche. On en achète ailleurs, on en loue !

Préparation militaire

Le 24 avril 1066, une étrange étoile à la longue chevelure apparaît dans le ciel ; cette comète, identifiée par Edmund Halley en 1682, revient dans les parages de la Terre environ tous les 76 ans, observable pendant une dizaine de jours. Au XIe siècle, les Saxons la perçoivent comme un funeste présage, l'annonce du châtiment de Harold pour sa trahison. De l'autre côté du Chenal, l'interprétation est tout autre ! Quelques jours plus tard, début mai, comme une confirmation divine de son mauvais sort, l'usurpateur doit faire face à une première attaque maritime. Car Tostig a quitté la Normandie pendant tous ces préparatifs. Peu soucieux d'attendre l'heure de

Guillaume, il entend jouer sa propre partie en s'attaquant sur-le-champ à son frère. Il récupère en Flandre bateaux et mercenaires et cingle en direction de l'île de Wight où il reçoit bon accueil, argent et vivres. Puis il cabote à l'est, se livrant à des coups de main côtiers, jusqu'à Sandwich, dans le Kent, où il s'installe, rejoint avec dix-sept navires par un de ses fidèles, le thegn Copsi, exilé aux îles norvégiennes des Orcades depuis un an, depuis que Morcar est devenu earl de Northumbrie.

Harold réunit à Bristol une flotte pour voguer contre son frère. L'apprenant, celui-ci réunit ses hommes, en enrôle d'autres de gré ou de force et rembarque avec 60 navires en direction du nord. Il pénètre par le Humber dans son ancien earldom de Northumbrie ; il pille le Lindsay, au nord de Lincoln où il se livre à des massacres. Les earls Edwin et Morcar réagissent et l'attaquent. Abandonné par ses hommes, avec seulement douze bateaux, Tostig s'enfuit en Écosse où le roi Malcolm le reçoit à bras ouverts. Tandis que Guillaume agit en grand seigneur, Tostig se conduit en pirate traqué.

En Normandie, les préparatifs vont bon train. Barfleur, son premier port, s'active : c'est là qu'on construit le Mora parmi des dizaines d'autres. Le navire de l'époque est encore viking, de type *langskip*, d'une vingtaine de mètres de long pour cinq à six de large et environ deux de carène, capable de transporter vingt à cinquante hommes équipés. La flotte n'est pas bâtie sur un modèle unique, loin s'en faut : la logistique embarquera sur des chalands adaptés au transport des pièces de bois qui serviront à se fortifier face aux Saxons. Les barques de pêche serviront à l'intendance.

Le duc a jeté son dévolu sur l'estuaire de la Dives, qu'il connaît bien pour y avoir battu les Français neuf ans plus tôt. Sous Bavent, c'est une vaste baie qui baigne Bures, Varaville, Robehomme, Périers, Brucourt, Cabourg et Dives. Dives dont Guillaume vient de fonder la baronnie, par don de ses propres terres. Dives, lieu élu par Dieu, où se sont échoués au début du siècle un christ miraculeux, puis sa croix. Dives dont, depuis, l'église St-Sauveur est le siège d'un pèlerinage supervisé par l'abbaye St-Martin de Troarn que firent construire en 1059 Roger II et Mabile de Montgomery. Le golfe de la Dives (aujourd'hui marais) se trouve sur leurs terres, et la Dives est navigable à marée haute jusqu'au monastère. Le duc compte sur le soutien des habitants de la nouvelle baronnie, car la famille Montgomery-Bellême lui est acquise et fait partie des piliers du pouvoir.

Enfin, non loin de son donjon natal de Falaise, cette anse de la Dives et de la Divette, protégée par le cordon de dunes de Cabourg et du *Holme* (ou Hôme) de Varaville, susceptible de recevoir la totalité de sa flotte d'invasion, est équidistante de sa ville de Caen et du château de Bonneville, qui domine la cours de la Touques : un séjour idéal pour la cour ducale, en attendant le grand départ.

Le 18 juin 1066, Caen est le siège d'une dernière cérémonie. Ce jour-là, l'église de l'Abbaye aux Dames est solennellement dédiée à la Sainte-Trinité, en présence du moine architecte Gondulphe et de toutes les personnalités du duché. Guillaume y prononce le vœu de bâtir une abbaye en Angleterre sur

Passage de la comète de Halley. Pendant ce temps, Harold apprend le projet de débarquement des Normands et la constitution de leur flotte.
(Avec l'aimable autorisation de la ville de Bayeux.)

le lieu de la victoire. Cécile, l'une de ses filles, est donnée comme oblate au nouveau monastère de femmes dont on vient de baptiser l'abbatiale, victime sacrificielle à la guerre sainte qui s'annonce. Encore enfant, elle en sera un jour l'abbesse.

C'est encore l'occasion pour le Bâtard de prendre d'indispensables dispositions. Il désigne à la cour son fils aîné Robert, surnommé *Courteheuse* à cause des petites bottes dont il a pris l'habitude de se chausser : le prince lui succéderait à la tête du duché si le sort voulait qu'il trouve la mort outre Manche. L'abbé de St-Martin de Marmoutier, près de Tours, richement doté dans le duché, bondit sur l'occasion pour exiger de l'héritier une confirmation des possessions normandes de son monastère ! Guillaume signe la fondation d'un prieuré à St-Martin, non loin de Bonneville ; relevant de l'autorité du diocèse de Chartres, on l'appellera St-Martin-aux-Chartrains.

Pendant l'absence du duc, les rênes de la Normandie seront confiées à sa chère Mathilde, que seconderont la sagesse de Lanfranc dont l'œuvre monumentale se poursuit, et l'expérience du vieux Roger de Beaumont, que son âge exclut de l'expédition, mais dont le fils Robert est appelé aux plus belles prouesses sur le champ de bataille.

Pendant la campagne, c'est donc un *triumvirat* (si l'on ose ce terme, puisqu'un de ses membres est une femme !) famille-église-armée, les trois piliers du pouvoir, qui représentera le duc. Le mois suivant, Guillaume nomme Lanfranc abbé de l'Abbaye aux Hommes, dont la construction a commencé en 1063. Le Bec revient à Anselme d'Aoste, l'un de ses élèves. Du jour de la consécration de la Trinité de Caen, la flotte commence à bouger.

Occupé par Tostig, Harold a pris conscience de son isolement, et des réticences d'Edwin et de Morcar à le soutenir. Il ne compte guère sur eux que pour défendre leurs propres terres du nord-est d'une attaque de Harald Hardrada, qu'il sait inévitable par ses informateurs en Norvège. Il ne peut réellement s'appuyer que sur son earldom de Wessex, ce qui est déjà considérable. Il a aussi envoyé des espions en Normandie et connaît les préparatifs de Guillaume, à défaut de savoir sa stratégie : débarquement unique ou multiplication des points d'abordage ? Le duc lui renvoie l'un de ses agents capturé en mission, en lui tenant ce langage :

1. *Ce détail de la Broderie de Bayeux montre des charpentiers de marine normands à l'œuvre pour construire les esnèques de la flotte du duc Guillaume. A gauche, l'un d'eux taille les planches des bordés à la doloire. Le maître charpentier examine la forme du navire tandis que d'autres s'affairent.* (Avec l'aimable autorisation de la ville de Bayeux.)

2. *Ce détail présentant un charpentier, entrevu en haut à droite de la photo précédente, le montre utilisant une tarière, dont nombres de fers ont été trouvés sur des sites archéologiques.* (Avec l'aimable autorisation de la ville de Bayeux.)

3. *Répliques d'outils de la période viking : 1 : doloire ; 2 : hache ; 3 : herminette ; 4 : tarière ; 5 : hache ; 6 : gouge.* (Musées des bateaux vikings de Roskilde, Danemark.)

– Ton prétendu roi, l'usurpateur Harold, perd en vain ses richesses en achetant tes services et ceux de tes semblables afin de nous épier. Il recevra un signe plus certain qu'il ne le voudrait d'être informé de mes intentions et de mes préparatifs, ce sera ma présence en Angleterre ! Va donc porter ce message à ton maître : il n'a rien à craindre de moi, et il vivra en paix jusqu'à la fin de ses jours, s'il ne me voit paraître avant un an, à l'endroit où il se croit le plus en sécurité !

L'espion disparaît, trop heureux de s'en tirer à si bon compte.

– J'ai un avantage sur Harold, confie Guillaume à son sénéchal. Tout ce qu'il peut faire est vider son trésor pour renforcer son autorité. Il n'a rien à proposer à ses thegns, ni terre, ni butin. Quant à moi, je puis, non seulement donner ce qui m'appartient, mais

encore ce qu'il prétend lui appartenir ! Il est mieux placé, celui qui peut donner les biens de son ennemi et, tandis qu'il se battra pour défendre ce qu'il m'a volé, je me battrai pour faire valoir devant Dieu et les hommes ce qu'Édouard m'a légué pour mes bienfaits envers lui. A nous le plus magnifique triomphe, les plus grands honneurs et la plus glorieuse renommée !

Les recrues affluent de partout. Cadets de famille, pauvres chevaliers, grands seigneurs ou simples aventuriers, archers, arbalétriers, ils arrivent en Normandie de Bretagne, de Flandre, de France, du Maine, de plus loin encore pour quelques-uns. Normands d'Italie de retour au pays, rescapés de Barbastro avec des mercenaires d'Espagne. Des membres de grandes familles : Penthièvre, Fougères, Dinan, Boulogne, Toulouse, Angoulême… Guillaume a ratissé large ; tous ces gens, quelle que soit leur condition sociale, sont ici – et avec eux une majorité de Normands – pour s'enrichir.

Autour de Dives, le duc fait régner une discipline de fer. Le camp compte près de dix mille personnes, avec les artisans, les palefreniers, les approvisionneurs et les filles de joie inséparables des armées, qui ne prendront pas part à l'expédition. Pas question de les laisser vivre sur l'habitant ! L'intendance est si bien orga-

La légende du Christ Saint-Sauveur

À l'aube du XIe siècle, le 6 avril 1001, des pêcheurs de Dives mènent leur barque au large de son petit port d'échouage, dans l'estuaire de la rivière qui a donné son nom au village. Ils vivent ainsi depuis des siècles, puisque leurs ancêtres celtes étaient déjà là au temps de l'occupation romaine. On parlait alors de *Portus Divae*, ou de *Pons Divae*. Dives vers l'an 1000 ne compte guère qu'une centaine de feux.

En remontant leurs filets, les pêcheurs remarquent que la charge est plus lourde qu'à l'ordinaire. Quelle n'est leur surprise en découvrant dans les rets, parmi les poissons qui s'y débattent, *l'image de Notre Seigneur sans croix* !

Face à cette pêche miraculeuse, tous les hommes se prosternent devant le christ en récitant leurs prières. Tous, sauf un, un sceptique qui s'exclame :

– Idolâtres ! Comment pouvez-vous être assez bêtes pour adorer un morceau de bois ?

– Ce n'est pas seulement un morceau de bois, lui réplique-t-on. C'est Notre Seigneur Jésus, le fils de Dieu !

L'incrédule éclate de rire. Il s'empare d'une hache de bord et, pour toute réponse, en assène un violent coup sur le genou droit de la statue. Tandis que les marins s'en indignent, voici que de la blessure jaillit un sang vermeil : le sang du Christ ! Soudain convaincu de son peu de foi, le *St-Thomas* de l'équipage s'agenouille à son tour et mêle ses prières à celles de ses compagnons.

De retour au port, ils répandent la nouvelle de leur extraordinaire découverte et, comme souvent en Normandie, le droit s'en mêle. Certes, protestent les pêcheurs de Cabourg, rive gauche de l'estuaire, ce christ a été remonté par des pêcheurs de Dives, mais en face de Cabourg, dans notre zone habituelle d'activité, dans nos eaux ! En conséquence, il nous appartient.

En désespoir de cause, on décide de recourir au jugement de Dieu, puisque c'est lui qui est à l'origine du conflit. L'objet du litige est rejeté à la mer à l'endroit où on l'a trouvé, et l'on attend la marée suivante pour faire jouer le vieux droit coutumier de *warec* : l'objet appartiendra aux riverains de son lieu d'échouage. Le flot montant le fait aborder rive droite de la rivière, l'affaire est jugée : le christ est divais. Les habitants le placent dans leur église *en grande joie et solennité*, et les pèlerins ne tardent pas à affluer.

Les artisans locaux tentent de donner une croix à l'épave, mais tous échouent dans cette tâche, commettant à chaque fois une erreur de proportion qui interdit la parfaite adaptation du christ à leur œuvre.

En 1004, le problème est résolu comme il avait été posé : les mêmes pêcheurs divais découvrent en mer une croix qui s'adapte parfaitement à leur première trouvaille ! La tradition attribue la paternité de ce christ à St-Nicodème, qui en aurait sculpté deux autres. Il a dû, affirme-t-on, jeter ses œuvres à la mer pour les soustraire à la convoitise de pèlerins peu scrupuleux. L'un aurait échoué en Toscane, le deuxième à Rue, en Ponthieu… et le troisième à Dives.

Quoi qu'il en soit, le pèlerinage de Dives est créé, et l'église devenue trop petite – rebaptisée St-Sauveur – sera reconstruite grâce aux libéralités du duc Guillaume et de Roger de Montgomery. À partir de 1179 est fondé face à elle un prieuré, par Robert de Dives et l'abbé Durant II de Troarn.

Le christ St-Sauveur sera brûlé en 1562 par la fureur calviniste. On l'a remplacé par une copie qui avoisine les quatre vitraux du croisillon nord relatant la découverte en mer et le procès qui s'ensuivit.

Abbaye aux Dames de Caen. La façade de son église, dédiée à la Trinité, a été complètement remaniée au XIXe siècle.

Colonne commémorative du départ de la flotte normande, sur la plage de Houlgate.

nisée que chacun reçoit le nécessaire grâce à la cassette ducale largement ouverte. Le bétail paît tranquillement dans les prés et sous les futaies, les blés qui poussent à proximité seront moissonnés comme les autres années malgré ces milliers de nouveaux venus. Les paysans les côtoient sans frayeur, comme si de rien n'était, « en chantant sur leurs roussins »…

Guillaume et ses compagnons chevauchent depuis l'aube. Le duc monte un superbe destrier que lui a offert un de ses vassaux de retour d'Espagne. Ils ont franchi la Touques à St-Arnoult où s'édifie un prieuré non loin de l'église St-Laurent d'Aueville sur le mont Canisy, traversé Tourgéville, Vauville, puis Blonville où les forgerons redoublent de vigueur pour fournir les combattants en armes, broignes et cottes de maille. Là, ils ont obliqué au nord-ouest pour trouver le chemin littoral qui domine les falaises des Vaches Noires, cette barrière argileuse qui regorge d'énormes coquillages aussi durs que la pierre dont on bâtit les monastères. Après Trousseauville, sur les hauteurs de Beuzeval et de son hameau d'Houlgate, ils ont enfin découvert la lagune, où s'alignent des centaines de bateaux ponctués par les filets de fumée qui s'en élèvent : les charpentiers façonnent les coques et les calfatent par le feu. Tout autour des nefs, des milliers de fourmis s'agitent parmi les villages de toile : son armée.

– Nous serons bientôt prêts, confie le duc à Guillaume Fitz-Osbern. Alors, nous cinglerons vers Wight qui offrira un havre confortable à toutes ces esnèques.

– N'eussions-nous pu partir de Barfleur, Guillaume ? La traversée en eût été plus courte.

– Certes, mon ami, mais où ces navires seraient-ils en ce moment ? Barfleur n'a pas assez de place pour les accueillir.

– Quand appareillons-nous ?

Sur leur promontoire, le Bâtard fait volter son étalon, le tourne vers le large.

– Dès que le vent nous sera favorable.

– Le vent ? Quel vent, le vent du sud ? Nous risquons de l'attendre longtemps !

– Non, ami, pas le vent du sud, le vent de la destinée !

Il se penche vers son baron de manière que nul autre ne puisse l'entendre et lui murmure :

– J'ai envoyé en secret des ambassades à Harald Hardrada. Le roi de Norvège et moi nous sommes mis d'accord : à lui le nord de l'Angleterre, à moi le sud. Dès que j'aurai connaissance de son débarquement, nous ferons voile vers le Wessex. Sans l'ouverture de ce front de l'est, Harold concentrerait ses forces sur nous ; or, elles sont nombreuses, bien entraînées et elles évoluent sur leur propre terrain. Ce serait pour nous trop aventureux.

– Sans doute, c'est fort judicieux… Mais comment le légataire du roi Édouard peut-il renoncer à la moitié de son héritage ?

Guillaume adresse à son sénéchal un sourire entendu.

– Qui te dit qu'il y a renoncé ? Notre avenir n'est pas encore scellé.

Hélas ! Les jours passent, et le vent de l'Histoire ne se lève toujours pas. Pourtant, Harald Hardrada ne peut se permettre de remettre indéfiniment son assaut. Le climat des mers du nord le contraint à agir avant l'équinoxe ; après, il basculera dans l'hiver et rendra l'invasion aléatoire pour les plus aguerris des marins.

Sur les berges de la Dives, on s'impatiente. Les bateaux sont prêts, les guerriers équipés. L'armement lourd, les viandes salées et les tonneaux remplis ont pris place à bord. On n'attend plus que cet ordre d'embarquer qui n'arrive pas. Les formations militaires qui s'exercent quotidiennement de part et d'autre du golfe ont hâte de combattre en grandeur réelle : la fortune est au bout de l'épée et ces soldats ombrageux n'ont pas élevé la patience en vertu ! Autour d'eux, les moissons sont récoltées, le grain battu et engrangé. Las d'attendre, certains désertent.

– Tant pis ! dit Guillaume. L'épuration se fait d'elle-même. Ceux qui restent n'en seront que plus vaillants.

Pourtant, comme les côtes de Northumbrie sont toujours aussi calmes, il doit faire quelque chose, donner à son armée l'illusion de l'action avant qu'elle soit complètement démoralisée. Il observe le ciel où un vent d'ouest persistant pousse de rares nuages qui se détachent sur la toile bleue de l'infini ; il décide d'appareiller.

Enfin ! Le signal tant attendu stimule l'armée. Les poitrines se gonflent, répercutent l'ordre ducal, l'amplifient : plus vite, on embarque ! Les tentes sont pliées, chargées à bord avec les provisions ; les armes vérifiées, graissées, soigneusement rangées au fond des navires, sauf l'équipement individuel qui reste à portée de main. L'embarquement des chevaux n'est pas des plus aisés. Mettant à profit l'expérience des Normands en Méditerranée, acquise avec les Byzantins, on penche les bateaux pour faciliter la montée des quelque 3000 chevaux des 2500 chevaliers. À l'aube du 12 septembre 1066, les paysans augerons assistent à ce formidable spectacle : la sortie en mer de plus de mille bateaux aux voiles gonflées par le vent d'ouest, aux équipages enthousiastes, aux chants de guerre clamés par des milliers de poitrines aguerries.

Pourtant, la flotte ne met pas cap au nord. Plus question de l'île de Wight, Guillaume vise désormais la baie de Pevensey, dans le Sussex, tout près du petit port de Hastings : une solution de rechange à des plans envisagés de longue date. En attendant, l'impressionnante armada a entrepris un cabotage vers l'est. Direction : le Ponthieu.

De St-Valery à Hastings

Vivement poussée par le vent d'ouest, la flotte ducale va bon train. Elle cingle devant Honfleur sous le regard ébahi des paysans et des pêcheurs, qui voient passer les voiles carrées brandies comme des étendards entre proue arrogante et poupe élégante, évoquant immanquablement les esnèques de leurs ancêtres vikings. Elles franchissent l'estuaire de la Seine, large corne d'abondance béante de ses richesses fluviales, avec Harfleur pour havre et Ste-Honorine comme protectrice. Elles longent la côte calcaire du pays de Caux, les hautes falaises d'Étretat, monstres marins aux crocs sortis, terrifiantes déesses nordiques. Les coursiers des mers sont si nombreux, si rapprochés les uns des autres, que la moindre erreur serait lourde de conséquences. C'est alors que la fortune semble changer de camp.

Tandis qu'on salue Fécamp, son abbatiale et son château sur les remparts desquels les habitants font fête aux conquérants, les vents d'océan deviennent menaçants. Peu après Varengeville, l'embouchure de la *Deppa* (la rivière de Dieppe, qui n'est encore qu'un petit port d'échouage) défile sous le nez de marins trop affairés pour s'occuper du paysage. On a réduit la voile ; malgré cela, les bateaux se heurtent. D'autres, lourdement chargés, les moins maniables, les traînards, ne peuvent éviter les blanches murailles cauchoises qui les attirent comme des sirènes. Ils s'éventrent sur les récifs, se fracassent contre la craie normande dont les mugissements sont les trompettes de leur jugement dernier. Pour leurs occupants, l'aventure tourne court dans des hurlements de terreur : ceux-ci ne verront jamais l'Angleterre.

Portée par la houle, la majorité de la flotte parvient pourtant à destination avant midi. Comme l'ensemble du rivage de la Manche, la baie de Somme est alors différente de ce qu'elle est aujourd'hui. Quasi réplique de la Dives, la rivière s'élargit en un vaste estuaire où les bateaux normands trouvent un havre d'échouage sûr : à St-Valery en Vimeu, sur des terres relevant de la suzeraineté de Guy de Ponthieu. Il reste à attendre la traversée décisive. Et quelle attente !

Car, si le vent se met à tourner, c'est pour venir du nord ! Sur le clocher de l'église, le *wirewire* (mot norrois qui désigne la girouette), comme le précise le chroniqueur Wace, désigne obstinément la terre. Tel le doigt du destin, elle refuse au duc le souffle qui le porterait sur l'autre rive du Chenal. Il meuble ce contretemps, réorganise sa flotte malmenée par les éléments, ordonne une nouvelle répartition des charges sur les navires. Aucuns ont souffert du voyage, on les répare. Tandis que les charpentiers s'y affairent, Guillaume s'entoure d'hommes de confiance et, à cheval, rebrousse chemin par voie terrestre, sur les plages où la marée a rejeté les corps des naufragés, qu'il fait enterrer à la hâte dans le plus grand secret, à la faveur de la nuit. Par la même occasion, il fait récupérer toute épave qui pourrait se montrer de quelque utilité.

Eglise de Saint-Valery-sur-Somme.

Chaque matin, le duc de Normandie lève la tête vers la plaque de fer qui semble le narguer, comme si ce coq perché sur son mât était maître des éléments, comme si St-Valery, patron de la place, s'opposait à son embarquement. Et voici que la pluie se met de la partie ! Le camp devient un indicible bourbier où hommes et chevaux pataugent, où armes et cottes de maille subissent les assauts de la rouille, où le moral des troupes est au plus bas car, malgré les précautions, la nouvelle des naufrages a filtré ; on déplore des désertions. En réponse, le duc fait servir des rations supplémentaires de viande et de vin. Il faut nourrir ces corps qui s'ennuient, quitte à puiser dans les réserves de bord, puisque ici l'environnement n'est pas organisé comme en pays d'Auge. Et pas question d'aller prendre sur la terre de son vassal ! Il sera temps de se livrer au pillage plus tard, après le débarquement… La pluie est la pire calamité qui puisse s'abattre sur une armée en campagne. L'inaction lui pèse et l'endort sur les berges herbues qui bordent les bateaux assoupis. Seuls, les taverniers et les ribaudes tirent profit de la longue attente.

Parmi les mages, astrologues et devins dont les princes aiment à s'entourer, l'un d'eux vient à Guillaume et lui dit :

– Seigneur duc, je puis vous prédire une traversée sans incident et une victoire sans combat !

Le fils de Robert sourit. Il n'en demande pas tant. D'Angleterre, les nouvelles sont bonnes. Il a appris par ses informateurs que, le 8 septembre, tandis que ses navires étaient encore dans l'estuaire de la Dives, Harold avait désarmé sa puissante flotte de 700 navires, censée protéger ses côtes méridionales. De même a-t-il donné congé à son *fyrd*, cette milice provisoire levée parmi les paysans et les artisans. L'usurpateur voit arriver la mauvaise saison et ne croit plus à une opération ennemie avant le printemps ; pourquoi s'encombrerait-il d'une armée inutile et coûteuse ?

Autre bonne nouvelle, plus palpable : la pluie a cessé ! Pourtant, le vent souffle toujours dans la même direction. Un jour, porté par ce vent obstiné, un homme surgi de la mer est amené au duc comme prisonnier : ce sont les ordres concernant les suspects ; il faut d'abord s'assurer que celui-ci n'est pas un sbire de Harold. Or, Guillaume le reconnaît. C'est bien un espion, mais il lui appartient, et il lui communique un renseignement de tout premier ordre : le roi de Norvège a pénétré dans l'estuaire de la Tyne. Enfin ! L'autre front tant attendu devient une réalité, de quoi occuper l'usurpateur et son armée au nord de l'Angleterre. Lui, Guillaume, n'a plus qu'à débarquer au sud, et à la grâce de Dieu !... Dieu ? Mais oui, songe-t-il, il faut le solliciter, l'implorer ! Guillaume organise une grande procession avec le concours du clergé local. En retour, il dotera richement la paroisse comme il l'a fait pour Dives.

Une paroisse bien protégée au demeurant. Vers 580, le berger auvergnat Valery est poussé par son oncle vers le monastère d'Autume ; puis il fréquente St-Germain d'Auxerre et Luxeuil où il subit l'influence de St-Colomban. Quand Thierry II chasse ce dernier en 610, Valery part évangéliser la Neustrie. Si quinze églises du diocèse de Rouen portent son nom, essentiellement sur la côte cauchoise, c'est à Leuconay, dans l'embouchure de la Somme, qu'il crée avec son disciple Blimond un ermitage où il meurt le 12 décembre 622.

La cité fortifiée verrouille la Somme comme Bonneville la Touques. Dans ses rues étroites, dans le camp normand, les reliques du saint sont promenées le 27 septembre au son des chants liturgiques, précédées du curé et des évêques normands : Odon de Bayeux et Geoffroi de Coutances. Autour des porteurs des restes sacrés flottent les bannières ducales : des dizaines de lances ornées de flammes multicolores ; parmi elles, la plus haute, la bannière papale, symbole de l'expédition bénie. A pied, derrière les reliques, Guillaume caresse la châsse sanctifiée qui pend à son cou.

Tour à tour, les combattants s'agenouillent et déposent dans un drap doré leurs offrandes, joignant leurs prières à celles des prêtres. Quand ils auront vaincu outre mer, ils rentreront dans leurs fonds, au centuple ! Car l'acte de foi de ces hommes rudes n'est jamais dissocié de leur mission. Le disciple de St-Colomban ne reste pas insensible aux instances des guerriers de la foi ; n'ont-ils pas reçu l'approbation du pape ? Le soir même de la procession, le vent tombe !

Le lendemain à l'aube du 28 septembre, après deux semaines d'espoir déçu, la girouette oscille, semble chercher le nord à l'instar d'une aiguille aimantée, marque le pas, bouge à nouveau, se stabilise sur son axe : le vent du sud souffle en continu, St-Valery a exaucé les prières !

Il n'y a plus un instant à perdre. A grand renfort de trompes, le signal du départ résonne dans l'ancienne cité de Leuconay qui s'éveille à la nouvelle réalité politico-météorologique. Ces combattants avides d'action retrouvent leurs réflexes militaires et l'embarquement de Dives se répète. Ils plient les tentes, font monter la cavalerie, chargent armes et bagages, relèvent les mâts des esnèques et appareillent, poussés par une brise de terre qu'on n'espérait plus, tandis que Guillaume et les hommes de Dieu s'en vont rendre grâces à Son envoyé dans la pénombre du chœur du sanctuaire.

À 15h20, la mer est haute. Deux heures et demie plus tard, sous les rayons expirants du soleil, l'ensemble de la flotte ducale quitte les berges de St-Valery, toutes voiles dehors, portée par les eaux de la Somme qui charrient l'espoir de tout un peuple.

Guillaume ignore encore que les 300 bateaux de Harald Hardrada ont fait leur jonction avec ceux de Tostig Godwinson qui attendait en Écosse l'heure de la revanche sur son frère Harold. Le 18 septembre, ils ont laissé leurs navires dans le fjord du Humber, à Ricall, sous la surveillance du prince Olav de Norvège, afin d'aller à pied s'attaquer à York, une ancienne colonie des Vikings. Les earls de Mercie et de

La flotte de Harald Hardrada a débarqué dans le Yorkshire par l'estuaire du Humber.

Débarquement des Normands en baie de Pevensey. A gauche, le Mora, bateau du duc Guillaume. (Avec l'aimable autorisation de la ville de Bayeux.)

Northumbrie, Edwin et Morcar, les attendaient de pied ferme à *Gate Fulford*, aux portes de la cité. Le mercredi 20 septembre a lieu la première des trois grandes batailles pour la couronne d'Angleterre. Le soir même, la ville se rend aux Norvégiens ; Edwin et Morcar sont en fuite. Contre la vie sauve, les habitants s'engagent à servir les vainqueurs.

En apprenant ce désastre, Harold prend peur. Ne vient-il pas de démobiliser son *fyrd* ? Il rassemble son armée permanente et quitte Londres à marche forcée. Le voici déjà à York à l'aube du 25 septembre ; ses ennemis stationnent à quatre lieues de là, dans les marais de Stamford Bridge, démunis de leurs hauberts et cuirasses qu'ils ont imprudemment laissés à bord des navires à cause d'une écrasante chaleur d'arrière-saison. Quand Harald Hardrada aperçoit l'armée saxonne, il est trop tard. À peine a-t-il le temps d'envoyer des cavaliers à Ricall pour en ramener armes et renforts que Harold est déjà sur lui. La deuxième grande bataille, dite *de Stamford Bridge*, voit le massacre quasi total des Norvégiens et de leurs alliés. Harald Hardrada n'y survivra pas : le dernier des Vikings est parti pour l'éternel banquet des guerriers d'Odin. Tostig est tué, lui aussi ; de rage, Harold de Wessex décolle d'un coup d'épée la tête du cadavre de son frère ! Cependant, magnanime envers les envahisseurs, il laisse le prince Olav rentrer chez lui avec les survivants du carnage ; 24 bateaux leur suffiront ! Olav Kyrre sera un grand roi de Norvège, fondateur de la ville de Bergen.

Trois jours plus tard, ignorant tout de la tragédie, Guillaume ne sait pas encore s'il devra affronter Harold d'Angleterre ou Harald de Norvège… ou les deux, l'un après l'autre ! D'abord poussée vers l'ouest par le jusant, sa flotte reprend le flot montant jusqu'à sa destination, la baie de Pevensey, au sud de Londres, non loin de Hastings. Mieux profilé et mieux gréé que les autres, le bateau ducal prend pendant la nuit une considérable avance. À l'aube, il se retrouve seul, avec la mer pour tout voisinage ! Instants de détresse, un sentiment caché par le duc qui fait servir à bord du Mora un plantureux repas, copieusement arrosé d'hypocras, ce vin d'épices si parfumé qu'il rendrait la foi au plus désespéré. À la fin du déjeuner, quatre voiles surgissent au loin, puis l'horizon se couvre de nefs. À présent, Guillaume en est sûr, Dieu vogue à ses côtés ! Il fait hisser la voile rouge et or qui l'emmène vers son destin royal.

La baie de Pevensey présente des similitudes avec la lagune de Varaville : une anse très fermée, hérissée de langues de terre, parsemée d'îlots recouverts à marée haute. Une singularité pourtant : la forteresse qui se dresse à l'ouest sur une presqu'île, dans le prolongement du village. Les Romains ont érigé cette vaste enceinte de plusieurs hectares, totalement abandonnée depuis lors. Ce n'est pas le moindre paradoxe de la défense saxonne : ce site bâti pour héberger toute une armée ne recèle pas le moindre combattant ! À croire que Harold, pourtant informé des intentions de Guillaume, a démobilisé toutes ses troupes, ou qu'il les a toutes vouées à l'affrontement des Norvégiens !

Si le duc a choisi Pevensey, c'est que sa baie est propice à l'accueil de son millier de navires. En outre, la route de Londres n'est pas loin. Le 29 septembre au matin, le jour dédié à l'archange Michel, saint patron des Normands, sa flotte aborde les côtes du Sussex. Toutes les esnèques n'entrent pas dans la baie, certaines s'échouent sur le cordon de dunes qui la protège, d'autres la pénètrent par l'ouverture centrale et se posent à l'intérieur, partout où les berges autorisent l'accostage. Les nefs les plus précieuses se rangent au nord de l'éperon rocheux qui porte la forteresse, où les bateaux de pêche saxons ont l'habitude de s'amarrer. Le débarquement connaît des incidents. Portés par la marée, deux bateaux manquent l'objectif. Ils s'échouent beaucoup plus à l'ouest, à Romney dans le Kent, où la population massacre tous leurs occupants. Les premiers morts normands en terre anglaise.

Le premier, Guillaume pose le pied sur le sol de son héritage. Il saute sur la plage, mais trébuche et s'étale de tout son long, face contre terre. Sinistre présage ! Autour de lui, le silence se fait, les hommes se signent, marmonnent des prières, invoquent St-Michel et la Vierge Marie. A quoi le duc pense-t-il en cet instant ? Tout comme quelques heures plus tôt, il ne se départ nullement d'un calme apparent, même s'il bout intérieurement. Lentement il se redresse, majestueux, tend les bras vers le ciel et, desserrant les doigts, en libère du sable dans un filet luisant sous le soleil matinal, et s'écrie :

« Seigneurs, par la splendeur de Dieu !
La terre, je l'ai des mains saisie,
C'est preuve que le Ciel l'a bénie ;
Elle est à nous, tant qu'il y en a ;
Je verrai qui la méritera ! »
Un homme court sur le terrain,
Vers une chaumière tend la main,
Y arrache de sa couverture

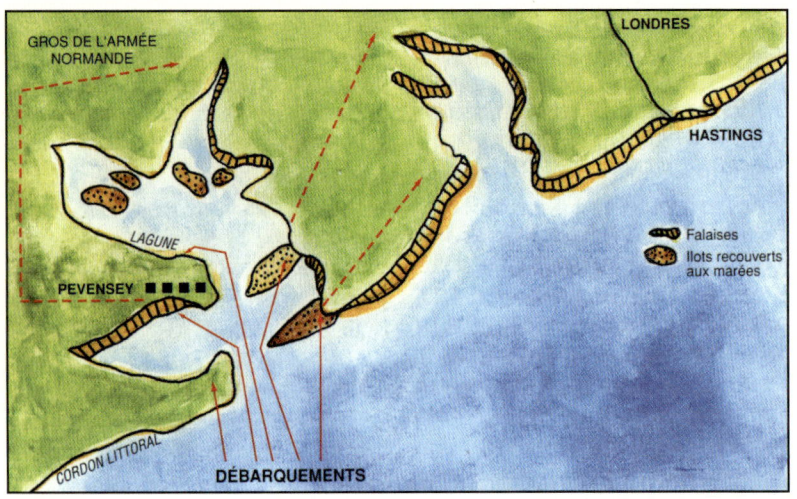

(Heimdal.)

Et s'en revient à toute allure.
« Sire, dit-il, approchez,
Ce gage vous est destiné.
De cette terre je vous saisis
Car vous êtes en votre pays ! »
(Wace ; Roman de Rou ; vers 6578 à 6590)

Une immense ovation leur fait écho. Le mauvais sort est conjuré.

Après les hommes, les chevaux : 3000 montures qu'on libère des bateaux au sortir d'une nuit passée dans leurs écuries flottantes. Les chevaux sans lesquels Guillaume n'aurait jamais tenté l'aventure, car il sait que la cavalerie constitue la clé de voûte de son armée. Autour, tout est calme, la population s'est enfuie aux premières lueurs du jour. Wadard, un vassal d'Odon de Bayeux, donne des ordres pour le ravitaillement en produits frais. Tous les bestiaux qui traînent aux alentours sont abattus, tous les chevaux saisis pour le transport du matériel. Le duc s'enquiert du mage qui lui avait prédit bonne traversée pour le féliciter et le remercier. On lui apprend qu'il s'est noyé. Guillaume hausse les épaules :

Ce ne peut, dit le duc, chaloir,
Il n'était homme d'un grand savoir.
Mal a pu deviner sur moi
Qui n'a su deviner sur soi !
(Wace ; Roman de Rou ; vers 6511 à 6514)

Pas question de tout décharger, car Pevensey n'est qu'une étape. On laisse à bord le gros des provisions, l'armement de rechange et les pièces de bois destinées à s'assembler en défenses, en tours, en fortins. Pour l'instant, les murs de Pevensey suffisent amplement, le temps de dormir, le temps de reprendre des forces et de se préparer à la suite. Tandis que ses hommes s'installent pour la nuit, le duc part à la recherche d'une voie terrestre vers la route de Londres. Il sait qu'elle n'est accessible qu'à partir de Hastings, un port situé quelques lieues à l'est. C'est là qu'il a l'intention de déployer son énorme jeu de construction ; c'est là qu'il se fortifiera en protection de l'armée anglo-saxonne.

Il chevauche dans le marais, flanqué de son inséparable compagnon Fitz-Osbern. A cause de la nature spongieuse du terrain, leurs destriers s'embourbent, ne peuvent plus les porter. Contraints de se démonter, les chevaliers souffrent de la chaleur automnale ; ils se débarrassent de leur cotte de mailles qu'ils jettent sur leur épaule. Avec peine, le duc voit son ami ployer sous cette charge mal répartie, transpirant et trébuchant. D'un geste, il s'empare du haubert de Fitz-Osbern et l'ajoute au sien, faisant preuve d'une force et d'une résistance remarquables.

Le lendemain, l'acheminement de l'armée s'effectue essentiellement par voie terrestre. Pas question de rembarquer les chevaux ! Les bateaux dont la cargaison est nécessaire reprennent la mer jusqu'à Hastings. Au-dessus du port, sur la haute falaise calcaire, tous les Normands vont se regrouper avant de livrer bataille. Bien qu'elles n'offrent pas les mêmes avantages qu'à Pevensey, les hauteurs de Hastings ne sont pas non plus dépourvues de murailles ; il y a déjà longtemps que les premiers Saxons y ont bâti un château et une église, sensibles à la position privilégiée du site. En outre, la cité dispose d'un atout considérable : elle s'ouvre au nord par une route en pente douce qui mène à Londres, *via* Cantorbéry et Rochester.

L'enceinte de la forteresse de Pevensey a accueilli l'armée ducale au soir du 29 septembre.

La forteresse de Pevensey a été édifiée par les Romains, comme le prouvent les lits de briques placés en alternance avec le calcaire local.

L'armée de Guillaume est entrée par la porte occidentale, celle qui faisait face au village.

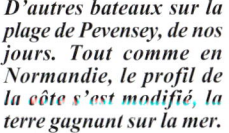

D'autres bateaux sur la plage de Pevensey, de nos jours. Tout comme en Normandie, le profil de la côte s'est modifié, la terre gagnant sur la mer.

1. *Le chevalier Wadard surveille les opérations d'intendance dans le camp normand.* (Avec l'aimable autorisation de la ville de Bayeux.)

Guillaume fait renforcer le dispositif existant – aussi abandonné qu'à Pevensey – par les pièces de charpente de chêne et de châtaignier enfin sorties des navires, et par un fossé creusé à la hâte. Le ravitaillement va bon train, lui aussi, ce qui permet au duc et à sa cour de jouir d'un plantureux festin dont témoigne la Tapisserie de Bayeux. À l'opposé, les Normands razzient la population voisine, pillent une douzaine de villages, brûlent des maisons qui pourraient gêner leur progression, ou faciliter celle de l'ennemi. Il s'agit de montrer qu'ils sont les nouveaux maîtres de ce pays, et ce qui attend d'éventuels opposants. Une manière surtout de prouver que Harold est incapable de protéger ses sujets ou prétendus tels.

C'est là, à Hastings, que Guillaume apprend enfin la défaite norvégienne de Stamford Bridge. De son côté, Harold Godwinson est depuis le 2 octobre au courant du débarquement normand. Il s'est mis en route vers le sud pour en découdre une troisième fois. Le duc de Normandie sait qu'il devra vaincre l'earl de Wessex pour accéder à son trône.

Une victoire de la cavalerie

14 octobre 1066. L'aube point sur le camp des Normands. Aucune alerte n'est venue troubler la quiétude de la nuit. Dès avant le lever du soleil, on s'affaire pour la bataille qu'on sait imminente. Ce soir, le duc de Normandie sera maître de l'Angleterre, ou il aura péri avec les siens.

Ses agents de renseignements lui ont appris l'arrivée de Harold Godwinson. Le 6 octobre, il était à Londres, qu'il a quitté le 11. Dans l'après-midi du 13, il s'établit à la sortie de la forêt, sur la colline de Caldbec, au lieudit *Le Pommier chenu*. Hastings est à trois lieues (12 km) au sud. Le roi d'Angleterre compte surprendre les Normands dans leurs retranchements lors d'une attaque nocturne. Guillaume a compris le danger. Ses fortifications risquent de se transformer en un piège mortel si l'ennemi les assaille. C'est pourquoi le jour de St-Calixte sera celui de l'affrontement.

Tandis que les gens d'Église, Odon de Bayeux et Geoffroi de Coutances en tête, disent une messe rapide et administrent l'eucharistie aux troupes, maréchaux et palefreniers procèdent aux derniers préparatifs de la cavalerie : pansage, nourriture, ultime vérification de la ferrure, harnachement soigné avec contrôle minutieux des sangles. Des 3000 chevaux débarqués à Pevensey, aucun ne doit faire défaut dans les heures qui suivent. Guillaume en est certain : s'il triomphe d'un ennemi supérieur en nombre et maître de son terrain, ce sera grâce à eux.

Car pour Harold et les siens, le cheval n'est qu'un commode moyen de locomotion et de transport. Son rôle s'arrête avant l'affrontement et l'on n'a jamais vu de cavaliers sur leurs champs de bataille. Il y eut pourtant des tentatives ; quelques seigneurs normands, attirés par Édouard le Confesseur et par lui fieffés, avaient essayé d'initier les autochtones au combat équestre, sans succès. Au contraire, quand en 1055 l'earl normand Raoul de Hereford est vaincu par les fantassins gallois, c'est « pour avoir voulu faire combattre ses hommes à cheval » !... Pourtant, nul n'ignore le rôle des chevaliers dans les armées continentales. Pour avoir chevauché avec Guillaume en 1064, Harold connaît la dévotion des Normands envers leurs montures, et l'usage guerrier qu'ils en font. Or, deux ans plus tard, les Saxons demeurent des piétons, on les dit du reste les meilleurs fantassins du monde, tout comme les Normands sont réputés les meilleurs cavaliers ! La tradition saxonne est celle de l'infanterie, et l'on ne s'improvise pas cavalier. La chevalerie normande ne s'est pas forgée en deux ans, ni en dix. Elle est l'aboutissement des

2. *Incendie d'une maison saxonne par les Normands.* (Avec l'aimable autorisation de la ville de Bayeux.)

Le château de Hastings.

***Scène et détail de la Broderie de Bayeux** montrant la construction d'un château de bois à Hastings. Il avait été acheminé en éléments préfabriqués dans les esnèques de la flotte du duc Guillaume. On examinera aussi les outils utilisés, dont les pelles asymétriques en bois munies seulement d'un embout en métal.* (Avec l'aimable autorisation de la ville de Bayeux.)

71

1

3

4

1. *La Broderie de Bayeux rend un compte très précis d'un plantureux festin offert par Guillaume à ses proches, un épisode évoqué par la reconstitution historique. (Avec l'aimable autorisation de la ville de Bayeux.)*

2. *Reconstitution d'un campement du XIe siècle avec foyer surélevé comme sur la Broderie de Bayeux. (Ogham.)*

3. *(Avec l'aimable autorisation de la ville de Bayeux.)*

4. *(Avec l'aimable autorisation de la ville de Bayeux.)*

2

efforts de plusieurs générations, et Guillaume l'a développée comme nul autre. Ce sont bien deux cultures qui vont se combattre.

Pour autant, il serait erroné et anachronique de faire de la conquête de l'Angleterre la mainmise d'une nation sur une autre. Moins moderne, la réalité est aussi plus complexe. Cette rivalité est avant tout une lutte féodale, celle de deux hommes et de leurs vassaux. Nul doute qu'il y eut des Normands, en quantité infime, aux côtés de Harold, ni que certains Saxons refusèrent de combattre Guillaume (à commencer par Edwin et Morcar qui restent dans leurs earldoms du nord une fois les Norvégiens vaincus) sans mériter pour autant les noms de traîtres ou de « collaborateurs » ! Les liens commerciaux, religieux, diplomatiques, familiaux, qui se sont tissés depuis un siècle achèvent de brouiller les cartes entre deux états aussi chrétiens l'un que l'autre, la légitimité papale accordée aux prétentions normandes n'ayant d'autre base que le parjure de Harold.

Il n'en est pas moins vrai que ceux qui s'apprêtent à en découdre au nom de Guillaume sont, soit ses vassaux, soit ceux de seigneurs alliés ou neutres, toujours des continentaux qui partagent peu ou prou la même langue romane, les mêmes valeurs féodales, les mêmes codes sociaux, le même fond culturel d'origine franque. Les Saxons, eux, parlent encore la langue germanique de leurs pères, fortement teintée de norrois ; ils obéissent aux réquisitions de leur roi du moment, scandinave ou saxon selon le cas. Si la lutte pour le pouvoir qui va atteindre son paroxysme ce 14 octobre 1066 n'est pas une guerre entre états, elle n'en est pas moins le choc de deux peuples.

De l'évêque au moine, les hommes de Dieu ont accompli leur devoir ; tous les combattants ont l'âme en paix. C'est l'heure, Guillaume se tourne vers ceux de sa mesnie :

– Mon cheval !

On lui amène l'étalon d'Espagne offert par Gautier Giffard. Le duc n'hésite pas à l'exposer sur le champ de bataille, fût-ce au prix de son sacrifice. En ce jour solennel, il doit paraître devant les siens dans la magnificence inhérente à son rang. Il se met en selle. A l'instar des autres chevaliers, il ne porte encore qu'une tenue légère, complétée par une cape que rend nécessaire la fraîcheur matinale d'octobre. L'équipement militaire suit sur les destriers de rechange que mènent les écuyers, ou sur les roussins locaux prélevés sur l'habitant. Les seuls à avoir revêtu leur haubert de maille sont Vital et son conroi (de *conréier*, mettre en rangs ; troupe équestre organisée autour d'une bannière) que le duc a chargés d'une mission de reconnaissance. C'est donc armés qu'ils ont déjà quitté Hastings en direction de Londres.

Tandis qu'il chevauche, Guillaume reconnaît le cavalier qui trotte devant lui. Taillefer n'est pas seulement un valeureux guerrier, il est aussi jongleur, un terme qui allie la dextérité du bateleur à des qualités de narration, deux dons qui font de lui le meilleur compagnon des longues veillées. Il n'a pas son pareil pour raconter la geste des héros du temps passé dans les grand'salles des châteaux, devant le duc et son entourage ; il a même mis en vers ses exploits à lui, Guillaume ! Comme nul autre, il fait revivre la bataille

L'armée normande se dirige vers Hastings. (Avec l'aimable autorisation de la ville de Bayeux.)

du Val-ès-Dunes, le massacre de Mortemer ou la déroute française de Varaville. A chaque fois, le trouvère était présent parmi les chevaliers, et il n'aurait cédé sa place pour rien au monde, car il aime à férir comme les autres ! Non, Taillefer n'a pas volé son nom ; en ce moment, il mène les Normands au combat au chant de Charlemagne et de Roland, d'Olivier et des preux qui moururent à Roncevaux. Imperceptiblement, le jongleur retient son cheval pour se laisser rattraper par le duc. Bientôt ils trottent jambe à jambe, à se toucher les étriers.

– Seigneur, dit Taillefer, je vous ai bien longtemps servi. Pendant des années, j'ai combattu à vos côtés, je vous ai donné gloire et fierté et j'ai chanté vos louanges de cour en cour. Aujourd'hui, il est juste que vous me rendiez ce que je vous ai offert de si bon cœur. La récompense que je requiers vaut plus à mes yeux que joyaux, terres et richesses. Octroyez-moi, je vous en fais la plus ardente prière, le premier coup de la bataille !!

Guillaume fixe Taillefer. Il admire son profil de guerrier blanchi sous le harnois, sa noble assurance, sa tenue en selle et cette façon de faire corps avec sa monture tel un centaure. Le premier coup de la bataille ! Un honneur terrifiant, dans la plus pure tradition de l'époque, une coutume qui commence à brosser les règles d'une chevalerie qui connaîtra son apogée aux XIIe et XIIIe siècles, une requête à laquelle le duc ne saurait se dérober, quoi qu'il lui en coûte, car le demandeur en est digne.

– Taillefer, lui dit Guillaume, ce premier coup, je te l'octroie.

Le jongleur éclate de rire, pique des deux et reprend sa place au galop, en entonnant derechef le *Chant de Charlemagne*. Tout est dit.

De son côté, Vital est parvenu au sommet de Telham Hill, d'où il voit se déployer les Saxons sur la crête qui lui fait face, loin et proche à la fois, tout en haut de la colline de Santlache, sur plus de 800 mètres de large. Dix rangs serrés au moins, plus de 8 000 combattants ! Un frisson lui parcourt l'échine. Avec les siens, il fait une demi-volte et part au galop faire son rapport à Guillaume, qui ne laisse rien voir de son trouble. Il ordonne de faire halte pour s'équiper en vue de la bataille. Il est sept heures du matin.

Un incident perturbe l'armement du duc. Son écuyer lui présente son haubert à l'envers, le devant derriè-

1. *Nobles saxons et anglo-danois. Certains, à droite, ont leurs bliauts richement brodés dans un style anglo-scandinave. Tout le nord-est de l'Angleterre, le Danelaw, avait été fortement colonisé par les Danois et les deux composantes marcheront unies contre le Duc de Normandie. (G. Bernage.)*

2. *Guerrier anglo-danois de la suite du roi Harold. Comme les Normands, il porte le casque conique à nasal et le haubert de mailles mais sa longue chevelure le distingue des Normands au crâne rasé. (F. Coune.)*

3. Housecarle : guerrier d'élite de la suite du roi Harold. On le reconnaît à sa grande hache redoutable. (Pixures)

4. Le roi Harold devant sa bannière de l'Homme armé. (F. Coune.)

5. Ce personnage, présent lors de la reconstitution de la Bataille de Hastings, le 14 octobre 2006, évoque l'un des frères du roi Harold Godwinson, Gyrth, devenu l'earl (comte) de l'East Anglia ; il sera tué lors de la bataille. (G. Bernage.)

6. Evocation du second frère du roi Harold, Leofwin (Lewine sur la Broderie de Bayeux), devenu l'aîné après le décès de Sven, premier fils de Godwin Wulfnotson. Il est devenu l'earl d'un nouveau territoire dont Londres est le centre, comprenant tout le Sud-Est de l'Angleterre, dont le Kent, l'Essex et la plus grande part du Middlesex. Il sera aussi tué lors de la bataille de Hastings. Nous le voyons ici magnifiquement évoqué - la base de son casque porte une inscription. Toutes ces photos ont été prises lors de la grande reconstitution de la bataille en octobre 2006. (G. Bernage.)

re, ce que son entourage interprète comme un mauvais présage, mais il ne se laisse pas démonter par cette nouvelle version de sa chute sur la grève de Pevensey :

– J'ai déjà vu cela arriver bien des fois, lance-t-il en riant. Dieu nous a envoyé un signe de changement imminent, et je vais vous dire ce qu'il signifie : c'est que le duc de Normandie va devenir roi d'Angleterre !

Séduits, ses chevaliers poussent des cris d'allégresse. Guillaume met à profit cet avantage pour haranguer les chefs de guerre qui l'entourent, sachant qu'ils répercuteront ses paroles auprès des autres combattants.

– Vous êtes ici, leur dit-il, pour venger les félonies des habitants de ce pays. Frappez fort dès le début de la bataille ! Combattez avec vaillance et sagesse.

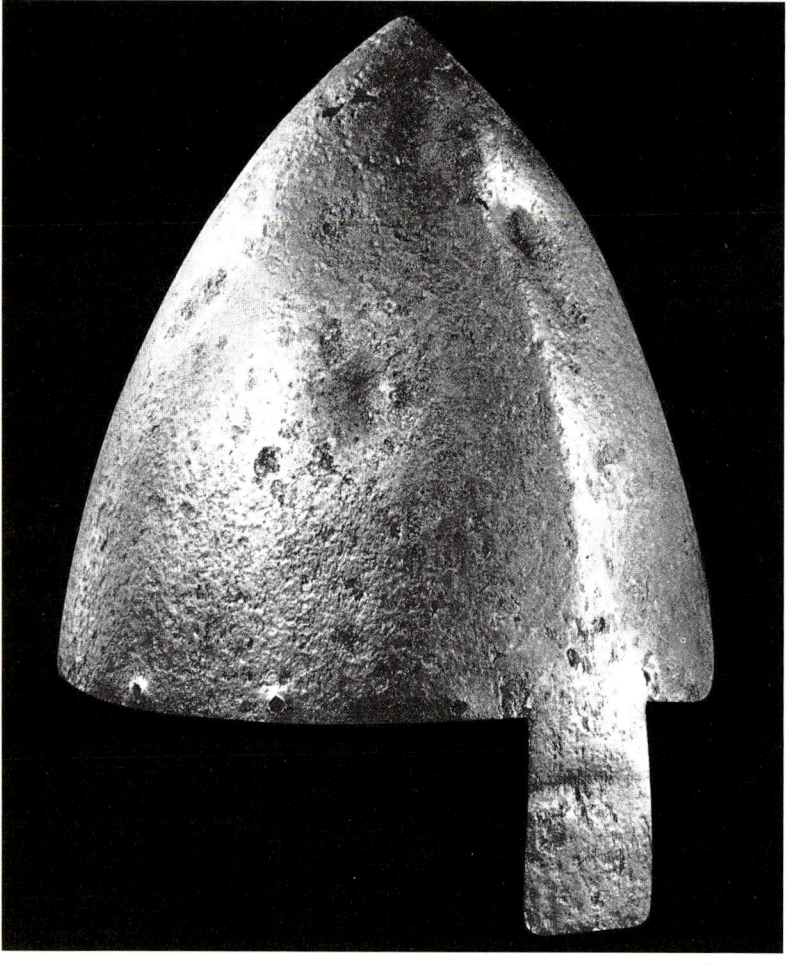

5bis

1. *Le guerrier normand est un véritable professionnel, durement entraîné sous les ordres des barons et de leur duc. La cavalerie normande est une véritable élite qui triomphera sur tous les champs de bataille, de l'Italie du Sud et la Sicile à l'Angleterre.* (Ogham.)

2. *Casque à nasal forgé d'une seule pièce provient du presbytère d'Olomouc en Bohème. Il est daté du XIe siècle.* (Kunsthistorisches Museum, Vienne.)

3. *Ce reconstituteur porte une réplique du casque de Saint Venceslas, daté du Xe siècle et conservé à la cathédrale de Prague.*

4. *Epée du XIe siècle (période 1050-1150), longue de 1,50 mètre. Elle comporte une lame à gouttière gravée de l'inscription SININIS. La garde est à longs quillons et le pommeau est à noix du Brésil.* (Hermann Historica.)

5 et 5bis. *La Broderie de Bayeux nous montre de nombreux décors peints sur les boucliers normands dits « en amande ». Voici l'un de ses décors et sa reconstitution.* (Ville de Bayeux et Coll. G. Bernage.)

6. *Un cavalier normand en patrouille questionne deux fantassins normands. Nous remarquerons les décors de leurs boucliers et la forme de la selle du cavalier.* (G. Bernage.)

Ne cherchez pas à faire butin, car chacun de vous aura sa part après la victoire. Et n'oubliez pas qu'il faut vaincre ou mourir, car les Anglais n'épargneront aucun de vous ! Si vous fuyez, la mer vous arrêtera et vous périrez honteusement. Vous mourrez mieux dans le combat que dans une fuite ignominieuse ! Combattez, et vous vaincrez ! La victoire est entre nos mains !

D'une même voix, les barons s'écrient : « Dex aïe ! » (prononcé *dies aïe* : que Dieu aide)

À huit heures, l'armée alliée a franchi les ruisseaux qui parcourent le vallon, en contrebas de Telham Hill. Elle se déploie à son tour, sous les injures des Saxons qui dominent Santlache Hill. À l'aile gauche, les Bretons d'Alain de Penthièvre, avec les Angevins, les Poitevins et les Manceaux ; à droite, les Français et les Flamands, encadrés par Eustache de Boulogne, Roger de Beaumont et Guillaume Fitz-Osbern ; au centre, les Normands aux ordres de Robert de Mortain épaulé par son frère Odon. Ces trois divisions autonomes sont séparées sur le terrain par des couloirs qui leur permettent de faire mouvement : la cavalerie a besoin d'espace pour évoluer. Elle aura du mal sur cette terre escarpée et marécageuse, à l'opposé de la plaine du Val-ès-Dunes, l'unique et lointaine expérience de bataille rangée du Bâtard. Là-haut, l'ennemi attend de pied ferme et la pente est sévère. De part et d'autre de la crête d'où provient le choc lancinant des armes saxonnes sur les boucliers, elle est même si abrupte qu'elle interdit toute manœuvre d'encerclement. Le choc ne peut être que frontal.

Guillaume mesure ces difficultés. Sa tactique repose sur un enchaînement apparemment logique : l'archerie ouvrira les rangs, l'infanterie se lancera dans les brèches créées, la cavalerie emportera la victoire.

Derniers ordres avant l'affrontement. (F. Coune.)

Face aux Normands qui l'encouragent, Taillefer donne une ultime démonstration de son talent : au petit galop, il défile gaillardement, jonglant avec son épée qu'il lance et rattrape avec une précision d'orfèvre, puis il rengaine son arme, saisit la lance d'un piéton et, éperonnant son cheval, gravit la côte sous les yeux éberlués des Saxons dont un groupe se détache du premier rang pour aller à sa rencontre. Tout en hurlant son cri de guerre, Taillefer transperce l'un de ces hommes de son épieu acéré : le premier coup de la bataille ! Quand sa monture s'écroule la tête fracassée par une hache anglaise, il sort son épée du fourreau et en porte un nouveau coup mortel, avant de succomber à son tour.

À mi-pente de Telham Hill, Guillaume n'a rien perdu de la scène. Taillefer ne chantera plus ni Arthur, ni Gauvain, ni Charles, ni Roland. Si Dieu accorde aux Normands la victoire, un autre que lui la clamera en vers, sans omettre le nom du héros qui vient de tomber sous les yeux de quinze mille combattants. Gravement, le duc lève son *baculum* (bâton de commandement d'inspiration romaine). Il est neuf heures.

Une pluie de flèches s'abat sur les Saxons, mais la forte déclivité du terrain atténue considérablement l'efficacité des tirs et la plupart des traits se loge dans le bois des boucliers levés au-dessus des têtes. Malgré plusieurs minutes de ce régime, les rangs ennemis ne s'ouvrent pas comme prévu.

Les fantassins gravissent la pente sous les projectiles anglais : flèches, javelots et pierres s'abattent sur eux. Sur l'aile gauche, les Bretons progressent trop vite, dans une indiscipline qui les met en difficulté : isolés, contournés par les Saxons, ils refluent en désordre sous le fer ennemi. Ailleurs, le heurt ne vient pas à bout du mur de boucliers des guerriers de Harold. C'est le tour de la cavalerie ; les destriers parviennent essoufflés face aux écus saxons. Les chevaliers dominent la mêlée, ce qui les expose aux tirs des javelots. Devant eux, les rangs ne s'ouvrent que pour livrer passage aux thegns et aux housecarles qui font

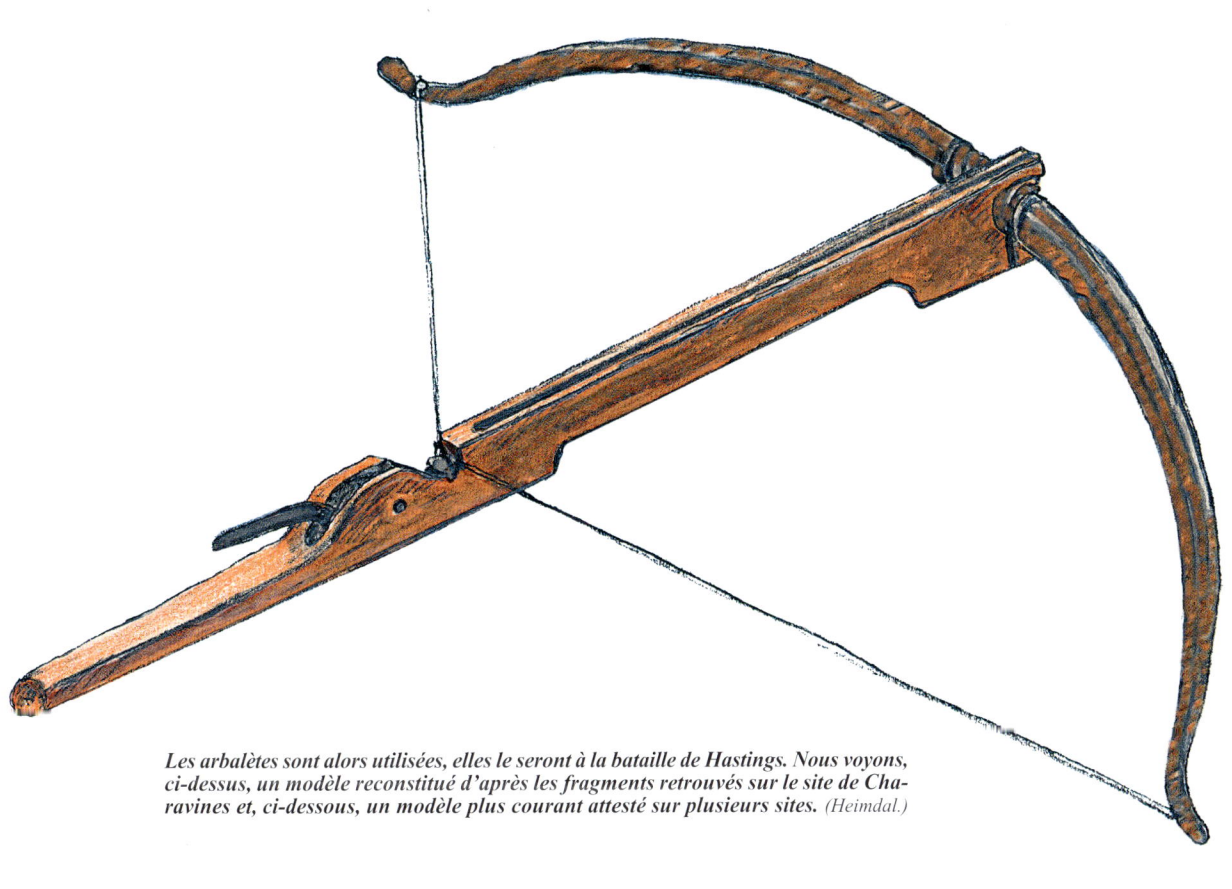

Les arbalètes sont alors utilisées, elles le seront à la bataille de Hastings. Nous voyons, ci-dessus, un modèle reconstitué d'après les fragments retrouvés sur le site de Charavines et, ci-dessous, un modèle plus courant attesté sur plusieurs sites. (Heimdal.)

La cavalerie normande s'achemine vers le lieu de la bataille. (F. Coune.)

Souvenir normand sur une route du Sussex.

tournoyer leurs haches pour mieux les abattre sur l'encolure des montures normandes. Beaucoup paient de leur vie ce premier assaut sans avoir percé les défenses anglaises. En outre, le terrain a été parsemé de chausse-trappes : ces pointes de fer fixées sur des planchettes ou assemblées en étoiles traversent les pieds des hommes et des chevaux qui se replient dans des hurlements de douleur.

Chez les Bretons, la situation tourne au désastre. Piétons et cavaliers se débandent, pourchassés par des Saxons en furie. Sans protection sur son aile gauche, le centre normand recule lui aussi. De son poste de commandement, Guillaume prend conscience de la tragédie. Vers midi, il échange son baculum contre son épée et se jette dans la mêlée. Flanqué de son porte-étendard et d'Odon de Conteville venu le rejoindre, il dévale Telham Hill, franchit la rivière, traverse la masse de son armée désorganisée et se retrouve au front face aux Saxons. Soudain, son cheval s'abat, le poitrail transpercé par un javelot. A sa chute, un cri retentit :

– Le duc est mort ! Le duc est mort !

La funèbre rumeur parcourt les rangs, s'y répand comme un flot tumultueux.

– Le duc est mort !

Un instant ressaisis par l'entrée de Guillaume sur le champ de bataille, ses guerriers refluent de plus belle, perdus, désemparés, orphelins de leur chef. A gauche, réfugiés sur un tertre qu'on appellera *Hillock*, les Bretons cherchent à échapper aux Saxons qui les encerclent. Certains n'y parviennent que pour rencontrer le cours de l'Asten où hommes et chevaux plongent, se débattent, se noient, alourdis par leur équipement.

Guillaume s'est dégagé du cadavre de son bel étalon d'Espagne. Secoué mais indemne, ce cavalier né se redresse et cherche une monture, tout en repoussant les assauts à grands coups d'épée et de bouclier. Un fuyard vient à passer devant lui, hagard, un chevalier du Maine qui cède à la panique générale. Le duc lui ordonne de s'arrêter, il s'y refuse. Guillaume saisit le pied du couard, le désarçonne et prend sa place. Puis il galope vers ses troupes, le casque à nasal relevé pour mieux se faire reconnaître, bientôt rejoint par Eustache de Boulogne qui le désigne du doigt en arborant l'étendard de St-Pierre, signe de ralliement ducal identifiable par tous.

– Je suis vivant ! crie le Bâtard à la cantonade. Ne fuyez pas, car nul ne pourra échapper aux Anglais, sauf à les avoir vaincus !

Un discours puissamment relayé par Odon : massue brandie, l'évêque de Bayeux rassemble les chevaliers débandés et les exhorte au combat en leur caressant les côtes de son arme.

– Cessez de fuir ! leur ordonne-t-il. Retrouvez votre sagesse et n'ayez peur de rien, car nous vaincrons avec l'aide de Dieu !

Les rangs se reforment, chacun retrouve la bannière de son conroi. Sur l'aile gauche, la situation est critique, car Harold a donné l'ordre de se ruer aux trousses des Bretons, dans une contre-offensive qui devrait être fatale aux hommes d'Alain de Penthièvre. C'était compter sans le retour de Guillaume. Ses chevaliers se font un jeu de nettoyer le champ de bataille de ces fantassins qui se sont aventurés hors de leurs positions. Ils se réfugient à leur tour sur le Hillock, vite cernés par la cavalerie normande qui les transperce, les démembre, les décapite, les éventre. Les chevaux ont sauvé les Bretons et les alliés échappent au désastre grâce à une hésitation saxonne, car si Harold avait osé jeter à ce moment-là sur la pente la totalité de ses troupes, il aurait eu bataille gagnée.

La première phase du combat s'achève. Chacun se replie où il se trouvait trois heures plus tôt. Des deux côtés, les pertes sont nombreuses ; des centaines de cadavres jonchent la lande. Gyrth et Lewine, les deux frères de Harold, ont péri. Une trêve s'instaure d'elle-même, sans concertation, simplement parce que nul n'a plus la force de se battre.

Pour compenser l'éclaircissement des rangs, on réorganise la composition des unités. Harold redéploie sur son aile droite des hommes du centre et des arrières. Guillaume est conforté dans l'idée que la cavalerie demeure la clé de la victoire. Sans elle, il n'y aurait plus d'armée bretonne, et sans doute plus d'armée du tout ! Pendant la pause, les chevaux sont soignés, abreuvés, rafraîchis dans les cours d'eau, reharnachés. Le duc n'est pas loin de penser qu'un destrier vaut plus qu'un homme ! Il doit vaincre avant la nuit, sinon l'arrivée de nouvelles recrues du *fyrd* saxon noiera les siens sous le nombre, même avec la meilleure cavalerie du monde, puisque lui-même ne peut espérer aucun renfort.

Les hostilités reprennent vers deux heures de l'après-midi. Sur le front franco-flamand, les fantassins se heurtent derechef au mur de boucliers saxon et refluent dans le désordre. Une débandade comme celle des Bretons ? Non : une fausse fuite, une tactique imaginée par Guillaume à la lueur de la tragédie du matin !

La ruse fonctionne. Les Saxons pourchassent les alliés, croyant les tailler en pièces. Alors, de toutes parts surgissent les chevaliers, dont la charge prend au piège les téméraires, massacrés jusqu'au dernier. Seule la cavalerie pouvait permettre l'encerclement rapide des imprudents Anglais ! La manœuvre sera répétée au centre avec le même succès.

Guillaume a encore perdu deux chevaux au cours de ces assauts, mais il sent à présent la victoire à sa portée, car les pertes ennemies sont considérables. Les dix rangs qui ordonnaient leurs 8000 guerriers ne sont plus qu'un souvenir. Les paysans peu aguerris du *fyrd* sont désormais plus nombreux que les thegns, dont la plupart restent groupés autour de Harold. La deuxième phase s'achève. Guillaume voit avec inquiétude la descente du soleil ; il doit conclure vite.

Inactive depuis le matin, son archerie est restée fraîche et quasi intacte. Il la renvoie au front. S'immisçant

La cavalerie normande est une arme d'élite, la meilleure du temps. (F. Coune.)

Les cavaliers attendent l'ordre d'intervenir. (F. Coune.)

Scène de la bataille sur la lande de Senlac. Si les chevaliers occupent la place centrale, le rôle de l'archerie est mis en évidence en bordure de la Broderie. *(Avec l'aimable autorisation de la ville de Bayeux.)*

parmi les corps morts ou agonisants d'hommes des deux camps, et aussi des chevaux, protégés par ces murs de cadavres, archers et arbalétriers progressent jusqu'à quelques dizaines de pas des Saxons. Tandis que les uns lancent leurs traits en tir courbe, les autres les projettent en tir tendu. En face, les boucliers se lèvent, s'abaissent, créent enfin des brèches fatales où les flèches pénètrent. Les fantassins s'y engouffrent à leur suite, en une inexorable avance soutenue par la cavalerie.

L'heure est venue des exploits individuels, de ceux des chansons de geste, que conservera la mémoire des jongleurs et des chroniqueurs, car la bataille se parsème en luttes par petits groupes, voire en combats singuliers. L'image de Taillefer s'impose aux guerriers, celle d'un vaillant chevalier garant de la perpétuation de leur héroïsme. Guillaume cède, lui aussi, à cette rage meurtrière. Protégé par son casque, il échappe de peu à une hache danoise. L'assaillant présomptueux périt du fer de lance d'un de ses gardes du corps.

Parmi les chevaliers, il en est une vingtaine qui a juré de porter le coup fatal à l'usurpateur. Ces impétueux se propulsent à l'assaut du dernier carré de résistance, le quartier général saxon. Quatre parviennent à percer les rangs des housecarles qui se battent encore avec l'énergie du désespoir, sachant la mort sur eux. Harold n'est plus que l'ombre de lui-même : aveuglé par une flèche, son œil droit est une plaie sanguinolente, et c'est borgne qu'il voit se ruer vers lui les quatre chevaliers de l'Apocalypse. Une lance lui traverse la poitrine, une autre lui ouvre le ventre, une épée lui tranche le cou. Il est seize heures passées. Le quatrième chevalier s'acharne sur son cadavre et lui coupe la cuisse gauche, geste ignoble qui lui vaudra de se faire chasser de l'armée de Guillaume. Les housecarles périssent jusqu'au dernier. La victoire est acquise, mais on n'arrête pas une armée en furie.

Pendant qu'Odon et les siens nettoient les lignes arrière, où arrivent tardivement des renforts du fyrd abasourdis par le spectacle, d'autres chevaliers partent à la poursuite des rescapés pour les tailler en pièces. Il ne sera fait aucun prisonnier. Des combats sporadiques éclatent sur Caldbec Hill et même au-delà, mais la nuit tombante est propice aux embuscades saxonnes où tomberont encore des guerriers ducaux. La pire a lieu près du *Pommier chenu*, là où Harold avait établi son campement. Dans la pénombre qui s'installe, les poursuivants ne voient pas que les hautes herbes masquent un profond fossé ; leurs chevaux y basculent, s'y entassent, s'y font massacrer par les rescapés de la tragédie. Les chroniqueurs appelleront ce lieu tragique *la Malfosse*. Témoin impuissant du désastre, Eustache de Boulogne fait demi-tour pour trouver Guillaume.

– Seigneur ! supplie-t-il, je vous en conjure, rappelez vos hommes ! Rappelez-les tous pour les sauver !

Une victoire de la cavalerie normande. (F. Coune.)

Au soir du 14 octobre 1066. Des milliers de morts sur le champ de bataille.

A l'endroit précis où Harold a trouvé la mort, les Normands ont édifié l'abbaye de la bataille.
(G. Bernage.)

A quoi bon s'acharner ? La bataille est gagnée !

Le duc est couvert de sang, tout comme son cheval tailladé de toutes parts, son casque cabossé, sa lance brisée. Il écoute favorablement la requête de son compagnon, qu'il voit soudain basculer sur l'encolure, la cotte de maille traversée par une flèche qui s'est fichée entre ses épaules ! Le sang jaillit du nez et de la bouche du chevalier qu'on évacue inconscient, sans se douter un seul instant qu'il se remettra de sa terrible blessure.

À la lueur des torches portées par les valets, le camp normand s'établit à la place du camp saxon. Les hommes d'Église rendent grâces à Dieu pour la victoire. Guillaume confirme solennellement sa promesse ; il fera bâtir une abbaye en ce lieu : l'abbaye de la bataille ! On placera l'autel de l'abbatiale à l'endroit précis où Harold est tombé, là où flotte à présent la bannière de St-Pierre. Les Normands transforment *Santlache Hill* en *Senlac*, le *lac de sang*, un nom qui lui restera, définitivement inscrit dans l'histoire anglo-normande.

Guillaume triomphe, mais est-il apaisé ? Tous ces morts, les siens, ceux d'en face... Les feux qui s'allument révèlent çà et là les cadavres qu'on dépouille sur le champ de bataille : 4000 à 5000 Saxons ont payé de leur vie leur fidélité à Harold. Tandis que retentissent les clameurs de la victoire, le duc de Normandie s'écroule d'émotion à la vue du carnage, de tous ces braves qui auraient pu, qui auraient dû devenir ses sujets.

Cinquième partie : Duc et roi

Le couronnement

Parce qu'elles sont terriblement évocatrices, certaines formules ont la vie dure, ainsi en va-t-il de la célèbre citation de Guillaume de Poitiers : *Le duc soumit toutes les villes d'Angleterre en un jour seulement, entre neuf heures du matin et le soir.* Elle trouve encore aujourd'hui un écho parmi certains historiens. Or, les faits se doivent de tempérer l'enthousiasme du chroniqueur panégyriste ducal. Pour essentielle qu'elle fût, la bataille de Hastings n'était que l'indispensable première étape d'un long parcours vers le pouvoir.

Ce n'est pas que Guillaume lui-même n'y ait cru ! Après le 14 octobre, il demande à Guillaume Malet de Graville d'enterrer le corps de Harold sur le littoral, en haut de la falaise, et élever un cairn, un amoncellement de pierres appelé *montjoie*, sur Caldbec Hill, pour marquer la future Abbaye de la Bataille. Gytha, la mère de Harold, avait bien proposé au duc d'échanger le corps de son fils contre son poids en or, mais il avait refusé, craignant que sa dépouille ne devînt une relique de la résistance saxonne, et sa sépulture un lieu de pèlerinage. Aussi tint-il secret l'endroit exact de son enterrement.

Il consolide son campement, organise ses troupes, en fait venir d'autres du continent, seconde vague normande après celle de Senlac, et attend la soumission de l'Angleterre. Or, six jours s'écoulent et personne ne vient à lui ! Nul thegn, nul prélat, nul Saxon de marque ne se jette à ses pieds pour le reconnaître comme le nouveau maître de ce royaume sans roi. Il décide alors de s'imposer comme tel, et de régler ses comptes.

Sa première victime sera Romney, où deux navires de sa flotte s'étaient échoués à l'aube du 29 septembre, dont tous les occupants avaient été massacrés. Guillaume vise Londres. Il nomme Guillaume Malet à la tête d'une garnison chargée de tenir le château de Hastings et part pour le Kent, la meilleure route possible pour acheminer son armée jusqu'à la capitale. Il longe la côte et se fait accompagner d'une partie de sa flotte qui agit en protection, car les Saxons pourraient dépêcher des bateaux contre lui. Au passage, Romney est incendiée, pillée, ses habitants lourdement rançonnés ou exécutés pour l'exemple. Le message est clair : ainsi traitera-t-il désormais les rebelles. Que chacun le sache : Harold est mort !

Guillaume parvient à Douvres, qui aurait dû lui être remise deux ans plus tôt, aux termes de l'accord passé en 1064 avec l'earl de Wessex. Le château va-t-il résister ? Non, les nouvelles de Romney qui l'ont précédé lui en ouvrent les portes ; le Conquérant en accepte les clés sans représailles. Une clémence toute

Duc de Normandie et roi d'Angleterre. (Avec l'aimable autorisation de la ville de Bayeux.)

ducale qui met en fureur une partie de ses soldats avides de butin ; ils passent outre, et c'est l'incendie, le pillage, les viols, un mouvement difficilement endigué par les autorités normandes qui se confondent en excuses et promettent réparation des dommages commis. Durs aléas de l'occupation !

Pour ne rien arranger, la dysenterie frappe l'armée. Beaucoup de héros de Hastings périssent ainsi, vidés, déshydratés, anéantis. Laissant derrière eux leurs malades, les Normands quittent Douvres ; leur réputation les précède ; les Anglais trouvent leur salut dans la fuite, l'exode. Les ports sont occupés, puis Cantorbéry, le cœur religieux du royaume, où Guillaume est touché par un mal dont on ignore tout, sinon qu'il le cloue un mois entier dans la cité primatiale. On craint pour sa vie.

Pendant le temps de sa guérison, Ealdgyth, la veuve de Harold, l'accepte comme son légitime successeur et lui livre Winchester qu'elle avait reçu en douaire. À l'inverse, Edwin et Morcar se rendent à Londres où ils font reconnaître par une assemblée de notables, dont l'archevêque Stigand, le jeune Edgar, arrière-petit-fils d'Ethelred II et fils de l'Aetheling Édouard mort en 1057. Les earls croient-ils vraiment que leur candidat pourra nuire à Guillaume ? Du moins comptent-ils conserver leurs prérogatives au nord et à l'est, espérant que les Normands se cantonneront au sud du pays.

Pour l'heure, ils ont repris leur marche, car le duc va mieux et s'est remis en selle. Ils évitent l'entrée dans Londres, jugée trop peu sûre avec ses 12 000 habitants, mais repoussent une poussée des Saxons rive sud de la Tamise, au faubourg de Southwark qu'ils incendient. Faute d'être prise, la capitale est contournée, ses alentours mis en coupe réglée, pillés, isolés de la cité qui ne peut plus compter que sur elle-même. Guillaume traverse le Surrey, la corne du Hampshire et le Berkshire. Il atteint la Tamise qu'il ne peut traverser qu'au gué de Walling (Wallingford) et s'installe dans le comté d'Oxford, où il reçoit la visite de Stigand. D'abord partisan d'Edgar, l'intrigant qui avait couronné Harold se rallie au duc de Normandie, à qui il jure obéissance et fidélité, puis retourne à Londres.

Guillaume poursuit sa route, dans le Herefordshire qu'il ravage, jusqu'à Berkhampsted, dans la deuxième semaine de décembre. Stigand l'y attend, accompagné d'Edgar en personne, d'Edwin, de Morcar, de l'archevêque d'York Ealdred, et de toutes les personnalités qui prétendaient lui disputer le pouvoir ! Ils lui offrent Londres et la couronne royale, un retournement de situation lié à la position de force des Normands. Guillaume tergiverse et réunit son conseil.

– Ces gens me proposent le trône, mais quel crédit puis-je leur accorder ? Ce sont les mêmes, ou leurs pères, qui prétendaient me reconnaître comme successeur d'Édouard voici quinze ans ! Chaque jour, nous devons mater des actes d'insoumission, voire de révolte. Et puis, Londres n'est pas l'Angleterre, et celle-ci est encore loin d'être pacifiée. Si elle se soulevait en masse, je serais la risée du monde entier, ridicule sous ma couronne dérisoire.

– Mon frère, objecte Odon de Bayeux, le duc de Normandie aurait-il renoncé à sa proie ? Ces notables ploient sous ton joug, ils t'offrent ton héritage : prends-le !

– J'hésite à me faire couronner seul. Je voudrais avoir Mathilde à mon côté, qu'elle devienne reine le jour où je serai roi. Mais impossible de lui faire traverser le Chenal en cette saison. Pourquoi devrais-je me presser pour atteindre un sommet qui m'est promis ?

Guillaume Fitz-Osbern intervient.

– Je suis d'accord avec toi, et j'y vois une autre raison : une fois que tu seras roi, qui sait ce que deviendra la duché ? Tous nos barons voudront leur part du butin ; je pressens rivalités et jalousies mesquines fort préjudiciables à l'unité normande !

– Seigneurs, assez ! On m'avait dit les Normands réfléchis, je ne les savais pas pusillanimes !

Les visages se tournent vers l'insolent. Aimeri de Thouars est l'un des Poitevins présents à Hastings, un vaillant combattant, un digne chef de guerre aimé et respecté, et aussi un brillant orateur.

– Seigneur duc, dit-il à Guillaume, nous savons tous ce que nous vous devons. Entendez à votre tour ce que vous nous devez ! Certes, je m'en rends bien compte, il n'est guère d'usage qu'un prince tel que vous consulte ses vassaux comme vous le faites, mais puisque vous nous accordez l'honneur d'entendre

Itinéraire de l'armée normande du champ de bataille de Hastings à Londres.

notre avis, voici le mien : chacun de nous vous veut pour roi, et ceci dès demain ! Vous êtes déjà souverain en nos cœurs, soyez-le donc en droit ! Vous y gagnerez encore en considération et en richesse, et nous aussi, car notre puissance est liée à la vôtre. L'Angleterre tout entière pliera.

– Aimeri a raison ! dit une voix.

– Oui, approuve une autre. Il dit vrai.

Le discours du chevalier a porté, Guillaume fléchit. Avait-il réellement hésité à marcher vers son destin ?

– Eh ! bien, soit, puisque vous m'en priez : je serai roi à Noël.

Londres est encore largement ceinturée par l'ancienne enceinte romaine. Établi à Barking, aux portes de l'Essex, Guillaume la fait d'abord renforcer au sud-est pour prévenir toute intrusion par l'estuaire de la Tamise. Il contrôle ainsi la ville par un rempart circulaire surmonté d'une palissade défensive, selon la méthode expérimentée à Hastings. La position stratégique de cette fortification lui suggère certainement la future mise en chantier de la Tour Blanche (dite *Tour de Londres*) qu'il fera ériger en cette même place.

Il ne veut pas que son couronnement soit celui d'un envahisseur, mais qu'il revête la légitimité de l'usage anglo-saxon. La coutume germanique veut que le successeur d'un monarque défunt soit choisi parmi des prétendants de sang royal. N'est-il pas apparenté à Édouard par sa grand'tante Emma ? Sans doute, ce raisonnement fait fi du court règne de Harold, lui aussi apparenté à Édouard par sa sœur Édith, mais comment prendre en compte cette parenthèse usurpatrice dans la lignée royale ? Stigand voulait occuper la première place, ce sera Ealdred. Pas question de se faire couronner par un évêque excommunié, qui plus est impliqué dans la consécration de Harold ! La cérémonie se tient dans l'abbatiale de Westminster le 25 décembre 1066. Tout autour, des hommes en armes montent la garde, face à une population plutôt hostile.

Guillaume fait son entrée solennelle par le grand portail, entre Ealdred et – malgré tout – Stigand qui lui servira d'auxiliaire. Les nefs sont combles ; dans leurs laudes, les choristes invoquent Notre-Dame, St-Michel et St-Raphaël, puis ils souhaitent longue vie et victoires au sérénissime roi Guillaume, grand et pacifique, couronné par Dieu. Quand le duc parvient à l'autel où se tenait Harold un an plus tôt, presque jour pour jour, Geoffroi de Coutances demande en normand à l'assemblée son consentement à ce qui doit suivre. Un tonnerre d'acclamations résonne sous le plafond en bois de l'abbatiale romane.

À ces cris, les soldats postés à l'extérieur croient à une révolte ! Pour contenir la populace, ils repoussent violemment les badauds et mettent le feu aux maisons qui leur font face, un acte qui aurait pu ravager la cité entière, si l'abbaye n'avait été construite à l'écart, sur un terrain quasi vierge. C'est à ces bruits assourdis par l'épaisseur des murs que le duc de Normandie prête serment. La main sur les évangiles, il jure de protéger l'Église et ses serviteurs, de gouverner selon les lois du royaume et de maintenir l'ordre public aussi bien que ses prédécesseurs. Là, agenouillé, il reçoit enfin la couronne qu'Ealdred lui pose délicatement sur la tête. Lequel est le plus ému en cet instant, de l'archevêque d'York à qui échoit un honneur inattendu, ou du duc devenu roi ?! L'aboutissement de tant d'espoirs, de tant de luttes ! Sans doute pense-t-il à son cousin Édouard, dont le corps repose presque sous ses pieds ; ou bien se rappelle-t-il qu'il est venu au monde trente-neuf ans plus tôt ? Un beau parcours !

Ainsi coiffé, Guillaume se prosterne à terre, imité par tous les évêques. Après le *Kyrie Eleison*, les prélats se relèvent et demandent à l'assistance de prier pour le roi, à l'unisson avec Ealdred. Ceci fait, Guillaume se remet debout pour recevoir l'onction du saint chrême. Le voici à présent de rang égal à ceux du roi de France ou de l'empereur germanique ! Ainsi s'achève la cérémonie du sacre, au terme d'une année qui aura vu se succéder trois rois d'Angleterre. Peu après lui parvient la nouvelle de la mort de Conan II de Bretagne, son dernier ennemi déclaré sur le continent.

Monnaie à l'effigie de Guillaume Ier d'Angleterre.

Couronnement de Guillaume. (Assor BD.)

Il a désormais les moyens de sa politique. Il commence par fermer les voies de communication avec les earldoms du nord dont il craint les actions belliqueuses. Il conserve à sa cour une partie de l'entourage d'Édouard, dont son chapelain Regenbald et Robert Fitz-Wimarch, homme de confiance du roi défunt. Toutes les terres des morts de Hastings sont confisquées et redistribuées aux Normands et à leurs alliés, conformément aux promesses faites sur Telham Hill, une attribution accompagnée de la recommandation d'y gouverner selon la justice et l'équité. Les survivants de la bataille devront, eux, racheter leurs propres domaines pour pouvoir y résider ! L'ensemble du pays est frappé d'impôts supplémentaires.

Il n'oublie pas l'Église. Pour remercier le pape de son soutien, il fait parvenir à Alexandre II la bannière *le Combattant*, l'une des enseignes de Harold qui flottaient sur le champ de bataille, et aussi de l'or, de l'argent et de luxueux ornements.

Le roi entend conforter sa position militaire et déjà en janvier la Tour Blanche commence à s'élever rive gauche, au sein de la redoute circulaire en bois dressée en hâte un mois plus tôt. À son plus fidèle ami Guillaume Fitz-Osbern, qu'il fait earl de Hereford, il confie la surveillance de la mer à l'ouest, des frontières galloises et de l'intérieur du royaume. À Hugues de Grantmesnil, Winchester. Odon de Conteville devient earl de Kent ; il réside à Douvres, ce qui lui permet de veiller à la sécurité du sud-est de l'Angleterre. Le demi-frère du roi pense déjà à l'élaboration d'une broderie historiée pour sa cathédrale de Bayeux : les ateliers monastiques de son nouveau domaine y pourvoiront, sur ses indications et celles des acteurs de Hastings. Elle racontera le parjure de Harold, sa juste punition et le couronnement de Guillaume. Partout, le royaume va se hérisser de nouvelles forteresses : Exeter, Arundel, Lewes, Rochester, Norwich, Gloucester... et des dizaines d'autres.

Guillaume est retourné vivre à Barking, au nord-est de Londres, d'où il contrôle les travaux de la Tour, et où il reçoit les notables saxons qui lui apportent présents et rançons, de quoi doter généreusement les établissements religieux de Normandie, et même de France. Une noria de navires y envoie de nombreux cadeaux. Les bateaux reviennent chargés de pierre blonde, ce précieux calcaire normand qui servira à édifier les châteaux anglais et tant d'églises ! Jumièges est richement dotée, elle reçoit l'île de Hayling, entre Portsmouth et Chichester. Guillaume signe le document par cette formule : « Seigneur de Normandie et roi d'Angleterre par droit héréditaire » !

En mars 1067, il réside à Norwich, dont il compte faire la deuxième ville du royaume, plus sûre qu'York face aux menaces scandinaves. Avec Edwin et Morcar, le temps semble au beau fixe. Copsi, ancien compagnon de Tostig, et Waltheof, earl de Northampton, lui offrent leurs services, qu'il accepte.

La paix difficile

Enfin, courant mars, le duc-roi décide de franchir le Chenal en sens inverse, pour célébrer Pâques sur sa terre natale. Nostalgie, besoin de parader devant les siens ? Toujours est-il qu'il juge opportun de quitter momentanément son royaume, dont il confie la garde à Odon et à Fitz-Osbern. Symboliquement, il embarque dans cette baie de Pevensey qui l'a accueilli six mois plus tôt. Sa flotte d'invasion a passé là l'hivernage. Avec lui viennent ses nouveaux « amis » saxons : Edwin, Morcar, Waltheof et Edgar ; un thegn du Kent, l'abbé de Glastonbury et le dangereux Stigand, qu'il ne veut pas laisser derrière lui. Invités ou otages, ils accompagnent le roi dans son périple. Les bateaux sont gréés d'une voile blanche, signe de victoire suivant la tradition antique ! C'est sans doute à bord du Mora qu'il effectue la traversée.

Quel est le trajet du retour ? Les chroniques sont muettes sur ce point. Il a pu traverser le pays de Caux, mais une remontée de la Seine n'aurait pas manqué de panache face à ses hôtes. Il fait à Rouen son entrée triomphale le 8 avril. Bien que ce soit Carême, l'enthousiasme et les réjouissances sont au rendez-vous : les monastères se vident à son passage, aux cris de *Dex aïe ! Noël ! Longue vie au duc !* La Normandie célèbre le vainqueur de l'Angleterre ; plus encore, elle fête le retour de son prince. Le duché se porte comme un charme, fort bien gouverné en son absence. Il fait ses Pâques à Fécamp, en son abbatiale de la Sainte-Trinité qui se voit richement dotée : juste récompense pour un monastère dont l'aide à la conquête a été importante, tant par le nombre de combattants et de moines envoyés que par le soutien de ses possessions anglaises au niveau du renseignement, venant particulièrement du prieuré de Winchelsea, tout près de Hastings.

Donjon normand de Rochester (Kent).

Une sculpture saxonne à l'abbaye de Rochester.

1. *Donjon normand du château de Norwich.*
2. *Le donjon de Nordwich richement orné comme une cathédrale.*

Les Normands ne restent pas entre eux. Parmi les invités de marque, on reconnaît le comte Raoul de Valois, beau père de Philippe Ier qui voit d'un mauvais œil l'ascension de son ambitieux voisin. La cérémonie dépasse en grandiose tout ce qu'on a connu à ce jour dans le duché : riches vêtements saxons brodés d'or, pierreries, pléthore de serviteurs, luxueuse vaisselle anglaise ornée elle aussi d'or finement ciselé à la manière des ancêtres nordiques. Les nobles saxons font l'objet d'une curiosité de zoologistes de la part des Normands qui les trouvent « beaux comme des jeunes filles » avec leurs cheveux longs et clairs !

Guillaume en profite pour hâter la consécration d'édifices religieux par le pieux Maurille : l'abbatiale Notre-Dame le Ier mai à St-Pierre-sur-Dives, puis Notre-Dame de Jumièges le Ier juillet, deux prestigieuses églises qui impressionnent les visiteurs anglais par leurs proportions. Tous les évêques normands sont présents, sauf Odon de Bayeux demeuré dans le Kent. Maurille mourra peu de temps après ces épuisantes cérémonies, le 9 août 1067. Guillaume veut le remplacer par Lanfranc qui décline l'offre et lui fait choisir Jean d'Avranches, apparenté au duc. Toujours abbé de St-Etienne, Lanfranc ira lui-même à Rome chercher le pallium de son protégé, et conforter les relations diplomatiques entre le pape et Guillaume.

Autre décès de l'année : celui de Baudouin de Flandre, le père de Mathilde, qui sonne comme un rappel aux dures réalités.

Car les nouvelles sont alarmantes. Des opposants nouent des liens avec l'Écosse, l'Irlande, la Flandre et le Danemark, dont le roi Sven jouit de la sympathie saxonne. A l'intérieur, des bandes de hors-la-loi harcèlent les Normands dans des embuscades meurtrières. En Northumbrie, le thegn Copsi est assassiné. A l'ouest, deux seigneurs gallois attaquent le Hereford qu'ils pillent sans pour autant ébranler la puissance de Guillaume Fitz-Osbern. Le pire survient dans le Kent. Retiré sur ses terres à la suite d'un différend avec le roi, Eustache de Boulogne – à présent parfaitement guéri de sa blessure de Hastings ! – crée une diversion au nord de la Tamise pour éloigner

1. Statue d'évêque sur le mur sud du chevet de la cathédrale de Norwich. Il pourrait s'agir de Herbert de Lopenna.

2. La nef de la cathédrale normande de Norwich présente beaucoup de similitudes avec celle de Saint-Étienne de Caen.

3. Héritage artistique de l'Église saxonne, linteau sculpté de la cathédrale de Southwell (Lincolnshire).

l'armée d'Odon, traverse le Chenal et occupe Douvres sans combat avec l'aide de Saxons, comptant contrôler le trafic maritime du Pas-de-Calais. Or, si la ville est prise, le château résiste ! Sa garnison fait une sortie contre les intrus dont la plupart sont massacrés ou se fracassent dans leur fuite au pied des falaises.

Pour ces raisons, Guillaume ne veut pas s'éterniser en Normandie. Il en confie derechef la garde à Mathilde, et pour la première fois à leur fils aîné Robert, qui est dans sa seizième année. Le vieux Roger de Beaumont fera la traversée avec lui. L'embarquement a lieu le soir du 6 décembre 1067, au havre d'échouage de la rivière Deppa, dont la position au nord de Rouen suscitera la création du port de Dieppe. Peut-être reprend-il le bateau à l'endroit précis d'où il en est descendu au printemps précédent. Il débarque le lendemain dans le Kent, à Winchelsea. À Noël, il réunit sa cour à Londres.

Cela fait déjà un an que le duc règne sur l'Angleterre. Et voici qu'à Exeter où elle vit depuis la bataille de Hastings, Gytha, la mère de Harold, déclenche un mouvement de rébellion qui contraint Guillaume à prendre lui-même la tête de son armée, dans laquelle il parvient pour la première fois à incorporer des effectifs saxons : la colonisation est en marche ! Il met le siège devant la ville, dont les portes s'ouvrent au bout de dix-huit jours. Un effet miraculeux de sa seule présence, qui se vérifiera plusieurs fois au cours de cette période de pacification de l'Angleterre, celle des premières années du règne.

Les Normands ne sont plus, il est vrai, au temps de la conquête proprement dite : la répression tend à se montrer compréhensive, aussi douce que possible, du moins pour cette fois : il s'agit de ménager ses sujets ! Dans sa clémence, Guillaume maintient les privilèges de la cité, mais il ordonne la construction d'un château fort, pour prévenir toute nouvelle velléité de révolte. Un seigneur de l'Hiesmois, le Normand Baudouin de Meulles, fils de son précepteur Gilbert de Brionne, le tiendra sous sa coupe et veillera au maintien de l'ordre. Quant à Gytha, elle ne peut que s'enfuir en Irlande avec ce qui reste du clan des Godwin. Des mois plus tard, les trois ultimes rejetons de Harold reviendront de Dublin sur les côtes du Somerset avec 54 bateaux, mais sans plus de succès : ils sont repoussés par la garnison royale que dirige le Saxon Ednoth, qui du reste laisse la vie dans l'aventure. La normannisation de l'Angleterre va bon train.

De son côté, Guillaume a poussé son avantage d'Exeter jusqu'en Cornouailles, qu'il pacifie et confie, tout comme le Devon, à Robert de Mortain, déjà détenteur de nombreux fiefs. Le demi-frère du duc devient de ce fait le deuxième seigneur d'Angleterre par l'étendue de ses biens, juste derrière le roi.

Au printemps 1068, Guillaume peut enfin donner corps à son rêve de décembre 1066 : faire couronner sa chère Mathilde reine d'Angleterre ! Une première en ce pays où la femme du roi n'a encore jamais porté ce titre. En vieux saxon, femme se dit *cwene*, qui donnera l'anglais *queen*.

Dix-huit mois après son mari, la voici donc à Westminster le dimanche de la Pentecôte, flanquée de sa suite où figurent l'évêque Guy d'Amiens et ses enfants, sauf Robert resté en Normandie. La cour royale s'y est réunie, en vertu d'un circuit protocolaire calqué sur celui de la cour ducale normande : désormais, les souverains fêteront la Pentecôte à Londres, Noël à Gloucester et Pâques à Winchester, du moins dans la mesure du possible.

1. *Façade de l'abbatiale de Jumièges.*
2. *Nef et vestiges de la tour-lanterne.*
3. *Détail de sculpture sur l'abbatiale de Jumièges.*
4. *Elévation de la nef.*
5. *Intérieur de la nef.*

(1, 3 et 5 : Jeannine et Alain Bavay.)

On trouve présents l'inévitable Stigand, et Ealdred d'York, qui préside cette fois encore à la cérémonie ; les évêques de Bayeux, Coutances et Lisieux ; ceux de Sherborne, Exeter, Londres, Elmham, Selsey, Hereford, Worcester, Dorchester ; quatre grands abbés anglais ; Guillaume le Roux et Richard, deux des fils du couple royal ; l'earl de Mercie Edwin ; Waltheof, à qui Guillaume a confié Northampton ; les grands seigneurs normands, dont Robert de Mortain, Roger de Montgomery, Gautier Giffard et Hugues de Montfort.

L'earl de Northumbrie, Morcar, est resté sur ses terres. L'Aetheling Edgar s'est exilé en Écosse, auprès du roi Malcolm qui épousera sa sœur Marguerite.

Guillaume projette de marier une de ses filles avec l'earl de Mercie Edwin, pour qui il a beaucoup d'estime, et sa nièce Judith avec Waltheof. Une habile manière d'asseoir sa dynastie sur un socle anglo-saxon.

Mathilde est enceinte. Conçu en Normandie l'année précédente, Henri naîtra cette année 1068. Il sera un jour duc de Normandie et roi d'Angleterre.

Le vieux York est encore presque entièrement ceinturé par un mur défensif.

Enceinte de York et chemin de ronde.

L'embrasement du royaume

Tout irait pour le mieux si certains sujets des nouveaux monarques ne leur donnaient quelque inquiétude. Attisée par l'opposition saxonne émigrée en Écosse, les earldoms du nord s'agitent.

Edwin a quitté la cour royale pour retrouver sa Mercie. Simple souci de bien gérer ses terres, ou début d'insoumission du gendre pressenti par Guillaume ? Toujours est-il que celui-ci décide de « visiter » ces fiefs septentrionaux qu'il ne connaît pas encore, lors d'une de ces « promenades militaires » qu'il affectionne tant. Chemin faisant, les bords de la Trent lui semblent favorables à la construction d'un ouvrage fortifié : ce sera le château de Nottingham.

À York, où il s'attendait à rencontrer une résistance autochtone, il entre sans combat. Il confie la Northumbrie et la Bernicie (avec résidence à Durham) au chevalier normand Robert de Comines, et ordonne l'édification d'une motte défensive au cœur d'York, l'ancienne capitale de l'enclave scandinave du *Danelaw*, au confluent des rivières Foss et Ouse, qui constitueront les douves naturelles du nouveau château.

Tandis qu'il retourne vers Londres, le roi décide encore de fortifier Lincoln, ainsi que Huntingdon et Cambridge, villes qui font partie du domaine de l'earl Waltheof.

Cet état de grâce ne dure pas : le 28 janvier 1069, une révolte menée par les thegns de Northumbrie conduit à l'assassinat du tout récent earl Robert de Comines, derrière les murs mêmes de l'évêché de Durham où il résidait, par des habitants chargés de haine à l'égard des Normands. Les insurgés ont pris la route d'York, dont ils tuent le châtelain. Toutefois, les fortifications de bois élevées six mois plus tôt ont tenu bon : la garnison royale ne s'est pas rendue et garde fermement la place contre un ennemi supérieur en nombre. Efficacité du savoir-faire normand !

Les habitants, eux, font acte d'allégeance à Edgar, toujours en Écosse. Plus pour longtemps : il franchit la frontière avec ses partisans, dans l'intention d'achever la prise d'York. Au château, Guillaume Malet a pris le commandement des opérations. On se rappelle comment ce preux chevalier avait vaillamment combattu à Hastings, et procédé à l'inhumation discrète de Harold au lendemain de la victoire.

Vite informé de ces tragiques événements, Guillaume ne tarde pas à réagir. Et, selon son habitude, c'est en personne qu'il parvient au pied des remparts d'York dont il disperse les assiégeants par sa seule présence. Il les poursuit dans leur retraite au nord, jusqu'à la Tees qu'ils franchissent en désordre pour se réfugier en Ecosse.

York est sauvé, mais l'alerte a été rude. Le roi y ordonne la construction d'un second château, à l'ouest du cours de l'Ouse, afin de renforcer les défenses existantes. Il remercie Guillaume Malet pour sa pugnacité, le confirme dans ses fonctions, et place la Northumbrie sous l'autorité de son vieil ami Guillaume Fitz-Osbern, qui dirige déjà le centre du royaume et, à l'ouest, les comtés touchant au Pays de Galles. Le fils d'Osbern de Crépon se montrera aussi efficace que l'attendait le duc-roi : il réprime impitoyablement toutes les nouvelles velléités de soulèvement qui se font jour. De sorte qu'à Pâques, tout est rentré dans l'ordre : il peut partir rejoindre Guillaume qui tient sa cour de printemps à Winchester.

À l'approche de l'été toutefois, le roi préfère renvoyer en Normandie Mathilde et Henri, leur dernier-né : simple mesure de précaution en attendant que la pacification soit pérennisée. Mais sur le continent aussi, la situation se dégrade.

Le Maine accepte difficilement la domination du duc de Normandie. Certes, son fils aîné Robert a été proclamé comte du Maine, mais il est veuf de Marguerite avant même d'avoir eu le temps de l'épouser ! Or, en tant que fille de l'ancien seigneur du Mans, elle était la seule à pouvoir donner à ce titre de comte une légitimité reconnue par tous, fût-ce de mauvais gré.

Cet été 1069, une émeute dirigée contre l'évêque Vougrin, un fidèle de Guillaume, s'étend sous la pression de Geoffroi de Mayenne, qui s'est uni avec la tante de Marguerite, Gersent, une fille du comte Herbert Ier. Elle et son fils Hugues V deviennent de fait seigneurs du Maine, sans égard pour le « comte » Robert, qui demeure dans le duché de son père. Tous les chevaliers normands chassés par les nouveaux maîtres l'y rejoignent très vite.

Trop préoccupé par son royaume d'Angleterre, Guillaume ne peut pour l'instant réagir. Difficile de régner également de part et d'autre du Chenal ! Tout au plus maugrée-t-il en lui-même contre son benêt de fils, incapable de maintenir l'ordre dans le comté qu'il a reçu des mains de son père…

Car l'Angleterre n'a pas fini de susciter les convoitises étrangères. A la fin du mois d'août, 240 navires chargés de Danois et de mercenaires longent les côtes hollandaises. Ils arrivent face à Douvres, où les défenseurs normands les obligent à passer au large, puis sur les côtes du Suffolk. Les équipages parviennent à débarquer à Ipswich, mais les autochtones les repoussent, sans égard pour ces « libérateurs » qu'ils n'attendaient pas. Ils n'ont pas plus de succès à Norwich, où la garnison de Raoul de Gaël se montre efficace.

L'expédition est menée par Ásbjörn, frère de Sven Estrithson. Comme son nom l'indique, ce dernier est un fils d'Estrith, donc un neveu du roi Knut le Grand. Voici donc le retour des prétentions danoises à la couronne d'Angleterre ! Deux fils de Sven accompagnent Ásbjörn dans son équipée.

Finalement, c'est encore une fois par l'estuaire du Humber que les envahisseurs réussissent à s'engouffrer pour mettre pied à terre. Un coin est planté dans le royaume de Guillaume ; il reste encore à l'enfoncer afin de faire éclater la fragile unité territoriale. C'est à quoi vont s'employer les éternels rebelles à la couronne normande. Voyant dans le débarquement danois une possibilité d'alliance qui servirait leurs intérêts, l'Aetheling Edgar et l'earl Waltheof se joignent à Ásbjörn. Le fils de Siward de Northumbrie mesure-t-il alors l'ampleur de l'outrage qu'il inflige à son roi, à Guillaume qui lui a promis en mariage sa nièce Judith ?

Le duc-roi apprend ces nouvelles alarmantes tandis qu'il se livre à sa distraction favorite, la chasse, en forêt de Dean, non loin du Pays de Galles. Début septembre, le voici à nouveau en marche vers York. York, cible traditionnelle des Scandinaves, tout comme elle est celle des insurgés d'Angleterre ! York, centre nerveux, verrou militaire du nord de son royaume.

Comble de malchance, l'archevêque d'York, le Saxon Ealdred acquis au fils d'Herlève, est mort le 11 septembre, privant la ville d'un important soutien. Le 21, face à l'attaque danoise et rebelle, Guillaume Malet ne peut rien faire d'autre qu'incendier la cité qu'il est chargé de défendre, avant de s'enfuir avec toute sa famille, au terme d'un combat inégal. C'est une terrible débâcle, au cours de laquelle des centaines de Normands sont tués.

Animé d'une immense fureur et du souci d'en finir, Guillaume et son armée parviennent à disperser les Danois et leurs alliés, qui refluent au nord de Lincoln, pour se réfugier au cœur des marais, sur l'île d'Axholme.

Un malheur n'arrivant jamais seul, des troubles éclatent dans le Devon, le Somerset, le Dorset, le Cheshire et les Cornouailles, jugulés par Geoffroi de Montbray et Guillaume Fitz-Osbern.

Le roi confie la surveillance de la Northumbrie à Robert de Mortain et à Robert d'Eu, et se charge de rétablir lui-même l'ordre dans le Staffordshire, lui aussi ébranlé. Après quoi, il retourne vers York, objet de toute son attention, car il vient d'apprendre que la coalition ennemie s'est vantée de passer la Noël dans cette ville ! Las ! L'Aire est en crue. Il doit patienter trois semaines avant de bénéficier d'un gué, rendu praticable par la baisse du niveau de l'eau, découvert par l'un de ses chevaliers, Lisois de Moutiers, qui sondait le cours avec sa lance .

A son approche, les rebelles s'enfuient encore une fois, pendant que les Danois se retranchent sur le Humber, à bord de leurs bateaux. Plutôt que de risquer un assaut qui pourrait tourner au désastre sur ce terrain difficile, Guillaume choisit de passer un accord avec eux : puisque l'hiver est là, il les laissera tranquilles jusqu'au printemps, il les ravitaillera même ; puis, il leur permettra de rentrer chez eux sans être

Face aux rébellions du nord de l'Angleterre, Guillaume ordonne à son armée une répression féroce. (F. Coune.)

inquiétés. Ceci fait, il ordonne de les surveiller pour éviter tout débarquement de leur part.

Cette fois, rien n'oblige plus le roi à quitter les lieux. Il fait remettre en état les deux châteaux endommagés, prend les mesures nécessaires à la pacification de la région, et s'établit à York où il fête Noël.

Des armes et des âmes

Guillaume poursuit les insurgés saxons vers le nord, jusqu'à la Tees (qui constitue la limite nord de l'ancien *Danelaw* scandinave), pratiquant la politique de la terre brûlée. Comme toujours dans ce cas, les habitants sont facilement confondus avec les rebelles dont ils subissent le sort. Ils s'enfuient, se terrent, meurent de faim et de froid, si toutefois ils sont parvenus à échapper à la répression royale, aux massacres perpétrés par les troupes normandes. C'est l'une des périodes les plus noires du règne de Guillaume. Mais comment aurait-il pu venir à bout autrement de la résistance saxonne ? Avec quelle armée aurait-il pu quadriller ses earldoms en ébullition ? Vingt ans après, les campagnes dévastées ne se seront toujours pas relevées de ces tragiques événements.

Une fois les rebelles soumis, le roi pardonne à leurs chefs, ainsi qu'il l'a souvent fait et le fera encore. Waltheof vient à lui repentant et rentre en grâce. L'Aetheling Edgar, lui, est prudemment retourné en Écosse.

Guillaume doit à présent rentrer à York, mais c'est déjà février 1070, et l'hiver est rude. La progression de son armée se révèle particulièrement pénible, dans le froid, la grêle et le vent. Une fois même, le roi s'égare, en compagnie de six chevaliers, et ne retrouve que très difficilement son chemin, après une nuit d'errance en terre hostile. Enfin, de retour à York, il doit le quitter sur-le-champ, car des troubles ont éclaté aux frontières du pays de Galles. Et c'est le départ pour Chester, de nouvelles opérations de maintien de l'ordre, au cours desquelles certains de ses soldats commencent à renâcler contre ces incessants déplacements particulièrement éprouvants pour eux et leurs montures : beaucoup de chevaux meurent en chemin, et leur servent de nourriture ! Les réclamations émanent surtout de Bretons, d'Angevins et de Manceaux. Guillaume n'en poursuit pas moins sa tâche. Il affirme à ses guerriers qu'ils se verront récompensés de leurs efforts, et libérés de leurs obligations dès qu'ils auront vaincu leurs ennemis. Ce qui arrive enfin.

Il confie Shrewsbury à Roger de Montgomery, fait élever un château à Stafford, un autre à Chester qu'il confie au Flamand Gherbrod, puis à Hugues d'Avranches. À Salisbury, il libère ses troupes comme promis… à l'exception des protestataires, à qui il inflige un service supplémentaire de 40 jours !

Pourtant, les autres ne sortent pas indemnes de leurs aventures. Même s'ils ont, pour la plupart, servi « leur duc » sans piper mot, l'éloignement de la terre natale leur pèse lourdement. Pour tout arranger, leurs épouses restées au duché commencent à trouver le temps long ! Par des lettres enflammées, elles supplient leurs maris de rentrer au logis. Elles les menacent, même, de les remplacer s'ils tardaient trop à les satisfaire ! La perspective de trouver un autre homme dans les bras de leur femme, alliée à un solide mal du pays – Dieu ! Que ces Saxons sont différents des Normands ! – décident certains des vainqueurs de Senlac à faire demi-tour. Parmi eux, Hugues de Grantmesnil, seigneur de Winchester, et Onfroy du Teilleul, seigneur de Hastings. À regret, Guillaume autorise ces Normands à rentrer chez eux, mais confisque les fiefs qu'il leur avait confiés. Ils devront désormais se contenter de leurs possessions continentales.

Pendant ce temps, les Danois meurent en masse sur le Humber, de faim, de froid, de maladie. Quand le temps leur permettra de rentrer chez eux, ils ne seront plus qu'une poignée. À Pâques 1070, Guillaume est à Winchester. Il en profite pour enfin marier sa nièce Judith au comte Waltheof, espérant ainsi faire rentrer définitivement le turbulent seigneur saxon dans les rangs anglo-normands. Puis il s'en va présider un important concile.

Jusqu'alors, Guillaume était le jouet de sa propre politique, toujours entre deux fiefs, entre deux earldoms, entre deux complots, entre deux chevauchées. Parce qu'il marque une pause dans l'action militaire, le concile de Winchester, prévu de longue date, est l'occasion tant attendue de prendre les décisions nécessaires à l'évolution du royaume. L'heure des règlements de comptes a sonné.

Pour le duc de Normandie, l'Histoire se répète. En 1055, il avait fait déposer son oncle Mauger au profit du bon et sage moine fécampois Maurille. Cette fois-ci, s'il ne s'agit pas de quelqu'un de la lignée de Hrolf, il n'en est pas moins aussi redoutable qu'un Richardide. Guillaume avait réussi à laisser en marge de son couronnement, et de celui de Mathilde, l'âme damnée de Harold, le tortueux Stigand, en poussant devant lui l'archevêque d'York Ealdred. Ce dernier étant mort, il est temps de se débarrasser définitivement de l'archevêque. Ermenfroi de Sion, le légat du pape, avait procédé quinze ans plus tôt à la destitution de Mauger ; le voici de retour, avec deux assistants. Ce 4 avril 1070, à l'instigation du roi, les trois prélats pontificaux le mettent en accusation, brossant de sa carrière le plus noir des tableaux.

– Tu as failli aux lois canoniques ! s'entend dire le primat d'Angleterre. Pendant que tu étais évêque de Winchester, tu t'es emparé de l'archevêché de Cantorbéry qui n'était pas vacant, cumulant ainsi deux sièges, au mépris de nos lois. Tu as osé recevoir le pallium des mains d'un faux pape, l'imposteur Clément, te plaçant de toi-même hors de la Sainte Église apostolique et romaine.

Guillaume hoche la tête. A ses yeux, ces manquements à la règle sont péchés véniels, face aux nombreux complots que le prélat a ourdis dans son dos, à ses revirements successifs, et surtout, au pire de ses crimes : le couronnement de l'usurpateur Harold, le 6 janvier 1066 !

Pour toutes ces raisons, Stigand est déposé malgré ses protestations. Il entraîne dans sa chute les évêques de Selsey et d'Elmham (en Estanglie), Aethelric et Aethelmaer, ce dernier étant le propre frère du primat déchu. Quant à l'évêque de Durham, Aethelwine, frère d'Aethelric, il jouira d'un sursis de quelques mois, quatrième victime de l'épuration de Winchester qui prive l'Église saxonne de ses principales têtes.

Stigand disparaît aussitôt. Porteur d'immenses richesses accumulées au cours de sa tumultueuse existence, il prend le chemin propre à beaucoup d'Anglo-Saxons en disgrâce, celui de l'Écosse, où il rejoint l'Aetheling Edgar pour un exil de courte durée, auquel la mort mettra un terme deux ans plus tard.

Si le concile de Winchester avait pour principale ambition de faire place nette, ce ne fut pas la seule : il fallait aussi payer les fautes commises pendant la conquête. C'est alors que le temporel se met en accord avec le spirituel, d'où une série de pénitences canoniques à l'intention de l'ost ducal. Ainsi, trois périodes sont prises en considération.

Concernant Hastings, chaque homme tué le 14 octobre 1066 donnera lieu à un an de pénitence – de nature non précisée – ; chaque blessé à quarante jours seulement ! Bien difficile de tenir une telle comptabilité dans le feu de l'action, *a fortiori* de s'y retrouver trois ans et demi après la bataille ! Mais l'Église a réponse à tout : dans l'ignorance du nombre de leurs « méfaits », les guerriers s'astreindront à un jour hebdomadaire de pénitence, pour une durée laissée à la discrétion de leur évêque, sauf s'ils ont procédé au rachat de leurs fautes par la construction d'une église ou, à défaut, par le versement volontaire d'un tribut ecclésiastique ! Des pénitences spéciales sont prévues pour les hommes d'Église qui ont porté les armes sur le champ de bataille. Les manieurs d'armes de jet – archers et arbalétriers –, dont les traits frappent à leur insu, se plieront à une durée de pénitence de trois carêmes. Il est vrai que cette piétaille est nettement moins fortunée que la chevalerie…

La deuxième période considérée va de Hastings au couronnement, soit du 15 octobre au 25 décembre 1066 : trois ans de pénitence par homme tué au cours de pillages, sauf si ces meurtres ont été commis afin de pourvoir aux nécessaires besoins du ravitaillement ; dans ce cas, la peine est réduite d'un tiers.

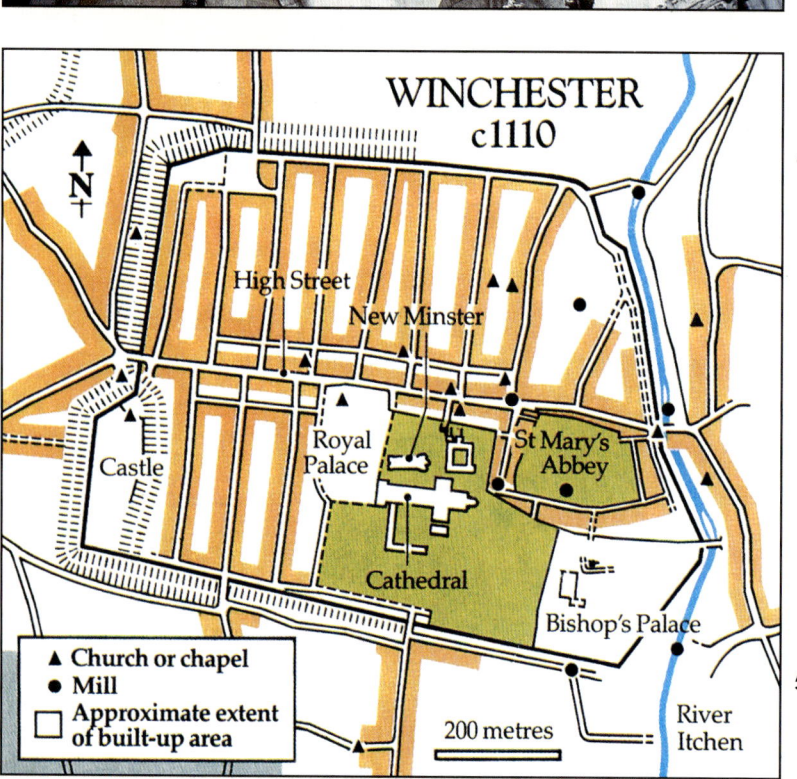

1. *Winchester, élévation de la nef.*
2. *Cathédrale de Winchester. Elévation de la nef, avec la trinité normande : collatéraux, tribunes, galeries.*
3. *Plan de Winchester. Au début du XIIe siècle l'ancienne capitale du Wessex a été presque entièrement reconstruite par les Normands.*
4 et 5. *Crypte romane de la cathédrale de Winchester.*

Enfin, toute mort de rebelles en armes provoquée après le couronnement donnera lieu aux pénitences relatives à la bataille. Chaque meurtre d'un homme désarmé implique les peines canoniques prévues en cas d'homicide volontaire. Quant aux actes commis à l'encontre des églises, ils relèveront du droit commun, comme les viols et les vols.

Par ce concile, Guillaume effectue réellement une seconde conquête de l'Angleterre. Il s'assure ainsi l'appui d'une Église locale aux abois, en attendant de pourvoir par des hommes à lui au remplacement des évêques destitués. Ce sera l'affaire de sa cour la plus proche ; celle de la Pentecôte, qui se tient à Londres, et plus précisément à Windsor.

Par une plaisante coïncidence homonymique, c'est un autre Stigand qui reçoit alors l'évêché de Selsey, où il succède à Aethelric, dont la destitution avait été mal acceptée un mois plus tôt. Une fois cette concession faite au clergé local, il s'agit à présent de servir les Normands : Gauchelin obtient Winchester; et Herfast reçoit Elmham.

Depuis la mort d'Ealdred, York était sans prélat. Par tradition, ce siège archiépiscopal revient de droit à l'évêque de Worcester. Il devrait donc échoir à Wulfstan, homme de grande valeur, sage et érudit. Or, Guillaume a envie de poursuivre sa normannisation de l'Église anglaise ; va-t-il céder à ce penchant, ou se plier à l'usage ? C'est alors qu'intervient Odon de Bayeux.

– Mon frère, lui dit-il, comme tu le sais, j'ai pour gardien de mon trésor cathédral un excellent clerc du nom de Thomas, aussi lettré que Wulfstan, mais acquis aux intérêts normands. Il est du reste ancien élève au Bec de notre Lanfranc. Nul autre que lui ne saurait mieux saisir les rênes de l'Église du nord de l'Angleterre. Avec ton assentiment, cela va sans dire.

– Thomas ? Va pour ton protégé : Thomas d'York, si l'assemblée en veut pour succéder à Ealdred, comme j'ai des raisons de le penser !

– Et pour Cantorbéry, mon frère ?

– Je proposerai notre cher Lanfranc. S'il édifie l'Église d'Angleterre avec la même célérité que pour son Abbaye aux Hommes de Caen, nous pouvons fonder sur lui de sérieux espoirs.

– Mais l'abbé de St Étienne a-t-il cette ambition ? Il a préféré céder à Jean d'Avranches l'archevêché de Rouen. Je me demande si, au fond de son cœur, il ne regrette pas sa cellule du Bec, les vertus de l'esprit aux exigences du pouvoir.

– Lanfranc est un sage, c'est bien pourquoi j'ai besoin de lui à Cantorbéry, à ton côté. Avec lui aux âmes et toi aux armes, le Kent est en de bonnes mains, et partant, le royaume tout entier !

Le 29 août 1070, à environ 65 ans, le Lombard est sacré primat d'Angleterre, en sa cathédrale de Cantorbéry : premier acte d'une nouvelle carrière qui le verra étroitement lié à Guillaume dans son gouvernement. Cela ne va pas de soi de prime abord. Quelques mois après la cérémonie, déçu par le niveau de culture et de piété de ses subalternes, Lanfranc écrit à Alexandre II pour se faire relever de ses fonctions, une démarche qui demeure sans suite. Dès lors, Lanfranc se jette dans sa tâche avec abnégation, et ce grand bâtisseur lance l'immense chantier de reconstruction de sa cathédrale qu'un incendie avait endommagée en 1067.

La question des évêques étant réglée, il restait à pourvoir d'abbés les monastères qui n'en avaient plus. À Peterborough, Turold de Fécamp, ancien abbé de Malmesbury, remplace le défunt Brand. Un choix politique : « Il est plus chevalier que prélat », aime dire le duc à son propos.

À l'accalmie de Winchester succède un regain d'activité militaire. Au printemps 1070, une nouvelle flotte danoise pénètre dans l'estuaire du Humber, en vertu d'une vieille pratique nordique d'invasion. Menée cette fois par le roi Sven Estrithson en personne, elle entend venger l'affront subi l'hiver précédent par son frère Asbjörn. En apprenant cette incursion, Hereward, petit thegn saxon du Lincolnshire, joue sa propre carte. Il se retranche avec ses partisans à Ely, qui est alors une île au cœur des marécages, où il se fortifie. Il se livre aux alentours à des coups de main, dont le plus célèbre demeure le pillage du monastère de Peterborough, où l'abbé Turold n'a pas eu le temps d'arriver pour entrer en fonctions.

Si la présence de ces deux corps hostiles ne menace en rien le pouvoir royal, elle n'en constitue pas moins une gêne pour Guillaume, qui décide de négocier avec les étrangers. Contre une importante somme d'argent, les Danois acceptent de vider les lieux. Les rebelles de l'irrédentiste Hereward, eux, continuent à se cantonner en leur retranchement d'Ely, bientôt rejoints par les earls Edwin et Morcar, décidément réfractaires à la présence normande.

De l'autre côté du Chenal, en Flandre, la succession du beau-père de Guillaume donne lieu à une lutte fratricide. En effet, Baudouin VI, un frère de la duchesse-reine Mathilde, est mort peu de temps après leur père, le 16 juillet 1070, laissant deux fils mineurs. Leur mère, Richilde, régente en tant que veuve de Baudouin VI, se retrouve face aux ambitions de son beau-frère Robert le Frison, contre lequel elle sollicite, d'une part l'aide du roi de France Philippe Ier, d'autre part l'appui du duc de Normandie. Celui-ci, trop occupé par la situation intérieure anglaise pour régler en personne la question de la Flandre, en charge son meilleur ami, Guillaume Fitz-Osbern, qui réside alors dans le duché. Héros de Hastings, grand seigneur anglo-normand et fidèle compagnon du roi, il se lance sur la route comme pour une simple opération routinière de maintien de l'ordre – Orderic Vital écrira : « comme pour aller à un tournoi » –, flanqué d'une dizaine de chevaliers seulement. Or, parvenu à Cassel, en Flandre (entre Dunkerque et Hazebrouk), c'est à une véritable armée frisonne que le conroi doit faire face. La lutte est inégale : ce 20 février 1071, Guillaume Fitz-Osbern est tué au combat.

Le duc-roi est effondré : c'est comme s'il venait de perdre un frère. Accablé de chagrin, il va faire son deuil rageusement, dans l'action, en exerçant l'art de la guerre. Résolu à réduire le nid de résistance d'Hereward, il fait jeter, au printemps 1071, sur les marais d'Ely, une chaussée en bois de plus de trois kilomètres de long à l'intention de sa cavalerie ! L'été venu, son armée se rue sur les rebelles, vite vaincus grâce à l'aide des moines qui renseignent les Normands. Hereward, toutefois, parvient à s'échapper. Capturé, Morcar est envoyé en Normandie, sous la garde de Roger de Beaumont. Tandis que son frère Edwin s'enfuit vers le nord pour franchir la frontière écossaise, il est assassiné par ses propres compagnons qui espèrent ainsi gagner le pardon royal. Pire : ils apportent à Guillaume la tête du rebelle ! Furieux, le roi les chasse, et pleure celui dont il avait espéré faire son gendre.

À l'automne 1072, il attaque l'Écosse, par terre et par mer. Le roi Malcolm s'enfuit dans les Highlands, puis il se soumet et reconnaît Guillaume pour vassal. Edgar s'exile en Flandre, dans cette Flandre désormais sous la coupe de Robert le Frison, ennemi de la Normandie. L'alliance réalisée vingt ans plus tôt par le mariage de Mahaut est réduite à néant.

En 1073, c'est au tour du Maine de subir les assauts de Guillaume. Pas question d'abandonner ce fief à l'Angevin Foulques le Réchin ! Car c'est à ce dernier que les bourgeois du Mans ont fait appel, excédés par la domination de Geoffroi de Mayenne. L'Anjou aux portes de la Normandie, c'est plus que ne peut en supporter son duc ! Il suit le cours de la Sarthe, fait tomber Fresnay, Beaumont, Sillé, puis s'empare du Mans.

À Pâques 1073, il tient sa cour à Bonneville-sur-Touques, d'où il reprend la mer en direction de son royaume.

Entre Saxons et Bretons

De retour en Angleterre, Guillaume apprend la mort du pape Alexandre II, survenue le 4 avril. Son successeur, Hildebrand, a pris le nom de Grégoire VII. Né à Soano vers 1020, ce fin théologien toscan va entreprendre une réforme du clergé qui lui vaudra de nombreuses inimitiés, notamment celle de l'empereur Henri IV.

Dans le royaume, la situation politique semble normalisée. Or, réfugié en Flandre, Edgar reçoit au cours de l'été 1074 le port stratégique de Montreuil, des mains de Philippe Ier en personne. C'est l'effet d'une coalition bien comprise contre Guillaume. Le raisonnement du roi de France est simple : que l'Aetheling traverse le Chenal pour s'emparer de la couronne de Guillaume ! Appâté, le prétendant s'exécute, mais rate son débarquement. C'en est fini de son séjour flamand : Edgar se retranche en Écosse, avant de se soumettre humblement à Guillaume. Celui-ci pardonne à l'arrière-petit-fils d'Ethelred, trop heureux de le voir quitter le service du roi de France et du comte de Flandre. Il lui remet même l'earldom de Hertford, au nord de Londres – il sera ainsi facile à surveiller ! – où il s'établit et sort définitivement de l'histoire d'Angleterre.

Le duc-roi peut enfin souffler et jouir de son trône. La couronne, toutefois, lui a quelque peu enflé la tête. On peut être politique avisé, et céder à la fatuité inhérente à l'exercice du pouvoir ! Guillaume inflige volontiers à son entourage une ostentation de nouveau riche : il se présente orné de broderies d'or, de fourrures, de parements de pierres précieuses qui tranchent radicalement avec la tenue guerrière du vainqueur de Hastings. La cour le flagorne outrageusement.

Un jour pourtant, lors d'un festin, un de ses bouffons, faisant son entrée dans la salle, tombe en arrêt face à lui et, feignant la stupéfaction, s'exclame en s'agenouillant :

– Que vois-je ici, en ce palais ? Mais oui, c'est Dieu en personne qui rayonne devant moi ! Regardez bien, seigneurs et nobles dames ! Voici Dieu ! Voici Dieu !

Dans la grand'salle, les conversations privées s'éteignent. Lanfranc hoche la tête. Ce qu'un courtisan doit taire à jamais, les bouffons peuvent se l'autoriser : ne sont-ils pas fous, et du reste, recrutés pour leurs saillies, traits d'esprit et autres écarts de langage ? Mais cette fois-ci, personne ne rit, et surtout pas Guillaume qui entre dans une de ses célèbres colères.

– Par la splendeur de Dieu ! rugit-il. Voyez l'insolent ! Qu'on se saisisse de lui ! Dix coups de bâton à ce drôle pour lui apprendre à ne plus blasphémer ! Et qu'il ne paraisse plus jamais devant moi, ou je lui fais arracher la langue !

Tandis que les gardes empoignent l'imprudent, le roi poursuit :

– L'imbécile ! Jadis, un fou m'a sauvé la vie, celui-ci me l'empoisonne. Ne me le tuez pas, surtout, et ne lui cassez rien !

– Guillaume, lui dit Lanfranc, ce bouffon dans sa folie n'a pas tort. Tu te pares d'atours que même le pape n'oserait arborer, comme si tu craignais que le monde ignore encore ta fortune. Vas-tu me faire bastonner ?

– Allez, les jongleurs, divertissez-nous !

À peu de temps de cet incident, un tragique épisode va frapper Guillaume de plein fouet, et sans doute modifier le cours de l'Histoire. Tandis qu'il chasse près de Winchester, Richard, le troisième fils du couple ducal, se tue d'une chute de cheval. Il a seize ans, et n'a même pas encore été armé chevalier.

– Seigneur, lui explique Eudes de Ryes, la gorge nouée, le prince avait levé un daguet. Il a piqué des deux, lâchant la bride pour ajuster son tir. Son destrier a pris le galop, mais tandis que notre pauvre bachelier lâchait sa flèche, sa tête a heurté la basse branche d'un chêne qui l'a désarçonné. Sa nuque s'est brisée contre une grosse pierre. Ah ! Seigneur, quel malheur !

Guillaume est livide. Voici quatre ans, Fitz-Osbern, et aujourd'hui, Richard ! Oh ! bien sûr, il y a déjà eu Agathe, censée épouser Herbert du Maine, puis Harold de Wessex ; il l'avait finalement promise à Alphonse de Galice, mais elle était morte en cours de route, sans avoir pu atteindre la demeure de son fiancé. Elle reposait désormais en terre normande, dans la cathédrale de son frère Odon, à Bayeux. Certes, mais il la connaissait si peu : les filles sont élevées avec les femmes, loin des jeux de la chasse et de la guerre. Une fille est une fille. Tandis que Richard…

– Pourquoi ? poursuit-il à voix haute en se tournant vers Lanfranc. Pourquoi lui ?

Il n'ose ajouter devant son conseiller : pourquoi Richard, et non Robert ? L'a-t-il vraiment pensé ? Oui, sans doute, un bref instant, sans même s'en

Le château de Fresnay domine le cours de la Sarthe.

Donjon de Fresnay-sur-Sarthe. A droite : la porte d'entrée du château.

rendre compte : le diable a dû lui souffler cette ignoble mise en balance de sa progéniture. Robert ! Léger, inconséquent, dépensier et débauché, incapable d'assumer le gouvernement de son fief, Comte du Maine ! Et un jour, duc de Normandie ! Car Guillaume la lui a solennellement promise. Il s'y est engagé voici neuf ans, juste avant de partir pour l'Angleterre ; il avait confié le duché à son fils aîné. Oui, c'était au cas où… Or, s'il n'était pas mort, grâce à Dieu, à présent qu'il était roi, sa promesse tenait toujours. Il n'y avait rien à y changer. Sauf si… Mais c'était Richard qui était mort. Richard qui réunissait toutes les qualités de ses parents : l'intelligence, le courage, l'excellence équestre, l'habileté aux armes de son père ; la prestance, la bonté, la générosité, le savoir, l'amour de sa mère… Malgré la promesse faite à Robert, il avait forgé le secret espoir de voir Richard lui succéder, bien que le droit d'aînesse de Robert et de Guillaume le Jeune l'eût plutôt destiné à la robe d'abbé ou à celle d'archevêque. Comme leur dernier, du reste : à cinq ans, Henri savait déjà lire, il avait tout pour faire un clerc. Oui, Richard aurait été duc et roi après lui ; Guillaume aurait trouvé un moyen, il se serait arrangé avec sa parole. À présent, c'était trop tard. Un châtiment divin ? Et, s'adressant à Lanfranc :

Si la branche de ce maudit arbre ne l'avait frappé dans la fleur de ses seize ans, au galop de ce maudit cheval, dans cette maudite forêt que mon orgueil a fait planter pour y satisfaire ma vaine passion de la chasse !

– Ne brûle pas ce que tu as adoré et adores encore, Guillaume, ce serait te renier toi-même.

– Des idoles, Lanfranc ! Des veaux d'or !

– Tu chasses toi-même dans la Forêt-Neuve, n'est-ce pas, sans égard pour les soixante familles dont tu as fait raser les maisons pour laisser place aux hêtres, aux bouleaux… et aux chênes ?! Aux étangs, aux layons et aux allées sans fin ! Ce que tu adores, c'est la vie. Or, aimer la vie, c'est aimer Dieu qui l'a donnée.

Guillaume hoche la tête, perdu dans ses pensées.

Au printemps 1075, Guillaume est à nouveau en Normandie. Il lui faut s'éloigner de l'Angleterre, de la

Forêt-Neuve, de ces Saxons qui lui complique la vie. Lanfranc le lui a conseillé : qu'il parte, le duché le réconforterait. Il a raison, bien sûr. Lanfranc a toujours raison !

À Norwich, la cathédrale célèbre l'union de Ralph de Gaël et d'Emma de Hereford. Le marié est fils d'une Bretonne et de Ralph l'Ecuyer, un Saxon du Norfolk, fidèle d'Édouard le Confesseur jusqu'à sa mort en janvier 1066, année où il s'est rallié à Guillaume de Normandie. En 1070, Ralph hérite du Norfolk. Né en Angleterre, il ne considère pas la nouvelle dynastie avec la même sympathie que son défunt père.

Pure Normande, elle, sa femme Emma est fille de Guillaume Fitz-Osbern, le meilleur compagnon du Conquérant, mort en mission en 1071 face aux Flamands. Tenant de la seigneurie de Breteuil, son frère Roger est dorénavant earl du Hereford que le Bâtard avait confié au fils de son précepteur.

Entre le Norfolk (ou Estanglie) et le Hereford, on trouve les earldoms de Northampton et de Bernicie, tenus par Waltheof, ancien rebelle saxon, époux de Judith, la nièce de Guillaume !

Le décor est planté pour une tragédie antique, ou plutôt pour un drame shakespearien, où les plus viles ambitions surmontent les liens de l'honneur et du sang.

Car la nouvelle administration du royaume n'a pas l'heur de leur plaire. Roger de Breteuil voit d'un mauvais œil l'arrivée de tous ces vicomtes, dénommés ici *sheriffs*, envoyés par Guillaume pour faire la loi dans les earldoms. Son beau-frère aussi, et plus encore que lui (puisque né sur place) fortement imprégné de hiérarchie saxonne, et totalement imperméable à l'organisation normande. De sorte qu'après la cérémonie nuptiale, trois hommes se trouvent réunis.

– L'occasion est trop belle, dit Ralph, de nous débarrasser de l'usurpateur. Que ce bâtard demeure en Normandie, car s'il revient ici, il nous trouvera en travers de sa route !

– Ses crimes nous sont connus, enchérit Roger de Breteuil. Tous ceux qui lui ont déplu ont été pourchassés, bannis, enfermés ou empoisonnés !

– Et voici, reprend Ralph, qu'il fait peser sur l'Angleterre la chape de sa tyrannie, sur un royaume qu'il a volé à ses héritiers naturels. De plus, ses partisans eux-mêmes n'ont rencontré qu'ingratitude au lieu des récompenses promises ; ses guerriers blessés n'ont reçu que des terres incultes. Débarrassons-nous de son emprise, tandis qu'il se trouve outremer avec son armée !

– Ton peuple nous suivra-t-il ?

– A vrai dire, les Anglais sont plus occupés à la culture de leurs terres qu'à la reconquête de leur liberté ; aux banquets et à l'ivresse qu'à la gloire des champs de bataille. Toutefois, ils n'en désirent pas moins venger la mort de leurs parents. Je me charge de rallier tous les Bretons d'Angleterre. Il en viendra d'autres du continent. Beaucoup d'autres.

S'adressant à Waltheof, Ralph de Gaël poursuit :

– Notre heure est venue. Vous pouvez vous venger des vexations reçues et recouvrer la puissance qu'on vous a ravie. Vos terres, associées aux nôtres, constituent le tiers du royaume. En combattant au nord comme au sud, il nous sera loisible d'y ajouter les deux tiers restants. Restaurons le royaume d'Edouard que vous avez comme mon père si longtemps servi ! Que l'un de nous soit roi, et les deux autres ducs : ainsi nous partagerons-nous tous les honneurs de l'Angleterre.

Mais l'earl de Northampton ne se joint pas à l'enthousiasme de ses compagnons.

– La prudence s'impose, leur rétorque-t-il. Tout homme en tout pays doit, avec intégrité, garder la foi en son seigneur. Le roi Guillaume a reçu la mienne comme le supérieur de l'inférieur. Il m'a donné en gage sa propre nièce et il m'admet désormais au nombre de ses commensaux les plus intimes. Comment pourrais-je le trahir ?

Les comploteurs font grise mine. Croyant trouver un complice, ils font face à un danger potentiel. Ils insistent encore, le pressent d'accepter. Waltheof finit par jurer le secret : il n'agira pas, mais ne révélera à personne ce qu'il sait.

Le soulèvement se produit peu après. En l'absence du souverain, c'est Lanfranc qui mène la contre-attaque. Par l'est, il envoie les évêques combattants Odon de Bayeux et Geoffroi de Coutances, ainsi que Richard de Bienfaite et le seigneur de Lewes, Guillaume de Varenne, tous deux responsables de la justice royale, qui font reculer les insurgés. Roger de Hereford est bloqué sur ses terres, à l'ouest de la Severn. Car à Worcester, contre toute attente, l'évêque Wulfstan a résolument pris le parti de Guillaume, tout comme Ethelwig, abbé d'Evesham. Le Gloucestershire se rallie lui aussi à Gautier de Lassy, qui tient la région militairement. Le soulèvement espéré par les insurgés n'a pas eu lieu.

De son côté, Ralph de Gaël est bloqué à l'ouest du Norfolk. Laissant Norwich sous la garde de sa femme Emma, dans le château construit peu après 1066, il part chercher des renforts en Bretagne armorique, tandis que d'autres sont sollicités au Danemark.

Dès le début du mouvement, Lanfranc a expédié un courrier à Guillaume pour l'informer d'une situation qu'il juge maîtrisable.

« L'earl de Hereford, lui dit-il, a renié la foi que son père avait toute sa vie conservée en son duc et roi, qui lui avait procuré tant de richesses. C'est avec grand plaisir que nous vous reverrions parmi nous, tel un messager de Dieu. Toutefois, ne vous hâtez pas, car ce serait grande honte pour nous de vous faire rentrer pour nous aider à venir à bout d'une poignée de voleurs et de traîtres ». Lanfranc se garde bien de mentionner le rôle d'Emma : il suffit qu'il apprenne que son frère Roger a trahi la confiance royale !

Guillaume est furieux à ces nouvelles, et déçu plus encore.

– Par la splendeur de Dieu ! s'écrie-t-il. Passe encore pour Ralph, ce Saxon mâtiné de Bretonne, mais Roger ! Roger, l'héritier de mon regretté Guillaume, le petit-fils de mon pauvre précepteur Osbern de Crépon, qui a donné sa vie pour sauver la mienne ! Et Waltheof, à qui j'ai tant pardonné, jusqu'à lui accorder la main de Judith ! Maudits félons ! N'a-t-il donc pas suffi que je souffre de la mort de Richard !? Il faut que Dieu m'inflige cette nouvelle épreuve !

En Angleterre, tout rentre vite dans l'ordre. Emma capitule après trois mois de siège. Norwich est occupé par les Normands et trois cents hommes d'armes. Les renforts danois arrivent trop tard. Dépités par leur échec, ils cabotent au nord jusqu'au Humber et pillent le Yorkshire, avant de rentrer chez eux par la Flandre.

En attendant le retour du roi, la répression est exemplaire. On coupe le pied droit à tous les insurgés, pour qu'on puisse à jamais les identifier comme traîtres. Plus question pour Ralph de retourner dans son Norfolk ! Il demeure en Bretagne, sans pour autant renoncer à sa lutte contre Guillaume.

Ses affaires réglées en Normandie et en Maine, le duc-roi finit par rentrer en Angleterre, pour célébrer Noël 1075 à Londres et assister au jugement des coupables. En tant que fille de Guillaume Fitz-Osbern, Emma est autorisée à se retirer en Bretagne. Les terres de Ralph de Norfolk sont confisquées. En vertu des lois normandes, Roger de Breteuil perd lui aussi tous ses biens continentaux et insulaires. Condamné à la détention perpétuelle, il bénéficiera d'un traitement de faveur, plus assigné à résidence que prisonnier grâce à ses origines familiales. Cela n'empêchera pas le petit-fils d'Osbern de Crépon de faire preuve d'une insupportable arrogance. Un jour de Pâques où Guillaume lui avait fait parvenir de somptueux vêtements, il fait allumer un grand feu où il précipite les cadeaux royaux : un manteau brodé, une tunique de soie et un manteau de fourrure. C'en est trop pour le duc de Normandie.

– Ah ! vraiment, s'écrie-t-il, c'est un trait d'insolence et d'orgueil que de me faire un tel affront ! Désormais, par la splendeur de Dieu, tant que je serai en vie, cet homme demeurera en prison !

Cette promesse sera tenue au-delà du délai indiqué. Le fils de Fitz-Osbern mourra plus tard que Guillaume, sans avoir été libéré de la tour de Rouen où séjournait toujours l'otage Wulfnoth, frère de Harold Godwinson.

Guillaume supprime les earldoms de Hereford, Northampton et Norfolk, que ses sheriffs administrent désormais directement au nom du roi. Reste le cas Waltheof, à qui Lanfranc avait conseillé de se jeter aux pieds de Guillaume pour implorer son pardon. Or, le temps n'est plus au pardon. Renvoyé à plusieurs reprises, son procès se tient en mai 1076 à Winchester. Il nie s'être joint au complot, mais le simple fait d'en avoir été mis au courant sans l'avoir dénoncé joue en sa défaveur. Outre son silence coupable, on l'accuse d'avoir fait appel aux Danois. Pire : sa femme Judith vient témoigner contre lui.

Reconnu coupable de haute trahison, il mérite la mort selon le droit saxon, et la prison à vie assortie de la confiscation de ses biens d'après le droit normand, qui pourrait lui être appliqué en tant que vassal du duc-roi. Or, saxon par sa naissance, Waltheof l'est encore plus par les circonstances de la rébellion : on le condamne à avoir la tête tranchée. A l'aube du 31 mai, il est extrait de sa geôle pour être conduit sur une colline qui domine Winchester ; ce sera son Golgotha.

Comme il est fréquent à l'approche de la mort, le fils de Siward s'est rapproché de Dieu. Très pieux pendant son emprisonnement, c'est serein que « cet homme de taille élevée et élégante » selon Orderic Vital monte vers le lieu de son supplice, tandis que le peuple dort encore. Quelques pauvres sont là-haut, à qui il distribue ses vêtements, puis il se prosterne jusqu'à terre pour prier. Leurs épées affûtées rangées au fourreau, les bourreaux s'impatientent, anxieux de devoir exécuter un homme de cette qualité. La populace ne va-t-elle pas accourir, avertie par la rumeur publique, pour leur faire un mauvais parti ? Ils relèvent le condamné, lui accordent une dernière oraison. A genoux, les yeux au ciel et les bras écartés, il récite le *Notre Père* :

« Pater noster, qui es in coelis... » Quand il prononce « Et ne nos inducas in tentationem », les pleurs l'étreignent, il sanglote. C'est l'instant que met à profit l'un des bourreaux pour lui ôter la vie. Sans qu'il la voie arriver, l'épée lui fait sauter la tête d'un coup bien ajusté. Le nationalisme saxon s'emparera de l'événement. La légende affirme que la tête coupée de Waltheof a encore prononcé les mots « Sed libera nos a malo. Amen » et fait presque un saint du supplicié. Il est possible que sa supposée piété finale relève de la même ferveur populaire.

Sur ordre de Guillaume, son corps demeure sur place deux semaines, enterré sommairement, puis Judith, sa dénonciatrice, obtient de son oncle la permission de l'enlever. Visketil, abbé de Crowland, vient le retirer et procède à son inhumation dans le chapitre des moines.

Guillaume sait que même les Normands désapprouvent l'exécution de Waltheof. Où donc est passée sa légendaire mansuétude ? Raison d'état : en lui faisant couper la tête, c'est tout le parti saxon qu'il a décapité. Cette révolte sera la dernière : dix ans après Hastings, les Anglais ont fini par comprendre qu'ils avaient changé de maître. Le rideau tombe sur une scène ensanglantée.

Joies et épreuves pour la famille ducale

1077 est une année mitigée, pour Guillaume comme pour le souverain pontife. C'est là qu'éclate au grand jour la querelle des investitures, une crise qui mine les rapports entre Grégoire VII et Henri IV. En 1076, le maître du Saint-Empire romain germanique avait fait désavouer le pape par un synode allemand. Rome avait répondu par l'excommunication de l'insolent. Le 28 janvier 1077, toutefois, l'empereur implore et obtient son pardon au château de Canossa, en Émilie, pour une trêve qui allait durer trois ans.

Rien de tel en Normandie ! Voici bien longtemps que son duc procède lui-même à la nomination des évêques sans rendre aucun compte au Vatican. Bien sûr, il a bénéficié du soutien d'Alexandre II à la « guerre sainte » de 1066 contre le parjure Harold, mais ce temps-là est révolu. Grégoire VII ne peut plus rien apporter à Guillaume, qui désormais ne se prive pas de lui tenir tête ouvertement. Lanfranc prétend-il se rendre aux conciles papaux ? Le duc-roi le lui interdit, et le primat d'Angleterre s'incline sans protester. Aussi l'Église anglo-normande vit-elle sa vie, libre et fastueuse, sans se soucier le moins du monde des exigences romaines, ce qui ne l'empêche pas de prospérer, bien au contraire. Car 1077 sera une année de grandes consécrations d'édifices religieux.

Le 14 juillet, Odon préside à celle de sa cathédrale de Bayeux, totalement reconstruite après son incendie, sauf la crypte que le feu avait épargnée. L'orgueilleux earl de Kent a mis dans la cérémonie toute l'ostentation dont il est coutumier. Bien en évidence devant la population en liesse, les saintes reliques du diocèse, sur lesquelles Harold s'est parjuré onze ans et demi plus tôt, rappellent à tous le rôle qu'elles ont joué après la mort d'Édouard le Confesseur. L'évêque chevalier resplendit sous ses plus beaux atours sacerdotaux, foncièrement guerrier sous la mitre qui lui sied moins que le casque à nasal de la colline de Senlac. Et surtout, il y a, tendue à hauteur d'œil pour la première fois depuis sa confection, cette longue et admirable bande de toile de lin écru, qui raconte l'histoire de la conquête d'Angleterre !

On la voit dès qu'on a franchi le portail occidental du sanctuaire largement ouvert sur le parvis bajocasse. Elle fait très exactement le tour de la nef, en partant de la gauche par la scène d'Édouard sur son trône, passe devant la croisée du transept qui évoque le départ de la flotte de conquête, juste au pied de la tour-lanterne, et revient enfin vers l'ouest par le bas-côté sud, jusqu'à l'épisode du couronnement du duc en Westminster.

– Eh ! bien, Guillaume, dit Odon à son demi-frère. Mes moines et moniales du Kent n'ont-ils pas merveilleusement travaillé ?

Ci-contre : **la crypte romane de l'abbaye aux Dames présente beaucoup de similitudes avec celle de Bayeux.**

Ci-contre : **les tours de façade d'après cette maquette. Elles sont conservées bien que « rhabillées » à l'époque gothique.**

Ci-dessous : **Notre-Dame de Bayeux a été consacrée le 14 juillet 1077. Maquette de la cathédrale romane exposée dans le déambulatoire du chœur.**

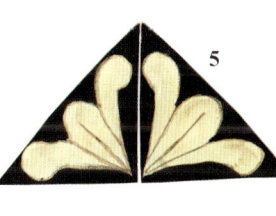
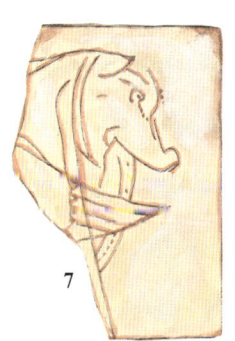

1 et 2. *Détail de la Broderie de Bayeux montrant une galerie (scène 33) sur la côte normande, dominant un port d'échouage et l'interprétation graphique de ce décor brodé. Elle présente trois arcades en plein-cintre et elle est surmontée d'un toit à quatre pans. Elle semble être en bois peint avec un toit en tuiles vernissées. (Ville de Bayeux et interprétation graphique par Georges Bernage.)*

3 et 4. *Lors des bombardements de 1944, sur le site de l'ancienne abbaye bénédictine de Notre-Dame-du-Pré, à Saint-Désir de Lisieux, ont été mis au jour des carreaux de pavage uniques en Normandie et même en France. Outre leur qualité esthétique, ces pavés représentent des innovations techniques. Ainsi, à partir de carreaux de terre peu compressés et d'épaisseur irrégulière (15 à 32 mm), un dessin tracé à la pointe délimite les zones recevant une fine incrustation d'engobe recouverte de vernis. D'autres sont creusés de cavités garnies d'une pâte de verre colorée. Nous voyons ici l'un de ces carreaux conservés (2) et de grandes dimensions (14x14,3 cm) rassemblés (sur le dessin 3) en un motif garnissant la partie centrale de l'édifice. (Musée du Vieux Lisieux et EG/Heimdal d'après relevés archéologiques.)*

Voici maintenant la reconstitution d'un élément de pavage légèrement plus tardif, daté du XIᵉ siècle ou du début du XIIᵉ siècle, provenant de la Tour aux clercs de l'abbaye Saint-Ouen de Rouen. Il est composé de pavés rectangulaires jaunes (de 7,5 x 4 cm), triangulaires bruns (7,5 cm de côté) et de petits hexagones bruns (4 cm de côté) évidés au centre pour placer un élément circulaire jaune - cet assemblage forme des rosaces à 6 rais. C'est un motif courant dans le domaine anglo-normand : dans la crypte romane de la cathédrale de Rouen (avec des éléments de pierre), à l'abbaye cistercienne de Rievaulx (North Yorkshire) mais sans l'ornement central circulaire. Les carreaux sont conservés au Musée des Antiquités de Rouen. (E.G./Heimdal d'après relevé archéologique.)

Le duc-roi hoche la tête ; il passe comme une ombre sur son visage rasé de près.

– Si fait, Odon, si fait.

– Je l'ai ordonnée en ton honneur, reprend Odon avec entrain. Tu y figures aux meilleures places.

– Certes, dit le duc avec un rictus ironique. Tu ne t'es pas oublié non plus !… A vrai dire, je suis en train de me demander si cette broderie est censée pérenniser ma gloire, ou fixer la tienne pour l'éternité.

Un sourire carnassier éclaire les traits de l'évêque de Bayeux.

– Quelle importance, mon frère ? C'est toujours celle de la Normandie.

Guillaume saisit son interlocuteur par le bras et lui assène posément ces mots :

– Vois-tu, Odon, je crois que Dieu a bien ordonné le monde : la mitre sur ta tête, et la couronne sur la mienne. Cet ordre des choses est immuable et parfait, puisque c'est Dieu qui l'a voulu…

En 1077 sont encore consacrées la cathédrale d'Évreux et l'abbatiale St-Étienne de Caen. Sa façade est à l'image de celui qui l'a fait édifier : grande, lisse et altière. Aucune fioriture, aucune sculpture sur les portails, tout au plus quelques sobres chapiteaux sur les fenêtres géminées haut perchées des tours jumelles, et des colonnes engagées qui donnent un air normand aux bandes lombardes voulues par Lanfranc qui les a agrémentées d'arcatures aveugles : c'est tout l'orgueil du duché qui bombe le torse face à la terre entière !

L'intérieur est aussi implacablement dépouillé : une nef de huit travées avec des collatéraux voûtés d'arêtes, sous d'audacieuses tribunes aux esquisses d'arcs-boutants intégrées à la voûte, dans une extra-ordinaire prémonition de l'architecture du siècle suivant.

Au-delà du transept, le chœur et l'abside s'apprêtent à accueillir les autorités ecclésiastiques et civiles pour la cérémonie de consécration au premier martyr chrétien. Sans doute, à proximité, une église paroissiale est déjà dédiée à St-Étienne, mais là, c'est autre chose : il s'agit d'une abbatiale réservée aux moines bénédictins.

– C'est ici, murmure Guillaume, c'est ici que je veux reposer : à la croisée du transept, juste sous cette tour lanterne habilement ouvragée. Cette abbaye est la mienne.

Elle résume à elle seule tout le savoir-faire des bâtisseurs normands, dotée des plus belles innovations d'une architecture que les Français diront romane, et les Anglais… normande. Guillaume peut être fier de son Abbaye aux Hommes. Pour sa dédicace, ce 13 septembre 1077, onze ans après celle de l'Abbaye aux Dames, il tient plus que tout à la présence de Lanfranc qui en fut l'architecte, le maître d'œuvre et le premier abbé. Il vient de consacrer dans le Kent sa nouvelle cathédrale de Cantorbéry. À Caen, il a retrouvé son successeur, Guillaume Bonne-Âme, et l'archevêque de Rouen Jean d'Avranches, en présence de toute la cour royale. Comme Guillaume, Lanfranc est parfaitement conscient de ce que représente l'abbaye qu'il a conçue.

Peu après, c'est le tour de Notre-Dame du Bec, dédicacée devant son fondateur octogénaire, le vieil Hellouin, quelques mois avant sa mort. Son successeur,

Saint-Etienne : la tour-lanterne et première travée de la nef.

Saint-Etienne : élévation de la nef.

Une remarquable sobriété : façade de l'abbatiale Saint-Etienne de Caen.

le prieur Anselme d'Aoste, deviendra archevêque de Cantorbéry à la mort de Lanfranc, en 1093.

Ces cérémonies sont autant d'occasions solennelles de contenter le peuple, tout en montrant au monde la puissance spirituelle et temporelle de la Normandie, y compris à ceux des Anglais qui en douteraient encore.

Hélas ! en dépit de ces réjouissances communes à l'Eglise et à la noblesse – un ciment de rigueur pendant tout le Moyen-Âge –, Guillaume allait être meurtri dans sa chair cette année-là. En décembre, Rotrou, comte du Perche, manifeste des velléités d'expansion : une attitude dont sont coutumiers les voisins du duché. Pour rétablir l'ordre sur sa frontière orientale, Guillaume s'en va séjourner en Pays d'Ouche avec quelques dizaines de guerriers expérimentés ; pas besoin de mobiliser l'ost pour cette opération de routine, son armée régulière y suffira. Il s'est même fait accompagner par sa famille : Mathilde est là, ainsi que leurs trois fils, Robert, Guillaume et Henri. Ils logent tous chez l'habitant, dans le bourg de Richer, qu'on commence à appeler *L'Aigle*, parce que vers 1020, lors de la construction du château, un couple de ces rapaces a été découvert dans un grand arbre de la paroisse, ce qui parut de bon augure. Un riche bourgeois, Roger Cauchois, dont le patronyme révèle l'origine et laisse supposer des liens étroits avec la cour ducale souvent présente à Rouen, Lillebonne et Fécamp, est trop heureux d'offrir l'hospitalité aux rejetons royaux.

Robert a dépassé d'un ou deux ans le quart de siècle. Prince sans cervelle, il porte depuis 1063 le titre de comte du Maine sans jamais s'être investi d'une quelconque mission dans ce fief assujetti par héritage à la Normandie. Il faut préciser à la décharge du jeune homme que son père n'hésite pas à se parer du titre de son fils, et que Robert, qui aurait dû épouser Marguerite, la sœur du feu comte Herbert II (mort en 1062), n'a jamais pu réaliser cette union, sa promise étant décédée trop tôt. Alors, l'aîné du duc se laisse aller à son penchant naturel pour la débauche, le bon vin, les soirées entre amis, et dépense sans compter les deniers que lui octroient ses parents.

1. Une des portes romanes de l'enclos abbatial de Cantorbéry.

2. Crypte de Cantorbéry.

3. Mur normand au sud du transept.

4. Crypte romane de la cathédrale de Cantorbéry.

1

3

2

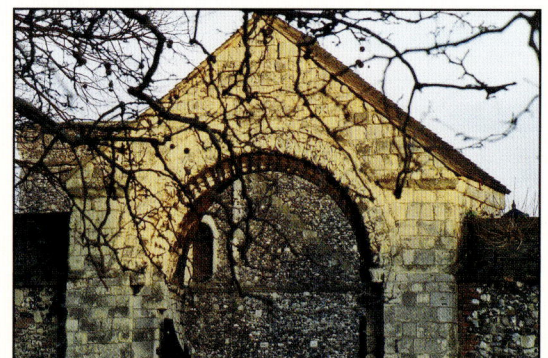

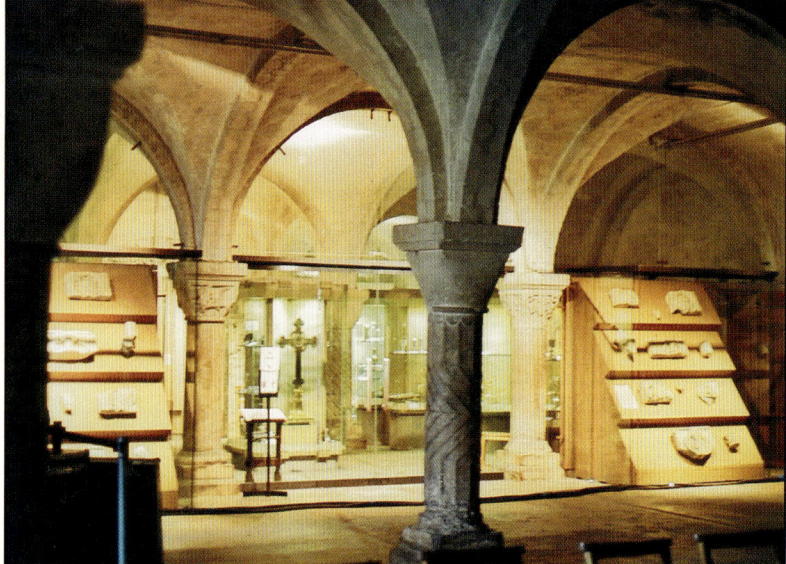

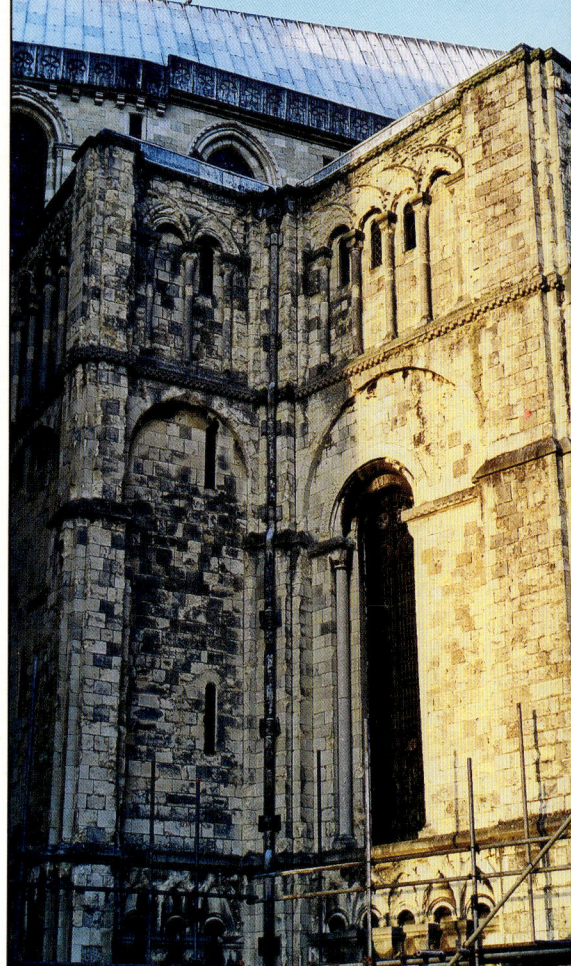

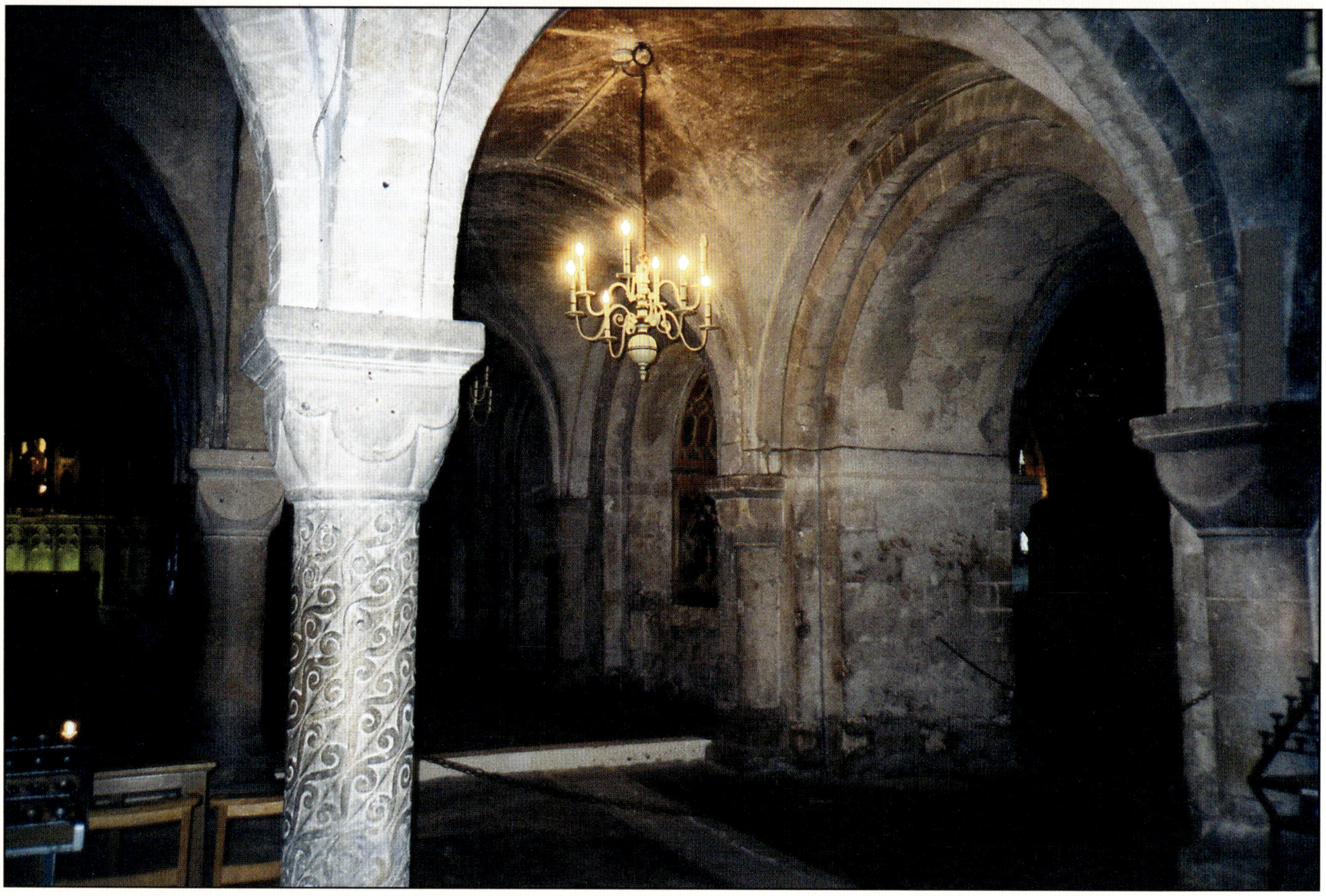

4

Le puîné a dix-huit ans. On l'a baptisé du nom de son père, ce qui active la jalousie de Robert. La nature l'a pourvu d'une abondante chevelure rousse peu commune en Normandie, où la superstition lie volontiers cette teinte à des préjugés diaboliques. S'il n'était fils du duc-roi, on l'écarterait du commun des mortels. On l'appelle le Roux, le *rufus*, pour le distinguer de l'autre Guillaume, son père. Guère plus sage que son aîné, il lui envie sa position dans l'ordre de naissance, et les espérances qu'elle implique pour la succession.

Leur petit frère Henri n'est encore qu'un enfant. A neuf ans, sa tête est tellement chargée des manuscrits qu'il a lus, tellement encombrée des leçons de ses professeurs et si occupée par la réflexion qu'on voit en lui un futur archevêque, déjà surnommé Beau-Clerc à cause de l'étendue de son instruction.

Tandis que le *rufus* et Henri jouent aux dés dans le solier de Maître Roger, au premier étage de sa maison manable, Robert se trouve en dessous, dans la cour, avec les chevaliers de son conroi, tous gais compagnons qui savent tirer profit de la position de leur chef. Le vin et la bière coulent à flots parmi les jurons, les éclats de voix, et le bruit des claques qu'ils s'envoient sur les cuisses.

Agacés et désoeuvrés, et surtout par jeu, les deux frères s'emparent des brocs d'eau qui servent à leurs ablutions et, tout en riant, déversent leur contenu sur la tête de Robert et des siens. Un peu surpris, ces derniers lèvent les yeux. Bah ! Ils en ont vu d'autres et prennent cela avec bonne humeur... et diplomatie. Pas question de s'en prendre aux enfants de leur duc et roi ! Or, il n'en va pas de même pour Robert qui entre soudain dans une rage folle.

Il gravit quatre à quatre les marches en bois de l'escalier extérieur et s'apprête à rosser ses frères, surtout ce Guillaume qui toujours prend parti contre lui, quand, prévenu par un domestique, le duc arrive pour les séparer.

– Père ! réplique l'aîné, ces chenapans ne cessent de me harceler de leurs mesquines vexations. Laissez-moi les corriger !

– Ils sont tes frères, Robert, le sang du roi d'Angleterre.

– Qu'ils arrêtent de m'importuner ! Passe encore pour Henri, qui n'est qu'un jouvenceau, mais Rufus...

– Cela suffit ! tranche Guillaume. L'incident est clos.

Le ton est sans réplique, et pourtant...

– S'il l'est pour vous, père, il ne l'est pas pour moi. En vérité, la coupe est pleine !

– Quoi ?

– Puisque l'occasion m'en est donnée, j'aimerais mettre au point certaines choses avec vous. Crevons cet abcès qui pourrit notre famille jour après jour.

Guillaume ne laisse rien apparaître de son trouble.

– Vraiment ? Eh ! bien, parle !

– Vous passez le plus clair de votre temps de l'autre côté du Chenal, mais moi, je demeure ici, en Normandie, en cette Normandie que jadis vous m'aviez promise.

– Crois-tu que je l'aie oublié ?

– Que diable attendez-vous pour tenir parole ? Vous étiez duc à huit ans, et moi qui en ai trois fois autant, et même davantage, pouvez-vous me dire sur quoi je règne ?

– Si je suis devenu duc à huit ans, c'est à cause de la mort de ton grand-père. Et j'ai dû me battre contre ma propre famille, et même m'enfuir. Oui, m'enfuir, tu le sais pertinemment ! Est-ce bien cela que tu m'envies ? Toutes ces années de peur, de haine et de complots ?

– Ce temps-là est bien loin ! Aujourd'hui, la Normandie est pacifiée. Je veux des terres à moi ! Je n'ai même pas de quoi payer décemment les hommes de mon conroi, alors que votre fortune s'accroît de jour en jour.

– Je t'ai fait comte du Maine.

– Bien sûr ! Comment le duc de Normandie eût-il daigné prêter l'hommage vassalique au comte d'Anjou ?! Alors, vous m'avez utilisé, moi, votre fils, pour le faire en votre nom !

– Oui ! Et, ce faisant, je t'accordais un insigne honneur : celui de servir ton père, ton duc et ton pays : cette Normandie que tu as le front de me réclamer, alors que le Maine est à toi !

– Je ne veux plus être votre mercenaire. Je suis prince de sang royal. Qu'ai-je à faire du Maine ?

– Le défendre ! Contre l'ennemi, extérieur ou intérieur. Ce que tu n'as jamais su faire ! Il est vrai que tu es plus souvent occupé à ripailler avec les ribleurs et les ribaudes, qu'à surveiller ton fief. Pour tout te dire, tu serais mieux en ce moment sur tes terres, en chausses et souliers bas, que dans ces petites bottes ridicules indignes d'un chevalier, qui t'ont valu ton surnom de Courteheuse !

– Vous parlez comme un vieux ! Vous ne voyez pas que le monde a changé !

– Le monde changera quand je l'aurai décidé !

– Je ne réclame que mon dû ! Je veux ma Normandie !

– Tu la tiendras quand je l'aurai jugé opportun !

– Je la veux maintenant !

– Par la splendeur de Dieu, Robert Courteheuse ! Je ne me déshabille que pour aller me coucher, et cette heure n'a pas encore sonné ! La Normandie ne sortira pas de ma main aussi longtemps que je vivrai.

Sur ces mots, Guillaume tourne les talons et laisse son fils dans une fureur égale à la sienne. Dans l'ombre, Mathilde essuie ses larmes : elle n'a rien perdu de la scène et son cœur est brisé.

Pendant la nuit, Robert quitte L'Aigle avec ses compagnons, tous épigones des vainqueurs d'Angleterre et d'Italie, jeunesse dorée, insouciante et arrogante. Parmi eux, Robert de Bellême, fils de Roger de Montgomery et de Mabile de Bellême ; Guillaume de Breteuil ; Roger de Bienfaite ; Robert de Montbray ; Guillaume de Moulins ; Guillaume de Rupierre... Rien que des enfants de chevaliers présents à la bataille de Senlac ou dans l'ombre de Guillaume. Par delà la foncière intransigeance du duc et le caractère borné de Robert, leur querelle traduit un vrai conflit de générations, entre un père attaché à la tradition de Hastings, toute empreinte de rigueur jusque dans la tenue vestimentaire, et un fils de la conquête, influencé comme ses compagnons par les usages saxons à l'origine d'une nouvelle mode : moustaches, barbe, cheveux longs, chausses fines, chaussures « excentriques » etc, que leurs aînés jugent efféminés.

Robert entend pénétrer dans Rouen pour s'y faire proclamer duc de Normandie, ni plus, ni moins ! Le voici face aux murailles de la capitale du duché, défendue par le bouteiller Roger d'Ivry. Courteheuse exige l'ouverture du palais, mais il en faut plus pour impressionner le gardien des lieux : les portes demeurent obstinément closes. Mieux, pour l'informer de la situation, le gouverneur s'empresse de dépêcher un messager au duc, qui ordonne en réponse l'arrestation de Robert !

Celui-ci parvient à s'enfuir. Il se réfugie d'abord dans le Perche, où il reçoit les places de Châteauneuf, Sorel et Rémalard, qui se trouvent vite assiégées par les troupes ducales. Alors, il les cède et reprend sa course éperdue. Il se rend en Flandre, chez Robert le Frison, ennemi juré de son père ; puis on le voit successivement en Lorraine, en Allemagne, en Poitou et en Gascogne, où il finit par devenir la proie des usuriers à la suite de ses dépenses inconsidérées. Comme sa cassette est vide, ses compagnons l'abandonnent pour aller chercher fortune ailleurs. Robert est seul, ruiné, méprisé : le fils du roi d'Angleterre n'est guère plus qu'un vagabond !

En apprenant ces événements, Guillaume est atterré. Son humeur s'assombrit au fil des semaines. Pourquoi faut-il toujours que vos enfants vous déçoivent ? Un jour, un de ses hommes demande à être reçu de toute urgence.

– Seigneur, lui dit l'espion, nous venons d'intercepter un messager suspect, porteur d'une bourse pleine à craquer, comme s'il s'agissait de la rançon d'un prince ! Il a fini par nous avouer que cette somme était destinée à votre fils aîné.

– Courteheuse ?

– Il a reconnu se livrer à ce manège depuis des mois. Régulièrement, il abreuve Robert d'espèces sonnantes et trébuchantes.

– Qui est ce traître ? Dis-moi vite son nom, que je lui fasse couper les pieds !

– Il s'agit d'un Breton ; un Breton du nom de Samson. Mais, seigneur, ce n'est pas tout, hélas !

– Eh ! bien, quoi ? Vide ton sac, qu'on en finisse !

L'agent de renseignements hésite, puis se résigne à parler.

– Cet homme… Cet homme est à la reine ! Il fait partie de ses serviteurs.

Ce nouveau coup est pire encore que les précédents. Guillaume pâlit d'abord, l'instant d'après il rougit de fureur et perd son sang-froid.

– Par la splendeur de Dieu ! Qu'on crève les yeux de ce Samson, et qu'on fasse venir Mathilde séance tenante !

La scène qui s'ensuit est digne d'un roman de mœurs. L'éternel conflit de la mère laxiste face au père inflexible éclate dans le palais ducal. Il laissera dans le couple des traces indélébiles, et gâchera irrémédiablement leurs dernières années de vie commune.

– Comment, Madame ? C'est la duchesse de Normandie, c'est la reine d'Angleterre sacrée en Westminster qui vient en aide à un rebelle ?

– A son fils, seigneur, et au vôtre ! Pourquoi le père que vous êtes s'efface-t-il toujours devant le roi ?

– Pourquoi le fils se conduit-il en traître ? Que jamais, plus jamais, m'entendez-vous ? je n'apprenne que vous l'avez encore soutenu ! La femme qui trahit est la cause de sa perte ! Ma femme, à qui j'ai confié mes trésors et ma puissance, soutient les ennemis qui agissent contre moi ; elle les enrichit de mes propres biens !

– Mon seigneur, répond Mathilde, ne vous étonnez pas si j'aime tendrement le premier de nos enfants. Si Robert était mort et devait revivre au sacrifice de ma propre vie, je la lui offrirais sans réfléchir. Comment pourrais-je nager dans l'opulence et souffrir que mon fils soit accablé par la misère ?

Pour sa part, l'infortuné Samson n'attendra pas docilement son supplice. Il parvient à s'échapper et chevauche dare-dare jusqu'à l'abbaye d'Ouche où l'abbé Mainier le reçoit parmi ses moines. Protégé par le droit d'asile que confèrent les lieux saints, il passera à St-Évroult les vingt-six ans qui lui restent à vivre, sans plus jamais en franchir la porte !

En 1078, à la suite de cet épisode, Courteheuse se voit donc définitivement couper les vivres maternels. Pour tenir son rang, il ne lui reste plus qu'une solution : solliciter le roi de France ! Trop heureux d'accueillir ce transfuge de choix, Philippe Ier s'empresse de lui reconstituer fortune et respectabilité. Il l'installe en sa forteresse de Gerberoy, sur cette frange frontalière de la Normandie qu'on nomme aujourd'hui l'*Oise normande*, face au château de Gournay qui garde l'entrée du duché en Pays de Bray. Enfant gâté sans réflexion aucune, Robert se conduit en véritable brigand, qui ne se prive pas d'effectuer des raids de pillage sur les terres de son père, sur son propre héritage, sur sa Normandie ! C'est plus que Guillaume n'en peut supporter.

– Ce traître est l'allié de mon ennemi, je le maudis ! Je veux que la moindre vergée de mon sol normand lui brûle ses horribles bottes, jusqu'à ce qu'il vienne ramper à mes pieds pour y faire amende honorable !

Cela ne lui suffit pas. Son accès de colère passé, il rassemble sa garde rapprochée et quitte Rouen, où il séjournait à l'occasion de Noël, pour Gerberoy. Face aux murailles gardées par son fils rebelle, le duc s'est installé avec ses soldats normands et anglais. Au bout de trois semaines d'un siège assidu, les insoumis décident de tenter une sortie. Le choc est inévitable : voici le père et le fils face à face avec leurs troupes. Dans le brutal affrontement qui s'ensuit, Guillaume est légèrement blessé à la main. Par Robert en personne ? Les chroniqueurs de l'époque l'affirment, mais sans doute s'agit-il d'une exagération littéraire. Toujours est-il que l'incident alimente les conversations. La révélation publique de l'exacerbation militaire du conflit familial fait scandale dans toutes les cours européennes et cause un tort réel au roi d'Angleterre, à tel point que l'entourage de Guillaume cherche à fléchir son intransigeance, tandis que Courteheuse s'est prudemment réfugié en Flandre, où il sait que son père ne viendra pas le chercher.

– Il se repent de ses fautes, affirment les proches du duc, mais ne sait comment trouver le chemin de votre pardon. Soyez indulgent envers le fils prodigue !

Pressé par les siens, boudé par Mathilde, Guillaume, de guerre lasse, finit par accepter la réconciliation. Robert revient auprès de son père, qui lui renouvelle son ancienne promesse de lui léguer la Normandie. Le duc-roi vient de vivre une *annus horribilis*, mais l'Histoire ne s'est pas arrêtée pour autant.

En 1078, Jean d'Avranches est trop malade pour continuer à exercer son ministère à l'archevêché de Rouen. Guillaume le remplace par un ancien moine du Bec, élève de Lanfranc : Guillaume Bonne-Âme, l'abbé de l'Abbaye aux Hommes de Caen, réputé pour son instruction et son amour de l'Eglise ; une nomination évidemment contestée par Grégoire VII, qui continue sur sa lancée d'autoritarisme en instituant la primatie des Gaules à Lyon, une décision qui restera sans effet : Guillaume Bonne-Âme reste archevêque de Rouen et conserve toute son autonomie face à son prétendu supérieur hiérarchique.

Et, comme pour confirmer la puissance du royaume anglo-normand, une tour blanche se dresse désormais dans le ciel de Londres, construite en pierres spécialement expédiées de Normandie, sur une hauteur de 27 mètres. Sur quelque plan que ce soit, le conquérant de l'Angleterre n'est pas près de lâcher prise.

L'éclatement de la famille royale

Du printemps 1076 à la fin de l'été 1080, Guillaume réside en Normandie. Depuis la conquête, c'est l'un de ses plus longs séjours en son pays natal. Cette absence prolongée d'Angleterre est rendue possible grâce au retour au calme consécutif à l'exécution de Waltheof. Cet événement a calmé presque définitivement les humeurs saxonnes. C'est une absence nécessaire, car le vieil ennemi du duc-roi, le traître et comploteur Ralph de Gaël, réfugié sur ses terres en Bretagne, a repris ses intrigues, et il convient pour le duc d'aller rétablir l'ordre sur ses marches occidentales.

Ralph s'est allié au comte de Bretagne Geoffroi Grenonat, un bâtard d'Alain III, contre Hoel de Cornouaille, beau-frère du défunt comte Conan. Tous deux se sont emparés de Dol, ce que le duc de Normandie ne peut pas plus admettre qu'en 1064 ! En septembre 1076, Guillaume se met en campagne pour en assiéger le château. Au souvenir de la promenade militaire effectuée douze ans plus tôt en compagnie de Harold de Wessex, il ne doute pas d'un rapide succès. Mais, pour la première fois de sa vie, Guillaume a grandement sous-estimé son adversaire.

Il fait face cette fois-ci à une redoutable coalition qui dépasse les limites de la Bretagne, puisqu'elle implique aussi Foulques d'Anjou et le roi Philippe Ier, ravi de mettre en difficulté le duc de Normandie. Après un mois de siège, les troupes ducales se trouvent prises en étau entre les Bretons et les Franco-Angevins, et c'est la déroute. Au cours de leur piteu-

Vue générale de la Tour de Londres édifiée sur ordre de Guillaume et abside de la chapelle.

se retraite, les Anglo-Normands meurent en masse, les hommes comme les chevaux, au grand désespoir de Guillaume. Encouragé par ce succès, Ralph de Gaël se sent pousser des ailes. Il s'avance dans le Maine, jusqu'à La Flèche où l'accompagnent les Angevins. Jean, le fidèle gouverneur de la place, la défend hardiment jusqu'à l'arrivée des secours normands.

Dans l'affrontement qui s'ensuit, le terrible Foulques le Réchin reçoit une blessure qui le conduit en début d'année à conclure la paix avec Guillaume, bientôt imité par le roi de France. Pourtant, en 1077, ce dernier relève dangereusement la tête.

1 et 2. Maquette et plan de la Tour Blanche de Londres au XIᵉ siècle.

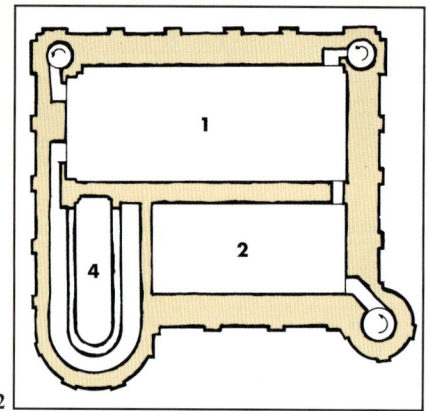

Rompant ouvertement une trêve de 17 ans consécutive à la mort de son père Henri Iᵉʳ, Philippe est sorti d'une minorité d'abord prise en tutelle par le comte Baudouin de Flandre, puis par son successeur Robert le Frison, lequel s'est déclaré farouchement hostile à la Normandie. Encouragé par la mésaventure bretonne de Guillaume, le roi de France reprend l'étendard jadis brandi par l'époux d'Anne de Kiev contre son puissant voisin de l'ouest.

Tout est parti de ce Valois qui donnerait un jour son nom à la famille royale de France. En 1074, à la mort de Raoul III de Vermandois (qui avait enlevé puis épousé Anne de Kiev en 1062), son fils Simon lui succède. Né à Crépy en 1048, Simon a perdu sa mère Éléonore (la première femme de Raoul) quand il n'avait que cinq ans. Eu égard aux liens d'amitié qui liaient son père à Guillaume, on l'a envoyé à la cour de Normandie, auprès de la duchesse Mathilde, afin qu'il y reçoive une bonne éducation. C'est donc à Rouen qu'il a grandi, appris les lettres, l'équitation, la chasse et le métier des armes. Guillaume, qui l'appréciait hautement, avait même envisagé de lui faire épouser sa nièce Judith après l'exécution de Waltheof, mais puisque Simon avait pris le chemin du retour à Crépy en Valois l'année de ses 19 ans, ce projet de mariage restera sans suite.

Lorsque son père Raoul meurt, les appétits de Philippe Iᵉʳ se trouvent aiguisés par la prise de pouvoir de cet homme encore très jeune, dont il pense pouvoir facilement s'approprier les biens. Après trois ans d'une guerre aussi âpre qu'injustifiée, le roi de France s'apprête à reconnaître son échec : loin d'être l'agneau qu'il avait pressenti, Simon s'est défendu comme un lion et a gardé en sa main l'intégralité de ses possessions.

En 1077, tout bascule. Le comte de Vermandois fait venir à Crépy les restes de son père qui reposait à Montdidier. Est-ce le choc de l'exhumation ? Toujours est-il que Simon est subitement touché par la grâce et prend le parti de se consacrer à Dieu pour le restant de sa vie ! Il se retire pieusement au monastère de St-Eugend, dans le massif du Jura, et mourra à Rome en 1080. La postérité le retiendra sous le nom de St-Simon de Crépy. La prise d'habit du comte prélude à un bouleversement en plusieurs étapes.

D'abord, tous ses biens passent dans les mains de sa sœur, puis en 1080 à la fille d'icelle, Adèle, lors de son mariage avec Hugues de France, le frère de Philippe Iᵉʳ ! Longtemps convoité par les armes, le Vexin oriental (dit depuis lors *Vexin Français*) revient donc pacifiquement dans la maison royale.

On se rappelle que ce fief avait jadis été remis par Henri Iᵉʳ à Robert le Magnifique pour éminents services rendus, puis indûment repris à Guillaume pendant sa minorité. En termes de droit féodal, la totalité du Vexin est donc normande, et son seigneur légalement vassal du duc. Son annexion de fait par Philippe Iᵉʳ change la donne : le roi de France ne saurait rendre hommage pour le Vexin à son vassal le duc de Normandie ! De simple zone de marche, le Vexin oriental est devenu possession française.

Le fils de Henri Iᵉʳ vient d'infliger à Guillaume un camouflet qu'un jour il ne pourra plus supporter. Tout est en place pour l'épisode franco-normand qui se jouera dix ans plus tard. Pourtant, en cette année 1077, les effets secondaires de la crise mystique de l'ancien pupille de Mathilde sont loin d'être soupçonnables.

Du côté de l'Église, les vieilles inimitiés renaissent. Dans l'Empire, à l'instigation de Rome, les nobles révoltés couronnent l'antiroi Rodolphe au détriment de Henri IV. Le 7 mars 1080, Grégoire VII reconnaît la déposition de l'empereur et apporte son soutien à Rodolphe, contre la volonté de la majorité de l'épiscopat allemand.

Fort de ce succès qui fait suite à la réforme dite grégorienne et au manifeste *Dictatus Papae*, Grégoire VII écrit le 24 avril au roi d'Angleterre. Dans ce courrier, il rappelle à Guillaume les services consentis par le pape aux entreprises normandes. Effectivement, les relations passées entre le duc et le diacre Hildebrand (futur Grégoire VII) avaient été des plus cordiales. L'un et l'autre avaient de concert combattu la simonie et le nicolaïsme, tout comme les déviances hérétiques de Béranger de Tours. Ce dernier vient du reste de se rétracter à deux reprises, en 1079 et en 1080, en reconnaissant (du moins pour la forme) ses « erreurs » théologiques.

A l'approche d'un important concile qui se tiendra à Lillebonne à partir du 31 mai, Grégoire VII fait partir son légat Hubert avec une nouvelle lettre datée du 8 mai, dans laquelle il flagorne Guillaume qu'il ose qualifier de « perle des princes » ! Il s'empresse par la même missive de demander au duc de Normandie de lui faire acte d'allégeance pour son royaume d'Angleterre. Ne tient-il pas sa lumière du soleil de Rome !? Et pour faire bonne mesure, il lui réclame le versement du *chevage*, ou *denier de St-Pierre*, cet impôt prélevé par les rois saxons, que Guillaume refuse toujours de lui payer.

Quand s'ouvre à la Pentecôte le concile provincial, il s'agit d'y régler quelques problèmes de droit. Désormais, la justice relève directement du pouvoir ducal, au détriment de celui de ses vassaux, contre la coutume féodale précédemment en vigueur. Par ailleurs, les évêques pourront mettre à l'amende les clercs et laïcs qui seront reconnus coupables de fautes, avec en toile de fond le mariage et le concubinage des prêtres. Quant au pape, son pouvoir est limité par le prince, qui s'autorise à accepter ou refuser la venue d'un légat ou la prononciation d'une excommunication dans le royaume anglo-normand, une décision placée au même rang que le droit de fortification, le monopole de la monnaie ou la protection du commerce, qui sont prérogatives ducales.

Autant dire que la missive apportée par Hubert n'arrive pas dans un climat favorable aux exigences qui s'y trouvent exprimées ! Aussi le concile rejette-t-il en bloc les demandes de Grégoire VII, sauf l'impôt du chevage que Guillaume accepte de rétablir en Angleterre, tout en refusant un serment de fidélité que n'avait jamais accordé aucun de ses prédécesseurs sur le trône royal. De même continuerait-il à nommer ses évêques selon sa volonté, et à fixer leurs attributions spirituelles et temporelles.

La tonalité typiquement anglo-normande de l'Église voulue par Guillaume n'ira pas toujours sans heurts. Ainsi, à St-Albans, c'est un abbé normand issu de St-Étienne que Lanfranc a nommé à la tête de l'abbaye, mais pas n'importe lequel : son neveu Paul ! En fait, la rumeur laisse entendre qu'il pourrait bien s'en trouver plus proche encore, être son propre fils… Agité par des velléités de changements, il fait surgir de terre un nouveau monastère, bâti avec les briques romaines de la cité de Verulam tombée en ruines. Cela ne serait rien si les tombes des précédents abbés de St-Albans n'étaient détruites dans l'opération, à la fureur des moines qui y voient un acte d'humiliation des Saxons par les « envahisseurs ».

À Glastonbury, Lanfranc avait nommé abbé le Normand Toustain, un de ses moines de St-Étienne de Caen au temps où lui-même présidait à sa destinée. En élève consciencieux, Toustain se hâte de mettre en application les préceptes du primat d'Angleterre, mais avec une telle maladresse, une telle rigidité mécanique que sa communauté s'insurge très vite contre ses méthodes : car c'en serait désormais fini de leurs chants grégoriens ; ils devraient à présent chanter comme sur le continent, pour ne pas dire comme en Normandie ! D'autres décisions changent considérablement la règle en vigueur dans leur monastère. Révoltés contre ce qu'ils prennent pour des vexations exercées par la puissance occupante, ils refusent de se plier au nouvel ordre. Au lieu de biaiser pour parvenir à ses fins, ou au moins tenter d'aboutir à un compromis, Toustain s'enferre dans son aberrante façon de gouverner : il ne trouve rien de mieux que de faire appel à ses chevaliers, normands eux aussi. En effet, en vertu d'une récente décision royale, chaque abbaye doit être en mesure de fournir à la couronne un certain nombre de combattants fixé par décret et variable selon les lieux (de vingt à soixante), afin de répondre au service d'ost en cas de besoin. Certes, c'est assurer le roi d'une disponibilité militaire sur l'ensemble d'un territoire constellé de monastères, mais c'est aussi octroyer aux abbés une troupe de vassaux à leur usage personnel. Or, à Glastonbury ou ailleurs, ces chevaliers s'ennuient ferme et aspirent à l'action. Aussi l'appel à l'aide de Toustain leur apparaît-il comme une véritable mobilisation guerrière. Munis de leurs arcs et armés de pied en cap, ils investissent l'abbaye comme ils feraient d'un château fort !

Terrorisés par la brutale irruption de cette armée hurlante, les moines s'enfuient jusque dans l'abbatiale, où ils espèrent que les lieux consacrés leur assureront l'immunité en vertu du droit d'asile en usage dans tout le monde chrétien. Mais rien n'arrête la rage des attaquants qui pénètrent dans l'église ! Conformément à la tactique préconisée par la science militaire, ils occupent des positions dominantes ; juchés sur le triforium, ils se mettent à décocher leurs flèches vers l'autel autour duquel les moines agenouillés recommandent leur âme à Dieu. Criblés de traits, trois d'entre eux expirent sur place, tandis que dix-huit autres sont blessés. La table sacrée et ses abords ruissellent du sang versé.

Une telle abomination ne peut que susciter la réaction indignée des survivants qui en appellent à la justice royale. En souverain avisé, Guillaume entend attentivement les deux parties, mais il doit bien convenir que Toustain a pour le moins fait preuve de légèreté en prétendant résoudre par la violence un conflit interne à son monastère, et de faiblesse en se laissant déborder par ses propres chevaliers ! Aussi Lanfranc se trouve-t-il contraint de renvoyer l'abbé à ses chères études en l'abbaye caennaise de St-Étienne, tandis que les moines les plus exaltés sont dispersés dans d'autres établissements religieux. Toustain ne reviendra de son « bannissement » qu'après la mort de Guillaume : contre espèces sonnantes et trébuchantes, son fils Guillaume le Roux le rétablira à Glastonbury dans les fonctions qu'il y exerçait précédemment.

Plus ou moins exprimée au grand jour, la contestation gronde dans bien des monastères anglais qui n'admettent pas la colonisation normande. Même Lanfranc doit lui faire face ! L'archevêque de Cantorbéry avait entrepris d'établir un nouveau calendrier, d'où la totalité des plus grands saints vénérés par les Anglo-Saxons avait disparu. Parmi ceux-ci, seuls deux ont trouvé grâce à ses yeux : l'incontournable St-Augustin, et l'archevêque Aelfheah, martyrisé par les Danois pour leur avoir refusé le *danegeld*, cette rançon (ou cet impôt) en usage chez les Vikings. Il faudra que Guillaume en personne appuie cet acte d'autorité du primat d'Angleterre pour que la colère des moines de la cité du Kent finisse par s'apaiser, au prix il est vrai d'un recul : le calendrier officiel sera celui de Winchester, qui était en vigueur sous le règne d'Édouard le Confesseur, dont la piété ne saurait être contestée par personne, pas plus que sa grandeur « nationale ». En fait, le fils d'Emma demeurera la meilleure des figures emblématiques pour servir de trait d'union entre l'ancien régime et le nouveau : dans la plupart des cas, sa coutume sera respectée par les maîtres normands.

Cette même année 1080, réconcilié avec son fils aîné, Guillaume l'envoie rétablir l'ordre en Northumbrie après l'assassinat à Durham de l'évêque Gaucher. En qualité de vice-roi, l'earl de Kent Odon de Conteville l'accompagne, et l'on sait que le demi-frère du roi n'a pas la réputation d'un tendre, tout homme d'Église qu'il soit ! Au cours de cette campagne, l'évêque de Bayeux acquiert même le surnom parlant de « dompteur des Anglais » ! Tel est son zèle répressif que les effets de ses destructions seront encore visibles cent ans plus tard. Pour tout dire, il est des Anglais qui aujourd'hui encore évoquent l'épisode avec rancœur !

En 1081, après ce succès et pour ne pas voir revenir de si tôt son turbulent fils, le roi charge Robert d'une campagne en Écosse, dans la région de Falkirk, sur le Forth, où il s'acquitte là encore de sa mission avec les honneurs. Lors de son retour vers Londres, Courteheuse ordonne sur la Tyne la construction d'un château qui dissuadera de nouvelles prétentions écossaises et saxonnes. Le site prendra le nom de *Newcastle*.

Pendant que Robert se couvre de gloire au nord, son père mène personnellement sa première et unique expédition militaire en Pays de Galles et s'empare de la ville de Cardiff, sur le Taff, au printemps 1081, libérant ainsi plusieurs centaines de Saxons et de Normands prisonniers des Gallois. Il y fait édifier un château et, en fin d'année, retourne en Normandie.

Alors, subitement, sans raison apparente, Robert Courteheuse disparaît à nouveau. Il quitte la cour normande, et son père ne le reverra plus jamais.

En 1082 court au Vatican un étrange bruit. Voyants et mages ayant entrepris de deviner qui succéderait à Grégoire VII sur le siège pontifical, ils étaient arrivés à la conclusion que l'heureux élu porterait le nom d'Odon ! Il n'en fallait pas plus pour que l'évêque de Bayeux se vît aussitôt coiffé de la tiare. Odon de Conteville s'empresse d'envoyer ses délégués à Rome, avec mission d'acquérir pour lui un superbe palais qu'ils feront richement décorer et meubler ! Parallèlement, il les charge d'acheter à prix d'or le soutien des plus hautes personnalités ecclésiastiques de la cité. Car le frère de Guillaume n'a plus qu'une idée : quitter l'Angleterre pour l'Italie où il pourra plus aisément se concilier l'appui nécessaire à son élection quand ce moment sera venu. Est-il lui-même à l'origine de la rumeur ? C'est difficile à dire, car la mention de la prophétie arrive tard dans l'élaboration des chroniques. Toujours est-il qu'elle se réalisera, puisque c'est Eudes (ou Odon) de Lagery qui succèdera au pape décédé à Salerne en 1085 !

Lorsque Grégoire VII avait sollicité, contre l'empereur Henri IV et ses alliés qui l'assiégeaient, l'aide du roi d'Angleterre, ce dernier s'y était refusé. Qu'importe ! Odon répondra favorablement à sa supplique, avec l'aide de bons guerriers. Il rallie à sa cause l'earl de Chester Hugues d'Avranches et une trentaine de chevaliers aventureux, avides de conquêtes et de pillages. Hugues n'est pas le premier venu. Vicomte d'Avranches depuis 1070 par le bon vouloir de Guillaume, il règne aussi sur les châteaux de St-James en Normandie et de Chester en Angleterre et siège au sein du conseil rapproché du duc-roi. Il figure de ce fait parmi les nobles les plus élevés de la hiérarchie, et son intention d'abandonner le royaume en est d'autant plus grave.

Car Odon a pris sa décision : il donne rendez-vous à ses partisans sur l'île de Wight, d'où ils doivent s'embarquer afin de rallier la Normandie, et poursuivre leur route jusqu'en Italie. Le monde chrétien est à sa portée ; il entend bien le saisir à deux mains, tout comme son frère le fit de la terre anglaise seize ans auparavant. Guillaume ne peut ignorer longtemps ce projet. De fait, son réseau d'espionnage l'en informe au début de l'été 1082, tandis qu'il séjourne en Normandie. Il rassemble dare-dare sa cour, traverse le Chenal et se dirige vers Wight. Quand il rejoint Odon qui s'apprête à appareiller à Newport, l'effet de surprise est total.

– Guillaume, ici ? s'exclame l'évêque de Bayeux.

– C'est bien moi, fils d'Herlève ! Ton frère et ton roi.

Sur ces mots, les chevaliers qui accompagnent Guillaume se déploient pour encercler la troupe de l'earl de Kent, sans rencontrer la moindre résistance.

– Que me vaut l'honneur de ta présence en ces lieux ? reprend Odon.

– Et toi, mon frère, que fais-tu ici ? La mitre serait-elle devenue trop modeste sur ta tonsure, que tu ambitionnes de coiffer la tiare papale ?

– Si tu connais la réponse, pourquoi poser la question ? On t'a bien renseigné : j'ai des visées sur le trône de Hildebrand. Et pourquoi non ? Quand le grand frère a réussi, le cadet a bien le droit de tenter sa chance !

– En t'embarquant à la sauvette ? Sans m'avoir consulté ? En me dissimulant tes desseins ? Tu n'es à mes yeux qu'un déserteur !

– Si je suis déserteur, il en est d'autres ! Regarde derrière moi, et vois mes compagnons, nombreux et déterminés, confiants eux aussi en leur bonne fortune.

Déterminés, les chevaliers ne le sont plus guère. Hugues d'Avranches a compris qu'il avait perdu la partie avant même qu'elle ait commencé. Déjà, lui et ses hommes sont piteusement rentrés dans le rang en espérant l'indulgence de leur duc et roi. C'en est fini pour eux des rêves de gloire à l'ombre du Colisée.

Plaque commémorative de Hugues d'Avranches, apposée sur un mur des remparts. Hugues le Loup s'était joint aux partisans d'Odon de Conteville, avant de revenir vers Guillaume.

– Ton crime est plus grand encore d'avoir circonvenu ces hommes. Avant toi, Courteheuse m'a enlevé des combattants, parmi les plus jeunes et les plus vaillants. Et que dire de tous ceux qui sont partis s'établir en Sicile et en Pouille ? A présent, c'est l'earl de Kent qui m'abandonne ! Qui va-t-il me rester pour défendre le royaume ?

– Ce sont des Normands, Guillaume, des hommes libres.

– Ils sont d'abord mes sujets ! Tu leur as enflé la tête de tes projets démesurés. Tu les as poussés à désobéir à leur roi.

– Parce que nous quittons l'Angleterre ?

– Parce que vous partez pour Rome !

– Le pape a besoin de vigoureux bras armés dans sa lutte contre l'empereur.

– Évêque de Bayeux, tu t'es conduit en seigneur accapareur ; earl de Kent, tu t'es indûment approprié des terres archiépiscopales ; vice-roi, tu as persécuté le peuple saxon au-delà de l'imaginable. Et maintenant, pour nourrir tes ambitions personnelles, tu cherches à t'attirer les bonnes grâces des cardinaux !

– Je serai l'un des leurs. Si les papes font les cardinaux, ce sont les cardinaux qui font les papes ! Quant à mes ambitions, ma façon de les nourrir ne t'embarrassait guère jusqu'alors…

– Comment oses-tu accorder au pape ce que ton roi lui a refusé ?

– Par ta coupable neutralité passive, tu fais le jeu de Henri contre Grégoire. Pourtant, même les traîtres à la Normandie bannis par tes soins, même les plus vils mercenaires stipendiés soutiennent là-bas l'armée du Christ ! Robert Guiscard de Hauteville en personne s'apprête à intervenir, et s'il ne l'a pas encore fait, c'est qu'il doit d'abord réduire en Pouille la rébellion de ses vassaux.

– Les Normands d'Italie ne relèvent plus de mon autorité, mais, par la splendeur de Dieu ! grâce à eux, la Normandie s'enrichit jour après jour de joyaux, d'oeuvres d'art, d'églises et de têtes pensantes. J'aurais tout intérêt à les épauler, mais…

– N'hésite plus Guillaume ! À nous deux, nous ferons de la Méditerranée une mer normande. Nous reconstituerons l'empire romain sous nos propres bannières. Nos étraves fendront les flots jusqu'à Carthage, Athènes et Constantinople. Nous imposerons nos lois jusqu'en Terre Sainte !

– Soutenir Grégoire comporterait trop de risques pour le royaume.

– Il a beau jeu, celui qui boit à satiété, d'interdire à son frère d'étancher sa soif !

– Il y a loin de la coupe aux lèvres. Quand tu auras sauvé le pape, il te jettera dehors comme le dernier des valets.

– Laisse-moi une chance. Je ne menace pas ton trône.

– C'est pire encore : tu menaces l'Angleterre, et même la Normandie. Tu es mon frère, Odon ; en portant le fer à Rome, tu engages mon nom face au monde entier. Tous nos ennemis tireront prétexte de ton départ pour reprendre les armes contre nous : les Saxons d'abord, puis les Gallois, les Écossais, les Irlandais ! Et les rois danois et norvégiens ! Et le roi de France ! Tu vas ruiner trente ans d'une construction politique sans précédent en Europe.

– Ainsi, tu me condamnes ?

– La cour royale met fin à ta folie des grandeurs. Tu es l'orgueil personnifié. Tu voulais traverser le Chenal ? Je vais t'exaucer et t'établir à Rouen, dans la plus haute de ses tours, jusqu'à ton dernier souffle. Robert, assure-toi de ce traître !

Le comte de Mortain pâlit ; ce fier guerrier se sent vaciller sur ses jambes.

– Non, Guillaume, pas cela ! Nous sommes fils des mêmes père et mère : Odon est mon frère.

– Hélas ! soupire le roi, par Herlève, il est aussi le mien. Et toi, Guillaume le Roux, mon fils ? Vas-tu obéir à ton roi ?

– Père, ce prélat est bien plus que mon oncle : il m'a porté jadis sur les fonts baptismaux. Comment pourrais-je saisir le bras qui m'a fait chrétien ?

Guillaume regarde tour à tour les nobles de son entourage, les interroge l'un après l'autre.

– Et toi, vas-tu exécuter mon ordre ? Et toi ? Saisissez cet homme, et gardez-le bien pour l'empêcher de faire pire encore !

Les chevaliers reculent, la tête baissée. Aucun d'eux n'accepte de procéder à l'arrestation du deuxième personnage du royaume. Alors, Guillaume marche vers son frère et lui pose lourdement sa main gantée sur l'épaule.

– Comment oses-tu porter la main sur moi ? s'insurge Odon. Je suis clerc et ministre du Seigneur Christ ! Seul le pape est en droit de faire passer un évêque en jugement.

– Rassure-toi, Odon, je ne condamne pas le clerc, et l'évêque de Bayeux n'a rien à craindre de moi. J'arrête l'earl de Kent pour insoumission à son souverain, afin qu'il rende compte de ses actes en tant que lieutenant de mes états !

Triste fin de règne

Le duc est désormais un prince vieillissant, et son bilan mitigé. Privée de son fils aîné et de son frère Odon, sa famille proche va encore s'amoindrir. Le pouvoir médiéval passe toujours par la voie des unions matrimoniales. En 1082, Guillaume de Normandie cherche à marier sa fille Adèle. Après mûre réflexion, il jette son dévolu sur Étienne-Henri, le fils du comte de Blois auquel il succèdera en 1090. Le choix paraît judicieux : ainsi espère-t-il s'assurer du soutien d'un puissant voisin au sud-est de son duché, un duché où il ne peut plus séjourner aussi souvent qu'il le souhaite pour maintenir l'ordre.

Contrairement à l'usage de son siècle, Adèle n'a rien d'une potiche : bien éduquée à la cour à l'instar de son frère Henri Beau-Clerc, elle jouera un rôle important dans la vie culturelle du royaume franc, malgré le handicap évident que constitue son sexe à une époque où les femmes servent surtout de monnaie d'échange. Son influence s'exercera même aux niveaux artistique et politique, à travers une correspondance suivie en direction d'esprits éclairés, en premier lieu l'évêque Yves de Chartres, avec qui elle entretiendra des relations épistolaires pendant quelque vingt-cinq ans. Elle écrit régulièrement aussi à Baudri, abbé de Bourgueil, qui sera archevêque de Dol ; à Marbod, futur évêque de Rennes ; à Hildebert, futur évêque du Mans et archevêque de Tours, tous gens fort cultivés qui apprécient son intelligence et sa créativité poétique. Dans le même temps apparaissent les génies du siècle, tels Guillaume IX d'Aquitaine, Abélard, Bernard de Ventadour. Adèle de Blois préfigure ainsi une Aliénor d'Aquitaine qui donnera au cours de ses règnes des gages personnels à ce que les historiens nomment très justement la « Renaissance du XIIe siècle ».

Ce que le duc-roi ne peut soupçonner, c'est que son petit-fils Étienne, l'enfant d'Adèle de Normandie et d'Étienne-Henri de Blois, disputera un jour sa propre couronne à sa petite-fille Mathilde, la fille de Henri Ier Beau-Clerc, au cours de la terrible période d'anarchie qui s'abattra sur les états anglo-normands après la mort du plus jeune de ses fils…

En 1083, Guillaume séjourne en Normandie. A Pâques il tient sa cour à Fécamp. À la mi-juillet on le retrouve en sa chère ville de Caen. Son Abbaye aux Hommes est à présent terminée, et l'on a commencé à proximité le chevet d'une église paroissiale à l'usage de la nombreuse population qui est venue grossir le nouveau quartier du Bourg-l'Abbé, aux portes du monastère.

St-Nicolas-des-Champs sera achevée en 1093, selon un parti plus italien que normand. Certes, on décèle dans la façade la sobriété de sa voisine l'abbatiale St-Étienne. Bien que la seconde tour ne dût jamais être construite, on se rend bien compte que ce sont les mêmes ouvriers qui ont travaillé sur les deux édifices, un chantier suivant immédiatement l'autre. La Lombardie de Lanfranc n'est jamais bien loin, avec ses baies en retrait et sa cuirasse de pierre blonde. Mais surtout, le culte de l'évêque de Myre en vigueur à Bari a transité dans les années 1080 des rives apuliennes de l'Adriatique à celles du Chenal anglo-normand. D'où ce curieux narthex voûté, unique dans le duché, à trois arcades cintrées, qui ouvre l'église à l'ouest et porte la tribune intérieure, une caractéristique des bâtisseurs italiens, présente aussi en Rhénanie et en Bourgogne.

C'est au cours de l'automne 1083 que survient l'une de ces épidémies dénommées par les chroniqueurs *peste* ou *pestilence*, faute d'un diagnostic plus précis. Ce mal mystérieux allait toucher la famille royale, puisque le Ier novembre, la duchesse-reine Mathilde s'éteint, probablement à Caen, après plusieurs semaines d'agonie. Conformément à sa volonté, on l'inhume au chevet du monastère qu'elle avait fait construire dans les années 1060 : l'Abbaye aux Dames où sa fille Cécile est nonne, en attendant d'en devenir l'abbesse en 1113.

Le chœur de l'église abbatiale consacrée à la Ste-Trinité sera reconstruit après la Première Croisade dans un style roman orientalisant plus exubérant que le précédent. La pierre tombale de Mathilde est toujours à la même place. Il s'agit d'une dalle de marbre noir où l'épitaphe est encore très lisible :

Egregie pulchri tegit haec structura sepulcri
Moribus insignem germen regale Mathildem
Dux Flandrita pater huic extitit Adala mater
Francorum gentis Rotberti filia regis
Et soror Henrici regali sede potiti
Regi magnifico Willelmo iuncta marito
Praesentem sedem, praesentem fecit et aedem
Tam multis terris quam multis rebus honestis
A se ditatam se procurante dicatam
Haec consolatrix inopum pietatis amatrix
Gazis dispersis pauper sibi diues egenis
Sic infinitae petiit consortia uitae
In prima mensis post primam luce nouembris

Elle a légué à l'abbaye son sceptre, sa couronne royale, des objets précieux et des vêtements d'apparat. Nul doute que ce décès a profondément peiné Guillaume qui était demeuré très attaché à son épouse. On ne connaît au duc-roi, ni enfant naturel, ni maîtresse, même après son veuvage.

Eglise paroissiale Saint-Nicolas à Caen, construite juste après l'Abbaye aux Hommes. Un narthex ouvert, d'inspiration italienne.

Abbaye aux Dames : pierre tombale de Mathilde.

Quelques mois plus tard, au printemps 1084, voici que resurgit le problème du Maine. L'âme de la rébellion est cette fois Hubert de Beaumont, seigneur de Ste-Suzanne. On le croyait pourtant définitivement acquis à la cause ducale depuis son ralliement à Guillaume en 1063. À tel point que Hubert faisait figure de véritable comte du Maine, alors que ce titre était officiellement porté par Robert Courteheuse. Sans doute le vicomte du Mans (nommé par le duc) a-t-il jugé possible de voler de ses propres ailes et d'assouvir ses ambitions personnelles en tentant de légitimer une fonction qu'il exerce de fait depuis plusieurs années.

Il peut compter sur l'appui du comte d'Anjou, qui n'a jamais manqué une occasion de nuire au duc de Normandie. Il y recrute des mercenaires, ainsi qu'en Poitou, et en Bourgogne, dont il a épousé une nièce du duc. Hubert sait qu'il ne parviendra pas à tenir toutes les places fortes du comté, aussi déserte-t-il celles de Beaumont et de Fresnay, sur la Sarthe, que récupèrent aussitôt les troupes normandes, pour se retrancher avec ses fidèles en son château de Ste-Suzanne, au cœur de son fief d'origine. Il s'agit d'une forteresse inexpugnable juchée sur l'éperon rocheux qui domine le cours de l'Erve, un affluent de la Sarthe, au creux d'un de ses méandres qui l'entoure à l'est. Son rôle protecteur n'est que symbolique : il s'agit d'une petite rivière, presque un ruisseau. Rien à voir avec Brionne, située sur une île au beau milieu du cours de la Risle. La meilleure défense de la cité réside dans sa position haut perchée.

Conformément à son habitude, Guillaume réagit, plus sans doute par devoir que par goût. Comment n'en aurait-il pas assez de ce Maine qui ne lui a jamais procuré que des ennuis, même à travers son propre fils ?! Parvenu face à Ste-Suzanne avec un contingent anglo-normand, il ne lui faut pas longtemps pour se rendre compte qu'un assaut serait hasardeux et coûteux en hommes. Il ordonne donc l'élévation d'un campement militaire pour assiéger la place. Ce *château neuf*, tout provisoire, est édifié à moins d'une demi-lieue au nord de la forteresse, au lieu-dit *Beugy*, non loin du cours de l'Erve. Il consiste en deux enceintes rectangulaires distinctes, sur une surface totale de 2,5 hectares, cernées de hauts remparts de terre, avec une tour en bois à chaque angle, et des palissades à la crête. Les fossés creusés tout autour

pour construire les remparts ajoutent au système défensif de l'ensemble. Par une chance extraordinaire, des vestiges du camp de Beugy nous sont parvenus fort bien conservés (improprement dénommés *camp des Anglais* !), qui nous permettent de juger ce qu'était un tel campement au temps de Guillaume le Bâtard. Nul doute que les sièges de Brionne et d'Alençon aient été organisés selon le même schéma. Il existe encore en contrebas du camp de Beugy un *champ de Bonjin* qui atteste l'appellation de ce fort de terre.

Ainsi juchée face à Ste-Suzanne, sa garnison pourra surveiller les agissements du rebelle. Guillaume en confie la garde au Breton Alain le Rouge, qu'il avait fait seigneur de Richmond (sur la Tamise, à l'ouest de Londres). Celui-ci recrute des mercenaires en Bretagne et en France, dont Hugues le Grand, le propre frère du roi Philippe Ier !

Malgré cette présence permanente, le blocus n'est pas total, loin s'en faut. Des sorties sont effectuées avec succès, le ravitaillement est assuré. On assiste même à des captures de Normands et d'Anglais qui seront rendus contre rançon ! A cause de la mollesse du Breton, le siège va durer deux ans : les hostilités ne cessent qu'au printemps 1086, sans vainqueur

Reflet sur la pierre tombale de la reine Mathilde. L'abside romane de l'Abbaye aux Dames a été reconstruite au début du XIIe siècle, après la Première Croisade.

1. *Sainte Suzanne : au premier plan, le cours de l'Eure.*
2. *Camp de Beugy. Reste d'un rempart de la partie orientale du site.*
3. *Vestiges de Beugy, au nord de Sainte-Suzanne. Derrière la barrière, le fossé créé par les Normands de Guillaume sépare les deux réctangles qui constituaient le camp normand.*
4. *Site de Beugy.*
5. *Du camp de Beugy, les hommes de Guillaume surveillaient Sainte-Suzanne.*

ni vaincu. Il semble bien que Guillaume lui-même n'ait pas accordé beaucoup d'importance à une guérilla dont l'enjeu lui paraissait secondaire, au regard des nouvelles menaces qui pèsent sur l'Angleterre.

Le jugement dernier

À la fin de 1084, Guillaume doit quitter la Normandie. Ses agents de renseignement lui ont fait parvenir les nouvelles d'une inquiétante coalition du côté de la Mer du Nord. Si le chef apparent en est le roi Knut de Danemark, l'âme de la menace n'est autre que le nouveau comte de Flandre, son vieil ennemi Robert le Frison, dont la fille a épousé le roi danois.

Ce dernier entend monter sur le trône jadis occupé par un autre Knut beaucoup plus étoffé que lui, ce qui lui avait valu le surnom de *Knut le Grand*. Il concentre une importante flotte d'invasion dans le Limfjord, un vaste golfe à l'époque, aujourd'hui considérablement rétréci. Sur les navires, des Danois, des Flamands, et aussi des Norvégiens. Fidèle à la promesse faite après la défaite de son père Harald Hardrada à Stamford Bridge, le roi Olav Kyrre ne prendra pas directement part à la campagne militaire, mais en vertu du vieux principe nordique de liberté, il ne peut empêcher ses sujets de s'y engager à titre personnel, pour tenter l'aventure.

Avant de quitter le continent, Guillaume recrute tellement de troupes, tant en Normandie qu'en Bretagne, qu'il en débarque à Portchester encore plus qu'à Pevensey dix-huit ans plus tôt ! À tel point, nous dit la chronique anglo-saxonne, que les Anglais se demandent comment le pays va pouvoir subvenir aux besoins d'une pareille armée…

Pour mieux faire face à l'invasion pressentie, et empêcher le ravitaillement de l'ennemi, le roi ordonne de dévaster la campagne anglaise près des côtes est et sud-est. Une précaution inutile, car le débarquement n'aura pas lieu. En effet, des dissensions se sont fait jour au sein de la coalition. Une mutinerie finit par éclater, menée par Olav, le propre frère du roi Knut. Ce dernier le fait arrêter et le livre à son beau-père Robert le Frison qui le gardera quelque temps en ses geôles. Guillaume respire mieux. En décembre 1085, il licencie la majorité de ses mercenaires et reprend le cours normal de son règne. À Noël, il séjourne à Gloucester.

En cette solennelle circonstance, il s'est coiffé de la couronne royale, face à sa cour réunie pour cinq jours de conseil : archevêques, évêques, abbés, barons et chevaliers. Suivent encore trois jours de conférences ecclésiastiques, au cours desquels le duc-roi fait nommer évêques trois Normands de sa chapelle royale : Maurice à Londres, Guillaume à Thetford et Robert à Chester.

Et surtout, cette assemblée est pour lui l'occasion de faire connaître une décision qui allait révolutionner l'administration anglaise et donner du grain à moudre aux historiens.

– J'entends, dit-il en martelant ses mots à l'assistance abasourdie, que soit réalisé dans l'année qui vient l'inventaire complet et détaillé de toutes les possessions réunies sous cette couronne royale d'Angleterre !

En clair, Guillaume ordonne que l'ensemble de son royaume soit *décrit*. C'est à dire qu'il veut recenser le nombre de ses sujets, l'étendue de leurs biens en terre et en animaux, ainsi que le montant de leurs revenus et celui de leurs impôts. Ce n'est pas tout : les chartes royales et privilèges accordés verbalement seront désormais consignés par écrit, afin que nul n'en ignore. Cette *Description de toute l'Angleterre* (sa dénomination officielle) prendra dès le XIIe siècle le sobriquet populaire de *Domesday Book*, le *Livre du Jugement Dernier*, ce qui en dit long sur le traumatisme subi par les intéressés !

Pourquoi cette décision ? Orgueil d'un monarque qui désire savoir exactement sur qui et quoi il règne ? Volonté d'affiner sa fiscalité grâce aux renseignements ainsi collectés ? L'an passé, Guillaume avait rétabli le vieil impôt du *Danegeld* (il fallait bien payer les mercenaires…) en taxant les terres à raison de soixante pennies par hide (1 hide = 120 acres, soit 60 ha), ce qui avait déclenché un concert de protestations ; une meilleure évaluation des biens de chacun devrait rétablir l'équilibre chez ses sujets. Il est probable que les motifs se conjuguent chez un homme rendu par l'âge de plus en plus avare et pétri de satisfaction personnelle.

Du reste, une telle opération, unique dans tout l'âge médiéval (on n'en mentionne précédemment qu'au cours de l'ère romaine) ne peut qu'avoir été envisagée de longue date. Elle n'a pas pu jaillir de son cerveau ce Noël 1085 à Gloucester, même s'il a attendu ces circonstances, tandis que l'ordre semble revenu à ses frontières, pour rendre publique sa décision et lancer la formidable machine de son état centralisé dans la quête des informations requises. Depuis vingt ans, Guillaume a eu le temps de mettre en place son administration et le rouage essentiel des *sheriffs*, officiers et véritables contrôleurs fiscaux sans lesquels l'inventaire n'aurait pu voir le jour, qui ont déjà « défriché le terrain ».

Dès après Gloucester, le duc-roi envoie ses vérificateurs royaux. Évêques ou laïcs, triés sur le volet de la haute aristocratie, ils jouissent de toute sa confiance. Chacun d'eux a la responsabilité d'un secteur où il dépêche quatre commissaires non impliqués personnellement dans les domaines visités, chargés d'interroger les sheriffs, thegns et prêtres saxons susceptibles de les renseigner sur le partage ancien des terres. Toutes les informations recueillies seront du reste vérifiées par une seconde équipe qui les recoupera et rectifiera les erreurs éventuelles. Les fausses déclarations seront sévèrement punies d'amendes. Sept circuits régionaux sont ainsi déterminés :

1° Kent, Sussex, Hampshire, Berkshire.

2° Wiltshire, Dorset, Somerset, Devon, Cornouailles.

3° Middlesex, Bedfordshire, Buckinghamshire, Hertfordshire, Cambridgeshire.

4° Oxfordshire, Warwickshire, Northamptonshire, Leicestershire.

5° Gloucestershire, Worcestershire, Herefordshire, Shropshire, Cheshire.

6° Huntingdonshire, Nottinghamshire, Rutland, Lincolnshire, Derbyshire, Yorkshire.

7° Essex, Norfolk, Suffolk.

La forteresse de Portchester, qui gardait l'un des principaux ports au sud de l'Angleterre, deviendra un peu plus à l'est Portsmouth. Protégé par l'île de Wight, Portchester était l'un des lieux privilégiés d'embarquement vers la Normandie.

On sait par exemple que la région n°5 a été visitée par l'évêque Rémy de Lincoln, Henri de Ferrières, Gautier Giffard et Adam Fitz-Hubert.

Dans chaque domaine, les enquêteurs posent invariablement les mêmes questions :

Quel est le nom de la seigneurie ? Qui en était le maître sous le règne d'Edouard le Confesseur ? Et après 1066 ? Et aujourd'hui, en 1086 ?

Combien le domaine comptait-il alors de hides, en quels lieux ? Et aujourd'hui ?

Combien de charrues et d'attelages, sur les terres cultivées du seigneur, appartiennent-ils à des vassaux ?

Combien alors d'hommes libres, de métayers, de vilains, de bordiers, de tenanciers et d'esclaves ? Et aujourd'hui ? Quels sont les services dus et les sommes perçues ?

Combien de bois, de prairies, de pâtures ? De moulins et d'étangs de pêche ? Pouvait-on améliorer le rendement des terres agricoles ?

Qu'est-ce qui a été ajouté ou retranché ces dernières années ? Quelle était la valeur de ces biens ? Et maintenant ? A combien s'élevait la part du roi dans les produits de la terre ?

Il est notable que la plupart des fiefs qui en 1066 furent traversés par le corps expéditionnaire normand avaient moins de valeur en 1086 qu'avant la Conquête : les pillages et les incendies avaient laissé des traces durables. Sans parler des comtés situés le plus au nord, ravagés lors des révoltes du Yorkshire et pour cette raison exclus du recensement.

Dire que les enquêteurs sont les bienvenus serait pour le moins exagéré ! Ils doivent çà et là affronter la colère des intéressés ; on dénombre même quelques morts au cours d'échauffourées vite réprimées. Enfin, le travail parvient à son terme, et les parchemins sont regroupés à l'échelle du comté. Centralisés à Winchester, les moines copistes vont en faire un recueil unique. Cette compilation a lieu dans le scriptorium du palais royal (disparu) de l'ancienne capitale du Wessex, deuxième ville du royaume, à proximité immédiate de la cathédrale en reconstruction. Paradoxalement, Winchester ne figure pas dans le grand livre, soit parce que Guillaume est mort avant la visite de la cité par les commissaires, soit parce qu'il existait déjà un état des lieux, réalisé antérieurement à Noël 1085. En tout cas, il y fut réalisé deux livres au XIIe siècle : en 1110 et en 1148, connus sous le nom de *Winton Domesday*.

Les scribes reproduisent le plus fidèlement possible les informations collectées au cours de l'année. Le *Domesday Book* est rédigé sur un parchemin d'agneau d'excellente qualité, avec des plumes d'oie ou de canard, à l'encre noire ou rouge. Dans le *Great Domesday Book*, le plus complet dont on dispose, le texte est disposé sur deux colonnes, une tournure devenue fréquente depuis la Conquête. On a calculé qu'un copiste couvrait en moyenne six colonnes par jour, soit trois pages ou 280 lignes. Si la rédaction pure a été terminée en 1086, les corrections ne durent intervenir que l'année suivante, voire après la mort du Conquérant.

Après ce travail de fourmis, intervient une sorte de comité de relecture chargé de corriger les fautes et erreurs commises. Enfin, un responsable global approuve l'ensemble du travail effectué et, à l'instar de nos professeurs d'université qui signent les travaux de leurs étudiants, il en recueille les fruits : ainsi le Normand Samson reçut-il en 1096 l'évêché de Worcester en récompense de cette tâche menée à bien.

Outre le *Great Domesday Book* de Winchester (aujourd'hui à Londres) qui est en fait un résumé, et le *Little Domesday Book* qui n'est qu'une partie de la version intégrale de l'œuvre, on connaît encore du XIe siècle l'*Exon Domesday*, un manuscrit conservé en la cathédrale d'Exeter qui couvre le circuit n°2 (Cornouailles, Devon, Somerset, Dorset et une seigneurie du Wiltshire). Il s'agit là du premier jet d'un texte recopié et expédié à Winchester. L'*Inquisitio Comitatus Cantabrigiensis* traite du seul Cambridgeshire, divisé en ses centaines. Enfin, l'*Inquisitio Eliensis* est une sorte de *Domesday* privé issu de l'abbaye d'Ely, copié à partir de renseignements obtenus en 1086 dans les trois régions où le monastère possédait des biens (soit six comtés). Cet inventaire va très loin, jusqu'à répertorier tous les veaux, vaches et porcs existants !

Mise à part cette gigantesque entreprise, la vie suit son rythme habituel. Guillaume réunit sa cour à Winchester pour Pâques, puis à Westminster pour la Pentecôte. À cette occasion, le roi fait adouber le plus jeune de ses fils, Henri Beau-Clerc. Ici, bien sûr, pas de champ de bataille pour un rite initialement militaire. Devenue religieuse, la cérémonie incombe à Lanfranc, qui passe sur le nouveau chevalier le haubert, le heaume et le baudrier destiné à recevoir l'épée bénie par l'officiant.

Remis de la mutinerie dont il a été victime, Knut de Danemark est rentré sur ses terres. Le 10 juillet 1086, il est assassiné dans l'église d'Odense, sans doute par les siens, alors qu'il se disposait à repartir en campagne vers l'Angleterre.

Quand Guillaume apprend la nouvelle, il se trouve déjà à Salisbury parmi les plus importants seigneurs

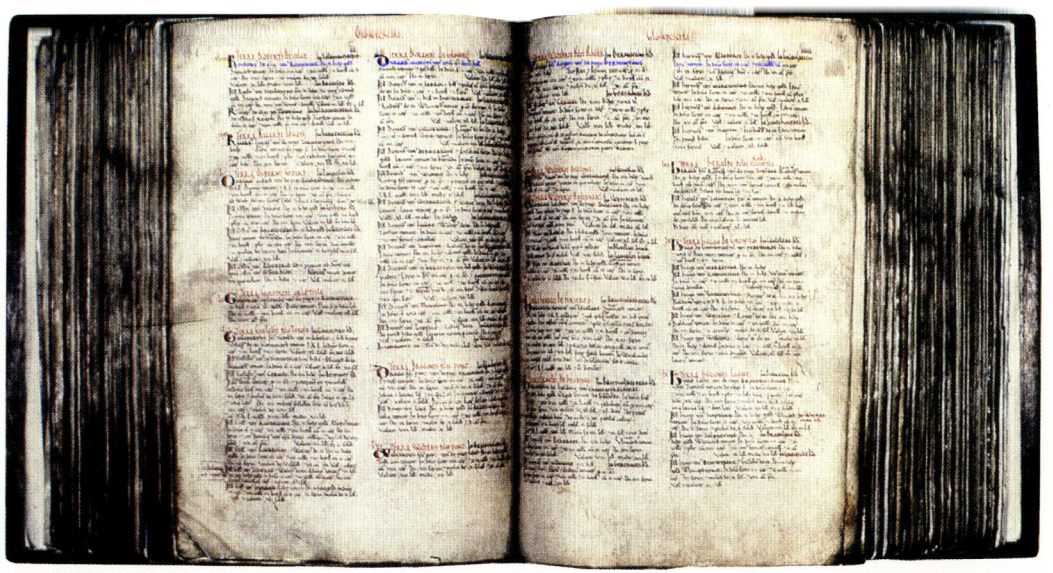

Deux exemplaires du Domesday Book : le Grand et le Petit. Le Great Domesday Book, (ci-contre) couvre la majorité de l'Angleterre, sauf l'Est-Anglie. Le Little Domesday Book, (ci-desssus) qui lui, couvre l'Est-Anglie, constitue un stade antérieur de la rédaction, une sorte de prise de notes « brute de décoffrage ». Sans la mort de Guillaume en 1087, son contenu aurait sans nul doute été intégré au Grand.

Document de la fin du XIᵉ siècle, une illustration destinée aux Evangiles de l'abbaye de Préaux : un scribe au travail, en fait une représentation de St-Luc (auréolé).

du royaume, en vue précisément de cette nouvelle invasion projetée par son ennemi. Cette menace évanouie, il met à profit la présence de ses barons, de *thegns* et de quelque 5000 chevaliers pour leur demander de lui faire un serment d'allégeance personnelle directe, sans passer par la traditionnelle échelle de vassaux à suzerains dont il constitue l'ultime niveau. Ils s'exécutent volontiers, bouleversant ainsi la hiérarchie féodale au profit d'un pouvoir royal considérablement accru : en effet, le vassal d'un seigneur n'était pas nécessairement celui du suzerain de ce dernier ; le voici dorénavant vassal direct du roi en toutes circonstances, dans et hors les frontières. C'est une simplification, et c'est une révolution.

Dans le courant du mois d'août, Hubert de Ste-Suzanne se présente à Guillaume pour une improbable réconciliation ; le révolté du Maine rentre en grâce auprès de son suzerain qui lui pardonne ses errements passés.

En septembre, Guillaume se rend sur l'île de Wight où il se fait remettre les divers impôts de ses sujets, sans doute déjà corrigés à partir de la *Description de toute l'Angleterre*. Or l'année n'a pas été bonne : orages dévastateurs de récoltes, épizooties dans les troupeaux engendrent une disette évidemment rapprochée du *Domesday Book* dans l'imagination populaire.

Après quoi, le duc-roi décide de quitter l'Angleterre qu'il laisse, sinon prospère, du moins paisible et pacifiée, et passe en Normandie.

C'est la dernière fois qu'il franchit le Chenal.

Une campagne de trop

Les chroniqueurs se sont toujours complus à trouver des justifications *a posteriori* aux phénomènes naturels ou aux catastrophes. Ainsi en 1064, le passage pourtant inévitable de la comète de Halley fut-il interprété comme un présage funeste pour Harold de Wessex. 1087 n'échappe pas à ce travers. Après la rédaction du *Domesday Book*, cette année accumule en Angleterre accidents et calamités en tous genres : épidémies, famines, incendies… dont on connaît cependant des précédents peu suspects de jugement divin. Aussi ne sera-t-on pas étonné qu'elle soit aussi celle de la mort du roi.

Elle avait pourtant commencé sous les meilleurs auspices : Guillaume est rentré dans sa Normandie natale, laissant derrière lui un royaume pacifié, recensé, globalement prospère à l'exception du Yorkshire.

Le Bâtard accuse le poids des ans… et le sien propre : une nourriture déséquilibrée, l'abus de venaison, un ralentissement d'activité physique dû au vieillissement ont accru un embonpoint qui se dessinait déjà vingt ans plus tôt lors de la conquête. Cet excès pondéral le handicape tant qu'il se trouve contraint de garder le lit en son palais de Rouen, incapable de se mouvoir pendant quelques semaines. Peut-être souffre-t-il d'une crise de goutte. Cette inactivité forcée lui permet de revenir sur lui-même, sur ses origines, sur son destin…

– Parle-moi franchement, Eudes, demande-t-il à son vieux compagnon d'armes, son sénéchal depuis quinze ans, que crois-tu que mon père pense de moi en ce moment ?

– Seigneur, répond le fils d'Hultre de Ryes, d'où il vous regarde, le duc Robert est fier de sa progéniture, à un point tel que nul ne peut l'imaginer.

– Fier de moi, dis-tu ?… Ah ! oui, c'est vrai, je suis devenu l'un des princes les plus puissants de tout l'Occident chrétien. Le pape me soutient, l'empereur me respecte. On connaît mon nom jusqu'en Terre Sainte, cette terre où repose encore le Magnifique… Par la splendeur de Dieu, Eudes, m'as-tu bien entendu ? Le roi d'Angleterre n'a même pas été capable de rapatrier les restes de son père ! Un fils indigne, voilà ce que je suis !

– Seigneur ! Où qu'il soit…

– C'est un péché auquel je ne puis me résoudre ! Il ne sera pas dit que l'homme qui m'a désigné pour lui succéder avant son départ pour ce funeste pèlerinage demeurera loin de son duché natal. Je veux qu'il repose à jamais ici, à Rouen. Je vais envoyer à Nicée une troupe qui se chargera du convoi funèbre.

Bien vite, des émissaires s'apprêtent à partir pour Byzance afin de s'acquitter de cette délicate mission. Ils n'ont pas encore quitté Rouen que le souvenir de son père éveille chez Guillaume une autre impérieuse nécessité, dans laquelle l'affectif cède le pas, il est vrai, au politique. Mais n'est-ce pas toujours le cas chez les puissants de ce monde ?

– Mon Vexin ! s'écrie-t-il.

– Seigneur ?

– Oui, Eudes, mon Vexin ! Le Vexin est à moi.

– Ne l'est-il pas, Seigneur ?

– Il l'est, certes, dans sa partie occidentale, avec Lyons, Etrépagny et Gisors. Mais le reste ? Hein, le reste, par la splendeur de Dieu ?!

– Ma foi…

– Mon père a reçu le Vexin oriental en bonne et due forme, des mains de Henri de France en personne ! Ce fourbe me l'a repris plus tard, oublieux qu'il devait sa couronne au duc de Normandie. Pourtant, que serait-il devenu sans l'aide de son vassal ? Sa mère Constance l'aurait écarté au profit de son frère Robert, et lui : lui, Henri, aurait croupi en exil, ou bien au fin fond d'une geôle, ou encore derrière les murs d'une cellule de monastère. Ou bien, il serait mort jeune ! Et aujourd'hui, son fils Philippe ne serait rien. A supposer qu'il existe !

– Seigneur, tout cela est si loin…

– Ce Vexin prétendument français m'appartient de droit en son entier ! Avec Chaumont, Mantes et Pontoise ! Du reste, ne fait-il pas partie du diocèse de

Rouen ? Pontoise n'est qu'un archidiaconat. Qu'une ambassade se mette en route pour porter mon message au roi Philippe ! Il me le rendra, ou bien ce sera la guerre.

Guillaume prend le conseil de son entourage. On tente bien de le raisonner : ses domaines ne lui suffisent-ils pas ? Qu'il songe à son âge, au nécessaire équilibre entre les monarques... Mais la décision du duc est déjà prise. Tel un enfant gâté, il s'obstine : l'ancien *pagus velcassinus*, le pays des Véliocasses situé entre l'Oise, la Seine et l'Andelle, doit être intégralement sien. Il lance donc sur les chemins une nouvelle délégation pour faire valoir ses droits.

Depuis que Robert le Magnifique a maintenu son suzerain Henri Ier sur le trône de France, le Vexin a souvent changé de mains. La dernière fois, c'était il y a dix ans lorsque, pour se faire moine, le comte Simon de Crépy l'a abandonné à la famille royale. A l'exception de Robert de Beaumont qui, en son fief de Meulan depuis 1080, est demeuré fidèle à Guillaume, ses seigneurs sont tous acquis à Philippe Ier.

Aussi, quand ce dernier reçoit les envoyés du duc qui lui exposent les arguments de leur maître, il ne contient pas son ironie. N'héberge-t-il pas Robert Courteheuse, en révolte contre son père ? De plus, la rumeur lui a appris l'alitement de son vieil ennemi ; et c'est sans scrupules qu'il fait aux Normands une réponse cruelle qu'ils hésiteront à lui rapporter.

– Eh, bien ? insiste le duc lors de leur retour. Que dit le roi de France ? Va-t-il me rendre mon Vexin ?

– Sire, finit par lui rapporter un chevalier, le roi a ricané et – que Dieu me pardonne de répéter pareille infamie ! – il a proféré ces odieuses paroles : « Quand donc ce gros homme finira-t-il par accoucher ? Il devrait y avoir une grande fête avec bon nombre de cierges le jour de ses relevailles. »

Guillaume a blêmi sous l'insulte. D'un bond, il quitte cette couche où ses mires l'ont trop longtemps confiné.

– Ah, donc c'est ainsi ? Par la splendeur de Dieu, faites-lui dire que j'irai faire ma messe de relevailles à Notre-Dame de Paris, avec vingt-mille lances en guise de cierges !

Fin juillet 1087, l'expédition militaire est fin prête. Non pas vingt-mille lances, mais certainement un bon nombre tout de même, susceptibles de renverser tout sur leur passage, tel le sanglier rageur courant sous la futaie. Quelles sont alors les intentions de Guillaume ? Vise-t-il réellement Paris et le royaume de France ? Les historiens sont partagés sur le sujet. Renverser Philippe Ier pour annexer l'Île-de-France comme il l'a fait de Harold et de l'Angleterre serait un acte d'une autre portée politique, qui ne recueillerait pas, loin s'en faut, l'assentiment de Rome. La Flandre et l'Empire n'auraient pas non plus laissé faire, sans parler de l'Anjou, dont la menace latente n'aurait pas manqué de s'éveiller. Plus vraisemblablement, la campagne de 1087 n'est autre qu'une expédition punitive d'un vassal contre son suzerain, destinée certes à laver l'affront subi, mais surtout à venger les incessantes violations de frontières dont se rendent coupables les seigneurs du roi (au premier chef Hugues Stavel et Raoul Mauvoisin), contre les terres de Guillaume de Breteuil et Roger d'Ivry : c'étaient dévastation de récoltes, vol de bétail, prise de captifs. Et aussi, cela va de soi, à récupérer le Vexin « français », dûment transmis entre leurs pères respectifs voici plus de cinquante ans.

Menée par un chevalier nommé Ascelin Goel, la troupe ducale renverse tout sur son passage. Elle a franchi l'Epte, s'empare de Chaumont, atteint Mantes début août. Autour d'elle, la population s'écarte, repoussée par un raz-de-marée humain qui retrouve les réflexes de la conquête d'Angleterre, du moins pour les guerriers de cette génération. Les moissons sont détruites, les vignes arrachées. Guillaume suit, confiant en sa puissance militaire.

Mantes cède à son tour sans grande résistance. Chevaliers et fantassins se répandent dans la ville apeurée. On pille, on incendie ; Notre-Dame est la proie des flammes. Au cœur de la mêlée, Guillaume exhorte ses troupes à la razzia : il s'agit de montrer au roi de France qu'il n'est pas maître en ces terres, que le Vexin est normand, que son duc en fait ce qu'il veut, que « le gros homme » a encore assez de ressources pour faire rendre gorge à l'insolent roitelet qui se dit son suzerain !

L'édifice religieux n'est plus qu'un brasier dont la toiture s'effondre en crépitant. La poutraison s'abîme au sol, faisant jaillir d'énormes brandons incandescents qui propagent le feu alentour. Soudain, l'une de ces pièces de charpente vient s'abattre aux pieds du destrier ducal. Le cheval hennit, se cabre, trébuche et s'abat sur le flanc en hurlant de douleur, atrocement brûlé par les braises.

Guillaume n'a pas eu le temps de déchausser ses étriers. Prisonnier de son propre poids, il roule au sol sous sa monture dont les fers battent désespérément l'air surchauffé par le brasier. Quand enfin l'étalon se relève et fuit la fournaise au grand galop, son cavalier gît à la lueur des flammes en se tenant le ventre : le haut pommeau de sa selle à piquer s'est insinué sous son haubert de mailles, a pénétré les tissus adipeux et lui a porté à l'abdomen une blessure comme il n'en a jamais connu. On lui porte secours. Ses chevaliers comprennent que leur chef est défait. Ils n'iront pas plus loin que cette ville de Mantes qui s'écroule autour d'eux dans les craquements de l'incendie et les cris de terreur.

Chargés du butin amassé, les guerriers ont pris le chemin du retour à travers la campagne dévastée. L'enthousiasme d'hier les a abandonnés. Parmi eux, allongé sur une litière, gît l'homme qui a fait leur fortune et leur gloire : Guillaume le Bâtard, duc de Normandie et roi d'Angleterre.

Dernier acte

Parvenu en son palais de Rouen, le blessé se voit environné de médecins : l'évêque de Lisieux Gilbert Maminet ; Jean le Mire, qui sera évêque de Bath ; Gontard, abbé de Jumièges. Mais que peut la pauvre médecine du XIe siècle contre le destin ? Il sera aisé pour les chroniqueurs religieux de voir dans l'accident du duc-roi la punition divine de l'outrage porté à la collégiale de Mantes.

Guillaume est au plus mal. Il rejette toute nourriture solide ou liquide et s'affaiblit de jour en jour. Les chairs flasques s'affaissent sur un corps amaigri qui sans cesse vomit, est la proie de la fièvre et de hoquets et peine à respirer. Quelle est la nature exacte de son mal ? Il est bien difficile de porter un diagnostic *a posteriori*, pour une époque qui ignore la chirurgie, la radioscopie et les antibiotiques. On a supposé, soit une péritonite, soit un traumatisme du pancréas ; cette seconde hypothèse correspondrait mieux aux symptômes et à la durée de l'agonie. Car Guillaume va survivre six longues semaines.

La rumeur de la ville fatigue le mourant. Les proches bruits du port normand l'indisposent. Il ordonne qu'on le transporte hors la cité, à l'ouest, sur une colline, jusqu'au prieuré St-Gervais, où il reposera plus tranquille ; et aussi sera mieux entouré en vue de sa fin prochaine. Car il sait ce qui l'attend. Ce guerrier a assez souvent donné la mort pour la reconnaître quand elle vient à lui. Ni les paroles rassurantes de son entourage, ni les pronostics optimistes de ses médecins ne peuvent le tromper. Il doit prendre des dispositions pour préparer sa succession.

Gérard, son chancelier, l'assiste, ainsi que l'archevêque de Rouen Guillaume Bonne-Âme. Ses fils Guillaume le Roux et Henri Beau-Clerc sont déjà à Rouen. Leur frère Robert Courteheuse, lui, vit toujours dans le domaine royal de France et ne le quittera pas de si tôt. Son demi-frère Robert de Mortain se trouve, lui aussi, auprès de lui ; l'autre, Odon de Conteville, n'est guère plus loin, mais l'évêque de Bayeux ne quittera pas la geôle rouennaise où l'a conduit son inconséquence.

Conformément à l'usage médiéval, le malade commence à distribuer ses biens : il doit se présenter devant le Seigneur nu comme au premier jour, dépouillé des vains oripeaux de sa vie terrestre. Culpabilisé par les membres du clergé qui mettent l'accent sur l'incendie de la collégiale qui a entraîné sa perte, il en ordonne la reconstruction à ses frais, ainsi que celle de toutes les églises détruites au cours de la campagne du Vexin. Vient ensuite la partie la plus délicate de ses devoirs ultimes : le partage de ses domaines.

Que va-t-il faire de sa chère Normandie ? Certes, il l'a depuis toujours promise à son fils aîné, mais Robert est en exil en France, pour ne pas dire en fuite. Autour de lui, on cherche à le persuader de léguer le duché à cet éternel rebelle dépourvu du bon sens nécessaire à l'exercice du pouvoir.

– Vous avez raison, leur répond le mourant, la coutume liée au principe de primogéniture mâle me contraint à lui laisser la Normandie. Du reste, je serais parjure si je la lui refusais. Je lui pardonne volontiers tout le mal dont il s'est rendu coupable et je vous charge de lui faire comprendre ce qu'il m'a fait endurer pendant les dernières années de ma vie.

– Sire, et l'Angleterre ?

Guillaume se retourne sur sa couche et désigne son fils puîné.

– L'Angleterre est à toi, Guillaume. Va, n'attends pas. Va vite voir Lanfranc à Cantorbéry, afin qu'il te remette dès à présent ton royaume.

Guillaume le Roux regarde une dernière fois son père qui le bénit ; il l'embrasse et disparaît, muni des lettres nécessaires à la jouissance de son héritage. Il reste Henri Beau-Clerc, son dernier fils. A son tour, il attend, mais que pourrait bien lui donner le roi ?

– Et moi, père ? lui demande-t-il. Que me laissez-vous ?

– Je te donne de mon trésor cinq mille livres d'argent.

– Vraiment, père ? Et que puis-je faire de ce trésor si je n'ai aucun lieu où habiter ?

– Aie confiance en ton destin, Henri. Tu es très jeune, et tu as encore beaucoup à apprendre. Espère en toi.

Henri est furieux. Il s'empresse d'aller se faire compter la somme qui lui est allouée, dont il vérifie lui-même le poids, choisit quelques amis sûrs et monte en selle avec eux. Pour lui, son père est déjà mort.

– Guillaume, lui dit Robert de Mortain, tu as fait emprisonner des Saxons, et même des Normands. Toi disparu, pourquoi demeureraient-ils dans leurs geôles ?

– Ce sont des traîtres, mon frère. Ils ont fomenté contre moi un complot voici douze ans. Leur sort est largement mérité.

– Tu n'es plus roi d'Angleterre. Comment ton fils pourrait-il régner sur un pays divisé par la haine et le ressentiment ? Aide le Roux, laisse-les sortir de prison!

Le duc-roi finit par se laisser fléchir. Ainsi, Morcar, Roger de Breteuil, Wulfnoth, Siward et Algar, tous impliqués dans les intrigues de 1075, vont recouvrer leur liberté, à la seule condition qu'ils s'engagent à ne plus jamais prendre les armes contre leur seigneur en Angleterre et en Normandie. Il reste un cas à régler, un seul, et non le moindre.

– Et Odon ? Vas-tu le laisser croupir entre ses murs ?

Malgré son état de faiblesse, Guillaume grogne de fureur.

– Odon est un être malfaisant, égoïste et irresponsable ! Le libérer n'engendrerait que des malheurs.

– Il est mon frère, Guillaume !

– Il est aussi le mien, mais cela ne change rien à ma décision. Il est au mieux dans sa tour de pierre. A tout jamais, aussi longtemps qu'il vivra !

Autour d'eux, toute l'aristocratie présente fait chorus avec Robert : qu'il revienne sur cette condamnation ! Guillaume réagit en ces termes :

– Je m'étonne que votre sagacité ne vous éclaire pas davantage sur l'homme dont vous me réclamez la grâce avec tant d'insistance. Est-ce vraiment cet ennemi de la religion dont vous exigez la libération ? Cette source inépuisable de séditions ? Cet oppresseur des peuples et destructeur de monastères ? Mon frère Odon est léger et ambitieux, attaché aux plaisirs de la chair et porté à d'excessives cruautés. Jamais il ne quittera les voluptés et les vanités coupables. Libre, il recommencera ses intrigues et sèmera le malheur autour de lui. Toutefois, je vois bien que vous le voulez ainsi. Moi disparu, vous passerez outre ma volonté. Soit ! Sortez-le de ses fers, mais seulement après ma mort. Je vous l'affirme, vous le regretterez. Vous vous préparez à vous-mêmes de grands malheurs.

C'est fini. Guillaume a exprimé ses dernières volontés. Epuisé et serein, il s'endort. Le lendemain, jeudi 9 septembre, après une nuit calme, il entend la cloche toute proche de la basilique métropolitaine et s'en enquiert.

– Seigneur, lui répond Eudes, c'est prime qui sonne à l'église de madame Ste-Marie.

– Je me recommande à la Sainte Vierge, mère de Dieu, ma souveraine, afin qu'elle me réconcilie par ses prières avec son fils, notre seigneur Jésus-Christ.

Sur ces mots, il expire. Le soleil levant l'éclaire d'une douce clarté.

Le duc est mort !… Dans l'abbaye, la nouvelle se répand en quelques instants : le duc est mort ! Le duc est mort !… On s'y attendait depuis trois semaines, mais, paradoxalement, quand l'événement survient, on refuse tout d'abord d'y croire. Le duc est mort ? Mais hier encore, il parlait normalement avec ses proches, il les conseillait comme aux plus beaux jours de son âge ! Et ce matin, plus rien ? Le duc est mort… Après quatre décennies d'un pouvoir absolu, Guillaume le Conquérant a quitté la vie terrestre. Pourtant, il paraissait indestructible.

Tandis que les prêtres s'affairent autour du cadavre en psalmodiant leurs prières, l'étonnement lié à la disparition du duc-roi plonge son entourage dans la consternation. Voilà des années que ceux de sa cour et de sa *mesnie* se reposaient sur lui, qu'ils attendaient son bon vouloir pour agir, qu'ils vivaient à travers ses désirs, ses pulsions, sa générosité sélective. Et maintenant ? Que va-t-il advenir d'eux, à présent que leur phare s'est éteint ?

Cependant, il faut agir, respecter ses dernières volontés, avertir qui de droit. Sur-le-champ, un courrier se met en route pour la France, afin d'informer Robert Courteheuse qu'il est devenu – *enfin !* se dira-t-il sans doute – le nouveau duc de Normandie, un titre qui paraît bien lourd sur les épaules de l'inconséquent aîné de Guillaume et de Mathilde. Quant au roi d'Angleterre désigné quelques jours avant l'issue fatale, Guillaume le Roux apprend le décès de son père au port de Wissant, alors qu'il allait traverser le Chenal pour rejoindre Douvres. Raison de plus pour s'embarquer dare-dare et se faire couronner avant qu'un nouveau complot saxon se fasse jour !

La triste nouvelle mettra beaucoup plus longtemps à parvenir en Italie du sud, où se trouve la mission orientale envoyée par Guillaume pour ramener de Nicée la sépulture de son père, sur le chemin de son cher duché ; en apprenant que le fils de celui qu'ils escortent est mort lui aussi, les ambassadeurs abandonnent leur funèbre chargement, et c'est là, sur une route de Calabre, que Robert le Magnifique achève son voyage de retour ; c'est là que ses restes sont perdus à tout jamais, sur cette péninsule colonisée par les Normands de Tancrède de Hauteville, pas tout à fait en terre étrangère…

Partout, règne l'agitation fébrile propre aux grands changements. On connaît bien ici et là quelques mouvements de panique, mais enfin, ce n'est pas la fin du monde, même si c'est assurément la fin d'*un* monde, et l'on reste loin des terreurs eschatologiques de l'Apocalypse de St-Jean ! Certains s'empressent de mettre leurs biens à l'abri, dans la crainte de troubles liés au changement de maître ; ou peut-être à l'*absence* de maître ?… Ainsi en va-t-il en ces temps où les rapports féodaux régissent le monde occidental, où l'on est d'abord l'homme d'un homme, où la mort du suzerain risque de bouleverser l'équilibre d'une société dans laquelle les renversements d'alliance sont monnaie courante.

On prend soin toutefois de faire le nécessaire, sans rien omettre d'important. Une procession religieuse est organisée dans les rues de Rouen pour le salut de l'âme du disparu. De la cathédrale Notre-Dame, des abbayes rouennaises, moines et chanoines convergent vers St-Gervais, où le prince a rendu son dernier soupir. L'archevêque Guillaume Bonne-Âme ordonne ensuite l'acheminement de la dépouille royale jusqu'à sa ville de Caen où elle doit être inhumée selon la volonté du défunt.

Les nobles de Rouen étant partis vaquer à leurs occupations d'urgence liées à l'événement, c'est un humble chevalier du nom d'Herluin qui, à ses frais, charge les embaumeurs d'accomplir leur tâche macabre. Après quoi, cousu dans une peau de bœuf, le corps est acheminé au port, où il prend place à bord d'une embarcation pour suivre la Seine au fil de l'eau. On ne sait pas à quel endroit la route terrestre a relayé la voie fluviale ; peut-être à Pont-Audemer (alors très proche de l'estuaire) afin de joindre ensuite Lisieux, ou bien pour passer plus au nord, par Troarn. Certainement pas, en tout cas, par la mer dont un caprice risquerait d'engloutir les précieux restes. Assurément, ce périple ultime du Conquérant est long, soigneusement escorté, ponctué de nombreux arrêts dans les abbayes, où le peuple et les moines lui adressent une dernière prière.

Enfin, le voici parvenu en sa ville de Caen, qu'il avait fait passer du modeste statut de juxtaposition de hameaux à celui de grande ville, seconde capitale du duché. Le clergé local, les moines et moniales, sont là qui l'accueillent, dont Gilbert et Mathilde, respectivement abbé et abbesse des deux abbayes. Hélas ! Sur ces entrefaites, un incendie se déclare dans une maison, qui menace de s'étendre à l'ensemble de la cité. Vite, tant bourgeois que religieux, la foule se disperse pour venir à bout du sinistre. L'Église ne manquera pas de voir un signe divin dans l'incident, et l'annonce de malheurs pour le duché, qui du reste se réaliseront au cours des mois et années suivantes… C'est donc escorté par quelques moines seulement que Guillaume paraît au seuil de sa dernière demeure.

Dans l'abbatiale dédiée à St-Étienne, tous les prélats du duché l'attendent. Tous, y compris son frère Odon de Bayeux, libéré avec empressement par ses partisans, dès que fut connue la mort du duc. Impassible, il triomphe intérieurement de celui qui l'a envoyé pendant cinq ans derrière les murs castraux de Rouen, dans une prison dorée. À ses côtés, en tenue d'apparat eux aussi, se tiennent l'archevêque Guillaume Bonne-Âme, les évêques Gilbert d'Évreux, Gilbert Maminot de Lisieux (l'un des mires de Guillaume mourant), Gérard de Sées, Michel d'Avranches, et Geoffroi de Montbray, héros de la bataille de Hastings, qui administre le diocèse de Coutances tout en jouissant de ses biens d'Angleterre. Les abbés des grands monastères sont présents, eux aussi. Le chroniqueur Orderic Vital cite Anselme du Bec, Guillaume du Ros de Fécamp, Gerbert de Fontenelle, Mainier d'Ouche, Foulques de St-Pierre-sur-Dives, Durant de Troarn, Robert de Sées, Osbern de Bernay, Roger du Mont-St-Michel, et les abbés de Rouen : Gautier, et Nicolas, ce fils de Richard III qu'on a placé à la tête de St-Ouen pour qu'il ne se mêle pas de pouvoir temporel. La longue agonie du roi leur a laissé le temps de quitter leur ministère pour se rapprocher de Caen. Du côté de la famille proche, peut-être Henri Beau-Clerc est-il là, mais on n'en a pas la certitude. Son oncle Robert de Mortain, en revanche, est vraisemblablement reparti en Angleterre pour, en tant que chef des armées, assurer le maintien de l'ordre.

Dans le chœur roman de l'Abbaye aux Hommes, le cercueil descendu dans la fosse attend son occupant, qui repose encore sur ses brancards, face à l'assistance. C'est à l'évêque Gilbert d'Évreux qu'échoit l'honneur de prononcer en chaire l'éloge funèbre du défunt. Après avoir tenu un discours convenu, vanté ses qualités d'homme d'état bon et charitable, qui a su étendre la puissance normande et élever sa nation plus haut qu'aucun de ses prédécesseurs, il ajoute à l'adresse de ses auditeurs en larmes : « Appliquez-vous à intercéder pour lui auprès du Seigneur tout-puissant, et pardonnez-lui de bon cœur s'il vous a manqué en quelque chose. »

Alors, rompant le silence de la nef comble, une voix s'élève, qui par trois fois pousse la clameur de *haro*: « Haro ! Haro ! Haro, on m'a fait tort ! » Les visages éberlués se tournent vers cet intervenant inattendu. Il s'agit d'Ascelin, fils d'Arthur, un bourgeois de Caen bien connu dans la cité ducale.

— Cette terre où vous vous trouvez, se plaint-il à voix haute et claire sous le plafond normand charpenté de chêne, fut l'emplacement de la maison de mon père ; cet homme pour lequel vous priez, n'étant encore que duc de Normandie, la lui enleva violemment et, lui ayant refusé toute justice, y fonda cette église dans l'abus de sa puissance. C'est pourquoi je réclame ce terrain et le revendique ouvertement. De la part de Dieu, je m'oppose à ce que le corps du ravisseur soit couvert de ma terre et enseveli dans mon héritage !

Les clercs se regardent, interdits. Sur le strict plan du droit, la plainte est fondée. Des témoins viennent confirmer les dires d'Ascelin. Du reste, comment en douter ? Combien de tenants furent-ils spoliés de tout ou partie de leurs biens pour faire place à un château, une abbaye, une cathédrale, voire une forêt !? Patiemment mis en place par Guillaume au fil des ans dans l'esprit du droit coutumier nordique, le droit normand sera respecté en ce jour sacré. On compte immédiatement soixante sols à Ascelin pour l'emplacement du tombeau ; il recevra plus tard la même somme pour le reste de la terre prise à son père.

Après cet incident, on procède enfin à la descente du corps. Celui-ci, malgré l'amaigrissement dû à la maladie, a du mal à entrer dans le cercueil conçu trop étroit et trop court pour cette force de la nature dont la taille excède la moyenne de l'époque ! Aussi faut-il plier tant bien que mal ce géant de l'Histoire pour le faire entrer dans son dernier logis.

Une fois le maître disparu, les seigneurs ne tardent pas à se laisser à nouveau gouverner par leurs vieux démons. Par la force, des garnisons ducales sont expulsées des châteaux où Guillaume les avait postées. Ainsi à Breteuil, Conches, Évreux ou Alençon, parfois à l'issue de sièges ou d'échauffourées. C'en est fini de la paix du duc, de l'harmonie du duc. Robert Courteheuse, le successeur, ne peut rien contre ces désordres préjudiciables au meilleur garant de la prospérité normande : son *unité* !

En Angleterre, Odon de Bayeux, redevenu earl du Kent, ne tarde pas à reprendre le cours de ses anciennes intrigues, avant d'être enfin définitivement chassé de l'île par son neveu Guillaume le Roux. Le *Rufus* s'est fait couronner à Westminster, conformément à la volonté de son père, et avec l'assentiment du primat Lanfranc, le 29 septembre 1087, jour doublement symbolique, puisqu'il est à la fois celui du patron de la Normandie St-Michel, et celui de l'arrivée des Normands en Angleterre vingt-et-un ans plus tôt, dans la baie de Pevensey. Car l'Histoire de la Normandie ne s'arrête pas à la mort de son plus illustre prince. L'Histoire ne s'arrête jamais, tant qu'il reste des hommes pour la faire ou la dire. Et le Conquérant venait d'en écrire une page essentielle, qui allait être tournée.

Guillaume le Roux a voulu rendre à son père un hommage mérité. S'adressant à Othon, un orfèvre londonien réputé pour son grand art, *il lui remit une grande quantité d'or, d'argent et de pierres précieuses, et lui ordonna de faire sur le tombeau de son père un monument digne d'admiration.*

Parmi les poèmes composés à la gloire de Guillaume de Normandie, retenons celui que l'archevêque Thomas d'York fit graver en or sur sa tombe, d'un commun accord avec Guillaume le Roux et Robert Courteheuse :

Guillaume, qui gouverna les Normands indociles, vainquit vaillamment les Bretons, régna avec fermeté, fit par sa valeur rentrer dans le fourreau le glaive des Manceaux, et les soumit aux lois de son empire ; ce grand monarque repose ici dans une bien petite urne, et cet étroit asile suffit à ce grand seigneur. Déjà le soleil avait durant vingt-trois jours parcouru le sein de la Vierge, quand ce prince descendit au tombeau.

L'héritage de Guillaume le Conquérant

Peu de figures de l'Histoire ont laissé à la postérité autant de traces positives que Guillaume de Normandie. On pourrait citer Charlemagne, Louis XIV, Napoléon, De Gaulle… L'héritage du Bâtard est assurément l'un des plus importants du Moyen-Âge, puisque l'extrême richesse de son règne exerce encore des effets notables sur l'Europe du XXIe siècle.

Il est toujours difficile pour un écrivain d'abandonner son personnage central. C'est aussi vrai du romancier qui a mis dans ses lignes une part de lui-même, que du biographe qui a consacré une longue période de sa propre vie à telle ou telle silhouette du passé. Comment Guillaume le Conquérant pourrait-il échapper à cette loi universelle ? Parvenu au terme de sa narration, l'auteur de ces lignes ne saurait clore cette *Saga du 7e duc de Normandie* sans adresser un ultime hommage au héros de son épopée. Un message sous la forme d'un triple testament : architectural, historique et culturel.

La plus visible des traces du passage sur terre du fils de Robert et d'Herlève réside bien évidemment dans

> ### Une ultime malédiction ?
>
> Selon le moine chroniqueur de l'abbaye d'Ouche Orderic Vital, *le ventre, qui était très gros, creva, et une intolérable odeur frappa les personnes qui l'environnaient ainsi que le reste du peuple. Vainement, la fumée de l'encens et des autres aromates s'élevait copieusement des encensoirs : elle ne pouvait l'emporter sur l'horrible puanteur qui s'en exhalait. C'est pourquoi les prêtres se hâtèrent de terminer la cérémonie, et de se retirer de suite, tout effrayés, dans leurs demeures.* On peut difficilement ajouter foi à l'anecdote rapportée dans l'*Historia ecclesiastica*. D'une part, le corps avait été préparé sur l'ordre du chevalier Herluin, et l'on ne voit pas pourquoi les embaumeurs auraient bâclé leur travail sur l'homme le plus haut placé du royaume anglo-normand ! D'autre part, Guillaume, qui n'avait pu s'alimenter pendant trois semaines, ne pouvait en aucun cas être *très gros* ; tout au plus était-il grand pour son époque, et le cercueil sans doute trop court. Enfin, une exhumation qui eut lieu au XVIe siècle le révéla en un excellent état de conservation (un artiste put même faire de lui son portrait), incompatible avec la prétendue putréfaction du jour de son enterrement. Orderic Vital, qui est le seul à relater cet incident, l'aura enjolivé selon ses propres critères, ce qu'il admet à mi-mot dix lignes plus loin : *Parmi les événements heureux, il s'en manifesta de contraires, afin qu'une grande terreur fût inspirée au cœur des mortels.* Gageons que sa plume imaginative n'aura pas peu contribué à susciter cette bienheureuse terreur divine !
>
> De même fait-il état lors de la mort du Conquérant de réactions irrationnelles selon lesquelles les membres de son entourage *tombèrent dans un état proche de la folie… Les domestiques pillèrent les armes, les vases, les vêtements, le linge et tout le mobilier du roi, et ayant laissé son cadavre presque nu sur le plancher, ils prirent la fuite.* S'il est vraisemblable que des pillages eurent lieu, il faut faire la part des exagérations dont cet auteur est coutumier, toujours prompt à souligner la vanité des biens de ce monde, et que le vrai royaume ne se trouve pas sur terre !

son patrimoine architectural. Quiconque circule aujourd'hui dans les rues de Caen y saisit sur-le-champ les balises monumentales quasi millénaires que constituent son château et ses deux abbayes (contemporaines de son règne, la chapelle Sainte-Paix-de-Tous-Saints et l'église St-Nicolas s'y font plus discrètes). Ainsi Caen devient-elle par la volonté du prince la deuxième ville du duché. Sans Guillaume, serait-elle de nos jours autre chose qu'une sous-préfecture, voire un chef-lieu de canton ? Sans avoir la prétention de réécrire l'Histoire, on peut en douter. Mais si Caen est l'exemple le plus emblématique de ce foisonnement monumental, il en est d'autres.

On s'accorde à dire qu'au cours de ses 40 années de règne effectif, le 7e duc a établi sur ses fonds propres 17 monastères d'hommes et 6 de femmes. Ces chiffres méritent toutefois d'être révisés à la hausse, en tenant compte des fondations de son épouse Mathilde (comme l'Abbaye aux Dames de Caen) et de sa mère Herlève (l'abbaye de Grestain, aujourd'hui ruinée), voire de son père Robert : St-Vigor de Cerisy, commencée dans les années 1030, sera achevée par Guillaume dans le dernier quart du XIe siècle. En outre, les libéralités du duc-roi ont profité à bon nombre de ses sujets qui avaient posé les premières pierres d'importants établissements religieux qui n'auraient pas connu un achèvement aussi rapide sans l'extraordinaire réussite de leur suzerain. Dans la seule décennie 1060-1070, on procède à la consécration de plusieurs grandes abbayes : St-Étienne et la Trinité de Caen, St-Vigor de Cerisy, St-Pierre-sur-Dives, Jumièges, le Bec… Ou d'églises, telle la cathédrale de Bayeux, œuvre de son demi-frère Odon de Conteville. Beaucoup de châteaux sont édifiés, soit de toutes pièces (Caen), soit agrandis (Bonneville-sur-Touques, Bur). Ses créations ne se limitent pas au seul territoire normand. Pour d'évidentes raisons stratégiques, Guillaume fortifie Breteuil (près de Tillières) et Ambrières.

Son héritage anglais est encore plus impressionnant, car tout y était à réaliser, ou peu s'en faut. En 1087, année de sa mort, son royaume compte 70 châteaux,

Tombeau de Guillaume le Conquérant, dans le chœur de l'Abbaye aux Hommes.

dont 24 forteresses royales. Si certains sont préexistants à son règne, beaucoup sont nouveaux. Il fait construire à Ely, Colchester, Cardiff, Warwick, Nottingham, Lincoln, Huntingdon, Grimsby, Exeter, York (deux châteaux pour cette seule ville !), Chester, Stafford… De son vivant, son fils Robert Courteheuse édifie Newcastle. A Londres, la célèbre Tour, bâtie en pierre de Caen acheminée sur des barges, est une totale création du duc-roi. Certains de ces ouvrages défensifs ont disparu, mais la plupart subsistent encore, au prix il est vrai d'importants ajouts et modifications.

Si l'Angleterre comptait peu de châteaux avant la Conquête, elle n'avait pas attendu l'arrivée des Normands pour édifier des monastères, parfois couplés à une cathédrale (ce qui n'existait pas en Normandie) : Winchester, Westminster, York, Cantorbéry… Pourtant, à partir de 1070, la quasi totalité des cathédrales et abbatiales d'outre Manche sont rasées et reconstruites en style normand, pour faire suite à une volonté politique de faire table rase du patrimoine saxon. Ainsi à Cantorbéry, Lincoln, St-Albans, Ely, Blyth, Sherborne, Worcester… D'autres monastères sont créés de toutes pièces, comme l'Abbaye de la Bataille, dédiée à St-Martin. Et ce nouveau *blanc manteau d'églises* est souvent tissé, là encore, de matériaux importés du duché. En 1087, des cathédrales sont en chantier dans sept diocèses sur quinze.

Guillaume fonde aussi plusieurs *villes neuves* ou *neuves villes,* et il aide financièrement des monastères hors du domaine anglo-normand : à St-Riquier, Marmoutier, et même à Cluny.

Les traces tangibles du règne de Guillaume s'inscrivent parfois sur d'autres matériaux que la pierre. Dans le Hampshire, la New-Forest, haut lieu touristique du sud de l'Angleterre qui a donné son nom à une race de poneys appréciée des cavaliers, n'existerait pas si le roi ne l'avait voulue pour satisfaire sa folle passion cynégétique (au prix, il est vrai, de nombreuses expropriations douloureuses pour ses occupants ; deux de ses fils y trouveront une mort violente, ce qui fera parler certains Saxons de justice immanente).

Si le Débarquement de 1944 avait eu lieu ailleurs qu'en Normandie, il y a gros à parier que les Anglais nous feraient moins de visites. Il leur resterait néanmoins une impérieuse raison de venir sur notre terre : la Tapisserie de Bayeux ! Et, quand on considère l'impressionnante quantité de reproductions des scènes de cette broderie du XIe siècle dans les ouvrages d'histoire, scolaires ou non, et en couverture des livres sur le Moyen Âge, quand on lit les descriptions et les interprétations auxquelles cette œuvre d'art a donné lieu, on mesure à quel point nos connaissances sur cette période seraient pauvres si Guillaume de Normandie n'avait pas conquis l'Angleterre !

Sur le strict plan de l'Histoire, Guillaume a radicalement modifié l'équilibre de l'Occident chrétien, tout d'abord en réalisant *l'unité normande* contre ses petits seigneurs à la vue courte, puis en conquérant l'Angleterre, dont il fait le premier grand état européen. Il y pose en effet les bases d'une conception nouvelle de l'état, celle d'une politique centralisée, avec une administration originale qui n'est pas étrangère, loin de là, à ce qu'est aujourd'hui le Royaume-Uni. En organisant ces principes originaux de gouvernement, il donne à son royaume une véritable conscience nationale qui fera de l'île une forteresse inexpugnable, jamais envahie depuis 1066 !

Rédigées sous le règne de son fils Guillaume le Roux, les *lois de Guillaume* sont purement et simplement la transcription par écrit de la coutume judiciaire orale mise en œuvre par le Bâtard. Cette application du droit normand issu du droit scandinave des ancêtres vikings donnera naissance au droit anglo-saxon d'Amérique du Nord. On l'applique encore partiellement selon ses principes médiévaux en Normandie insulaire (états de Jersey et de Guernesey).

Le duc-roi a jeté les bases d'une dynastie dont les descendants sont encore sur le trône près de mille ans plus tard, même si la monarchie constitutionnelle a remplacé celle qui était en vigueur au Moyen-Âge. En outre, sa politique de défense active de la chrétienté a contribué à l'unité spirituelle de l'Europe jusqu'au XVIe siècle.

La première littérature en langue vulgaire (c'est-à-dire qu'elle n'est plus du latin) est rédigée en normand dès le XIe siècle, et de ce fait précède celle de l'Occitanie, pourtant si souvent donnée en exemple comme parler roman le plus ancien de l'ancienne Gaule.

Conséquence directe et logique de cette particularité : l'apport linguistique de la Normandie aux états voisins est considérable. 17% des mots français du dictionnaire sont des mots normands. Ce chiffre serait-il aussi élevé si la Normandie de Guillaume n'avait atteint la puissance qui était la sienne ?

En Angleterre, l'influence est encore plus imposante : c'est 60%, soit quasi deux mots sur trois de l'anglais contemporain qui tiennent leur origine du parler normand (appelé pour cette raison l'*anglo-normand*) ou du français qui s'y est substitué à la cour. Si tel n'avait pas été le cas, on utiliserait vraisemblablement toujours de l'autre côté du Chenal une langue germanique (le saxon) fortement teintée de la langue des Vikings, le norrois (qui appartient, lui aussi, à la famille des langues germaniques).

On le voit, le monde ne serait pas tout à fait devenu ce qu'il est si Guillaume de Normandie n'avait pas existé. Sans doute, on peut reprendre maintes fois cette phrase en remplaçant son nom par un autre, tant les événements du monde tiennent à divers personnages dont la présence ou l'absence sur l'échelle du Temps est appelée à changer le cours des choses. Supputer ce qui se serait passé sans la naissance et le règne du fils d'Herlève relèverait de la politique-fiction, un exercice qui sort du cadre de cette étude ; nous ne nous y livrerons pas, et nous nous contenterons de souligner que, dans son cas, sa contribution a été considérable.

Ainsi s'achève cette *Saga du septième duc de Normandie*. Comme la plupart des sagas scandinaves qui demeurent l'archétype de ce genre littéraire, elle se termine par la mort violente du héros. L'Histoire n'étant pas une science exacte, elle invite à la modestie quant au regard qu'on peut porter sur les événements à un millénaire de distance.

Noms des personnes citées dans le texte

Abélard ; théologien du XIIe siècle.

Adalbert ; archevêque de Brême.

Adam Fitz-Hubert ; vérificateur royal.

Adélaïde ; fille d'Herlève et de Robert II ; sœur de Guillaume. Elle épouse Enguerrand de Ponthieu, Lambert de Lens et Eudes de Champagne. Par son deuxième mari naît Judith, qui sera donnée en mariage au Saxon Waltheof.

Adèle de France ; fille de Robert le Pieux ; épouse de Baudouin V de Flandre ; mère de Mahaut (Mathilde).

Adèle de Normandie ; fille de Guillaume et Mathilde ; épouse d'Etienne-Henri de Blois.

Adèle ; nièce de Simon de Vermandois ; épouse d'Hugues de France.

Aélis ; fille de Guillaume promise à Harold.

Aelfgyfu ; friya de Knut le Grand ; mère du roi Harald d'Angleterre.

Aelfheah (saint) ; martyr saxon.

Aethelmaer ; frère de Stigand ; évêque d'Elmham.

Aethelric ; frère d'Aethelwine ; évêque de Selsey.

Aethelwine ; frère d'Aethelric ; évêque de Durham.

Agathe ; fille de Guillaume fiancée à Herbert du Maine.

Aimeri de Thouars ; seigneur poitevin proche de Guillaume.

Alain III ; comte de Bretagne ; petit-fils de Richard Ier.

Alain le Rouge ; seigneur de Richmond.

Alexandre II ; pape (voir Anselmo di Bagio).

Aliénor d'Aquitaine ; fille de Geoffroi IX ; épouse de Louis VII ; épouse de Henri II Plantagenêt ; reine d'Angleterre.

Alfred ; fils d'Emma et d'Ethelred, frère d'Edouard le Confesseur.

Algar ; seigneur saxon.

Alice ; fille de Richard II ; épouse de Renaud de Bourgogne ; mère de Guy de Brionne.

Aliénor d'Aquitaine ; épouse de Henri II Plantagenêt ; duchesse de Normandie et reine d'Angleterre.

Alphonse ; roi de Galice ; fiancé à Agathe de Normandie.

Anne de Kiev ; fille du prince Jaroslav, épouse de Henri Ier de France. Cette union introduit en France le prénom byzantin *Philippe*, inusité jusqu'alors.

Anselme d'Aoste ; élève de Lanfranc ; prieur et abbé de Notre-Dame du Bec ; archevêque de Cantorbéry.

Anselmo di Bagio ; élève de Lanfranc au Bec ; évêque de Lucques ; pape sous le nom d'Alexandre II.

Ansfroi ; abbé de Préaux.

Arnould ; comte de Flandre.

Arthur ; bourgeois de Caen.

Ásbjörn ; fils d'Estrith ; neveu de Knut le Grand ; frère de Sven Estrithson.

Ascelin ; fils d'Arthur.

Ascelin Goel ; chevalier de Guillaume.

Asta ; mère de Harald Hardrada.

Augustin (saint) ; évêque d'Hippone ; théologien des IVe et Ve siècles.

Barni ; prévôt d'Osbern de Crépon.

Baudouin V ; comte de Flandre ; beau-père de Guillaume.

Baudouin VI ; fils de Baudouin V ; comte de Flandre.

Baudouin de Meulles ; fils de Gilbert de Brionne ; seigneur d'Exeter.

Baudri ; abbé de Bourgueil ; archevêque de Dol.

Benoît de Ste-Maure ; chroniqueur en langue romane du XIIe siècle.

Benoît X ; pape.

Béranger ; comte de Bayeux.

Béranger ; théologien du XIe siècle.

Bernard le Danois ; compagnon de Hrolf (Rollon). Selon la tradition, l'ancêtre de la célèbre famille d'Harcourt.

Bernard de Ventadour ; troubadour limousin du XIIe siècle.

Biota de Mantes ; fille d'Herbert Ier du Maine.

Bjolan ; roi des Hébrides.

Blimond ; disciple de St-Valery.

Brand ; abbé de Peterborough.

Bruno de Toul : voir Léon IX.

Caradoc ; fils de Gruffyd ap Llywelyn et d'Ealdgyth.

Cécile ; fille de Guillaume et Mathilde, abbesse de l'Abbaye aux Dames.

Charlemagne ; empereur d'Occident.

Charles le Chauve ; roi de France.

Charles le Simple ; roi de France.

Chrétien de Troyes ; écrivain français du XIIe siècle, père du roman ; auteur du Cycle du Graal.

Clément II ; pape.

Colomb Christophe ; prétendu découvreur de l'Amérique.

Colomban (saint) ; fondateur de l'abbaye de Luxeuil.

Conan II ; neveu d'Alain III ; comte, puis « duc » de Bretagne.

Copsi ; thegn en Northumbrie, partisan de Tostig.

Constance ; mère de Henri Ier de France.

Constantin IX ; basileus de Constantinople.

De Gaulle Charles ; général et chef d'état français.

Dioclétien ; empereur romain, fondateur de la Seconde Lyonnaise.

Dominique (saint) ; fondateur de l'ordre des Dominicains ; caution religieuse de la persécution des Cathares.

Drogon du Vexin ; compagnon de Robert II ; père de Gautier de Mantes.

Dudon de St-Quentin ; chroniqueur en latin de Richard Ier et Richard II.

Durant ; abbé de Troarn.

Ealdgyth ; sœur d'Edwin et Morcar ; épouse de Gruffyd ap Llywelyn, puis de Harold de Wessex.

Ealdred ; archevêque d'York.

Edgar ; fils d'Edouard l'Aetheling ; earl de Hertford.

Édith ; sœur de Harold de Wessex ; épouse d'Édouard le Confesseur.

Edmond Côte-de-Fer ; fils d'Ethelred ; roi d'Angleterre.

Edmond ; fils de Knut le Grand ; roi d'Angleterre.

Edwin ; earl de Mercie.

Édouard l'Aetheling (le prince) ; fils d'Ethelred II.

Édouard le Confesseur ; frère d'Alfred ; fils d'Emma et d'Ethelred ; roi d'Angleterre.

Éléonore ; épouse de Raoul III de Vermandois.

Élisabeth de Kiev ; épouse de Harald Hardrada.

Emma ; fille d'Hugues le Grand ; sœur d'Hugues Capet ; épouse de Richard Ier.

Emma ; fille de Guillaume Fitz-Osbern ; épouse de Ralph de Gaël.

Emma ; abbesse de Préaux ; sœur de Guillaume de Poitiers.

Emma ; sœur de Richard II ; épouse d'Ethelred, puis de Knut le Grand ; mère d'Alfred et d'Édouard le Confesseur.

Enguerran ; comte de Ponthieu.

Éon de Penthièvre ; régent de Bretagne pendant la minorité de Conan II.

Erik le Rouge ; découvreur du Groenland.
Ermenfroi de Sion ; légat du pape.
Ernaud Fitz-Géré ; seigneur d'Échauffour.
Estrith ; sœur de Knut le Grand.
Ethelreld ; roi d'Angleterre, époux d'Emma la Normande.
Ethelwig ; abbé d'Evesham.
Étienne ; fils d'Étienne-Henri de Blois ; comte de Blois ; fils d'Adèle de Normandie ; roi d'Angleterre autoproclamé ; prétendant au duché de Normandie.
Étienne-Henri ; comte de Blois ; époux d'Adèle de Normandie.
Eudes ; frère de Henri Ier de France.
Eudes, fils d'Hultre de Ryes ; sénéchal de Guillaume.
Eudes (ou Odon) ; pape successeur de Grégoire VII.
Eustache ; comte de Boulogne.
Foulques le Noir ; comte d'Anjou.
Foulques le Réchin ; père de Geoffroi le Barbu.
Foulques ; abbé de St-Pierre-sur-Dives.
Fulbert ; pelletier de Falaise, grand-père maternel de Guillaume.
Fulbert ; évêque de Chartres.
Gauchelin ; évêque de Winchester.
Gaucher ; évêque de Durham.
Gautier de Calonne ; fils de Fulbert ; une de ses filles épousera Raoul Taisson du Cinglais.
Gautier Giffard ; seigneur de Bolbec.
Gautier de Lassy ; sheriff du Gloucestershire.
Gautier, fils de Drogon ; comte de Mantes.
Gautier ; abbé à Rouen.
Geoffroi le Barbu ; neveu de Geoffroi Martel ; comte d'Anjou.
Geoffroi Grenonat ; fils d'Alain III ; comte de Bretagne.
Geoffroi Martel ; fils de Foulques le Noir ; comte d'Anjou.
Geoffroi ; comte de Mayenne.
Geoffroi de Montbray ; évêque de Coutances.
Geoffroi Plantagenêt ; fils de Foulques V ; comte d'Anjou ; époux de Mathilde l'Empéresse.
Gérard ; chancelier de Guillaume.
Gérard ; évêque de Sées.
Gerbert ; abbé de Fontenelle.
Gerloc ; fille de Hrolf-le-Marcheur ; épouse de Guillaume-Tête-d'Etoupe.
Gersent ; fille d'Herbert Ier du Maine.
Gervais ; évêque du Mans.
Gherbrod ; chevalier flamand ; seigneur de Chester.
Gilbert ; abbé de l'Abbaye aux Hommes.
Gilbert de Brionne ; petit-fils de Richard Ier ; tuteur de Guillaume.
Gilbert ; évêque d'Évreux.
Gilbert Maminet ; évêque de Lisieux ; médecin de Guillaume.
Goda ; sœur d'Edouard le Confesseur ; épouse d'Eustache de Boulogne.
Godwin ; earl de Wessex, père de Harold.
Golet ; fou de Guillaume le Bâtard.
Gondulphe ; moine architecte auteur de l'Abbaye aux Dames.
Göngu-Hrolf : voir Hrolf-le-Marcheur.
Gonnor ; fryia, puis épouse de Richard Ier ; mère de Richard II.
Gontard ; abbé de Jumièges.
Grégoire VII (Hildebrand) ; pape.
Grimoult ; seigneur du Plessis.
Gruffyd ap Llywelyn ; roi du pays de Galles.

Guillaume IX ; duc d'Aquitaine.
Guillaume ; fils de Richard II ; comte d'Arques.
Guillaume le Bâtard : voir Guillaume le Conquérant.
Guillaume Bonne-Âme ; abbé de l'Abbaye aux Hommes ; archevêque de Cantorbéry.
Guillaume ; seigneur de Breteuil.
Guillaume Busac ; comte d'Eu, petit-fils de Richard Ier.
Guillaume le Conquérant ; fils de Robert II et d'Herlève ; septième duc de Normandie ; roi d'Angleterre.
Guillaume ; fils de Richard Ier ; comte d'Eu.
Guillaume ; abbé de Fécamp et de St-Ouen.
Guillaume Fitz-Géré ; oncle de Robert de Grantmesnil.
Guillaume Fitz-Osbern ; fils d'Osbern de Crépon ; earl de Hereford.
Guillaume Guerlenc ; comte d'Avranches et de Mortain.
Guillaume ; oncle de Robert II ; comte d'Hiesmois.
Guillaume de Jumièges ; chroniqueur en latin de Guillaume le Conquérant.
Guillaume Longue-Epée ; fils de Hrolf (Rollon) ; duc de Normandie.
Guillaume Malet ; seigneur de Graville ; défenseur d'York.
Guillaume de Montgomery ; père de Roger.
Guillaume ; seigneur de Moulins la Marche.
Guillaume de Normandie : voir Guillaume le Conquérant.
Guillaume de Poitiers ; frère d'Emma de Préaux ; chroniqueur en latin de Guillaume le Conquérant.
Guillaume du Ros ; abbé de Fécamp.
Guillaume le Roux ; fils de Guillaume II ; roi d'Angleterre.
Guillaume ; seigneur de Rupierre.
Guillaume Talvas ; seigneur de Bellême, de Domfront et d'Alençon.
Guillaume-Tête-d'Etoupe ; comte du Poitou.
Guillaume ; évêque de Thetford.
Guillaume de Varenne ; seigneur de Lewes.
Guillaume de Volpiano ; moine architecte.
Guisla ; concubine de Mauger.
Guy de Brionne ; fils de Renaud de Bourgogne et d'Adèle de Normandie.
Guy ; comte de Ponthieu.
Gyrth ; fils de Godwin de Wessex ; earl d'Estanglie.
Gytha ; épouse de Godwin de Wessex ; mère de Harold.
Hakon ; petit-fils de Godwin de Wessex.
Halley Edmund ; astronome, découvreur de la comète qui porte son nom.
Hamon le Dentu ; seigneur de Creully et de Torigny.
Harald ; fils de Knut et d'Aelfgyfu ; régent, puis roi d'Angleterre.
Harald-aux-Beaux-Cheveux ; roi de Norvège.
Harald-à-la-Dent-Bleue ; roi de Norvège.
Harald Hardrada ; arrière-petit-fils de Harald-aux-Beaux-Cheveux ; demi-frère d'Olav le Saint ; roi de Norvège.
Hardrez ; chevalier du Bessin.
Harold ; fils de Godwin ; earl de Wessex ; roi d'Angleterre.
Harthacnut ; fils de Knut le Grand et d'Emma ; roi d'Angleterre.
Hellouin (bienheureux) ; abbé du Bec.
Henri Ier Beau-Clerc ; fils de Guillaume et de Mathilde ; roi d'Angleterre ; duc de Normandie.
Henri de Ferrières ; vérificateur royal.

Henri Ier ; roi de France.

Henri II Plantagenêt ; arrière-petit-fils de Guillaume le Conquérant ; duc de Normandie et roi d'Angleterre ; époux d'Aliénor d'Aquitaine.

Henri III ; empereur du St-Empire germanique.

Henri IV ; empereur du St-Empire germanique.

Herbert Ier ; comte du Maine.

Herbert II ; comte du Maine.

Hereward ; thegn rebelle du Lincolnshire.

Herfast ; chapelain de Guillaume.

Herfast ; évêque d'Elmham ;

Herlève (ou Arlette) ; fille du bourgeois Fulbert ; friya de Robert et mère de Guillaume le Conquérant.

Herluin de Conteville ; époux d'Herlève ; père de Robert de Mortain et d'Odon de Bayeux.

Herluin ; chevalier de Rouen.

Hildebert ; évêque du Mans ; archevêque de Tours.

Hildebrand : voir Grégoire VII.

Houël de Cornouaille ; beau-frère de Conan de Bretagne.

Hrolf-le-Marcheur (Göngu-Hrolf, Rollon, Rol, Rou ou Robert Ier) ; jarl norvégien ; premier duc de Normandie.

Hubert de Beaumont ; seigneur de Ste-Suzanne ; vicomte du Mans.

Hubert ; fils d'Hultre de Ryes.

Hubert ; seigneur de Ste-Suzanne.

Hugues d'Avranches ; seigneur de Chester.

Hugues ; évêque de Bayeux ; fils de Raoul d'Ivry.

Hugues Capet ; roi de France.

Hugues de France ; frère de Philippe Ier.

Hugues le Grand ; frère de Philippe Ier de France.

Hugues de Grantmesnil ; seigneur de Winchester.

Hugues ; frère de Guillaume Busac ; évêque de Lisieux.

Hugues V du Mans ; fils de Gersent.

Hugues Stavel ; seigneur français du Vexin.

Hultre ; vavasseur de Ryes.

Jean d'Avranches ; archevêque de Rouen.

Jean de Chartres ; médecin de Henri Ier.

Jean Scot Erigène ; théologien du IXe siècle.

Jean ; gouverneur de La Flèche.

Jean le Mire ; évêque de Bath ; médecin de Guillaume.

Jean de Ravenne ; neveu de Guillaume de Volpiano ; abbé de Fécamp.

Judith de Bretagne ; fille du comte Conan ; épouse de Richard II, mère de Richard III et de Robert II.

Judith ; fille d'Adélaïde ; petite-fille de Robert et d'Herlève ; épouse de Waltheof.

Kathlin ; fille de Hrolf-le-Marcheur.

Knut ; fils de Sven à la Barbe Fourchue ; roi d'Angleterre du nord.

Knut le Grand ; mari d'Emma la Normande ; roi d'Angleterre, du Danemark et de Norvège.

Knut ; roi du Danemark.

Lanfranc de Pavie ; moine et prieur du Bec ; abbé de l'Abbaye aux Hommes de Caen ; archevêque de Cantorbéry et primat d'Angleterre.

La Varende ; écrivain normand du pays d'Ouche (1887-1959)

Léon IX (Bruno de Toul) ; pape.

Lewine ; fils de Godwin ; earl d'Essex et du Surrey.

Liégarde ; fille du comte de Vermandois ; épouse de Guillaume Ier Longue-Epée.

Louis d'Outremer ; roi de France.

Louis XIV ; roi de France.

Mabile de Bellême ; fille de Guillaume Talvas ; épouse de Roger II de Montgomery.

Magnus ; fils d'Olav le Saint ; roi de Norvège.

Magnus ; fils de Harald Hardrada.

Mahaut de Flandre : voir Mathilde.

Mainier ; abbé de St-Évroult.

Malcolm ; roi d'Écosse.

Marbod ; évêque de Rennes.

Marguerite du Maine ; sœur de Herbert II ; fiancée à Robert Courteheuse.

Mathilde ; abbesse de l'Abbaye aux Dames.

Mathilde (Mahaut) de Flandre ; fille du comte Baudouin V ; épouse de Guillaume le Conquérant ; duchesse de Normandie ; reine d'Angleterre.

Mathilde l'Empresse ; fille de Henri Ier Beau-Clerc ; épouse de l'empereur germanique Henri V ; épouse de Geoffroi Plantagenêt.

Mauger ; archevêque de Rouen.

Maurice ; évêque de Londres.

Maurille ; archevêque de Rouen, successeur de Mauger.

Mainier ; abbé de St-Evroult en Ouche.

Michel ; évêque d'Avranches.

Morcar ; earl de Northumbrie.

Napoléon Bonaparte ; général français ; empereur.

Néel de St-Sauveur ; vicomte du Cotentin.

Nicolas ; fils de Richard III ; abbé de St-Ouen de Rouen.

Nicolas (saint) ; évêque de Myre.

Nicolas Ier ; pape.

Nicolas II ; pape.

Odon de Conteville ; fils d'Herluin de Conteville et d'Herlève ; évêque de Bayeux ; earl of Kent.

Odon de Lagery : voir Eudes de Lagery.

Olav (saint) ; roi de Norvège.

Olav Kyrre ; fils de Harald Hardrada ; roi de Norvège.

Olav ; frère de Knut du Danemark.

Onfroy du Teilleul ; seigneur de Hastings.

Onfroy de Vieilles ; seigneur de Pont-Audemer.

Orderic Vital ; moine de St-Evroult ; auteur en latin de *L'histoire ecclésiastique de la Normandie*.

Osbern ; abbé de Bernay.

Osbern de Crépon ; sénéchal de Robert II.

Osbern ; fils de Fulbert (pelletier à Falaise) et frère d'Herlève.

Othon ; orfèvre à Londres.

Papia ; friya de Richard II ; mère de Mauger.

Paul ; neveu de Lanfranc ; abbé de St-Albans.

Pierre Damien ; abbé de Ste-Marie de Florence.

Popa ; fille du comte Béranger de Bayeux ; friya de Hrolf et mère de Guillaume Ier de Normandie.

Ralph l'Ecuyer ; earl du Norfolk.

Ralph de Gaël ; fils de Ralph l'Ecuyer ; earl du Norfolk.

Raoul Beaumont ; abbé du Mont St-Michel.

Raoul de Conteville ; fils d'Herluin de Conteville ; demi-frère de Robert de Mortain et d'Odon de Bayeux.

Raoul ; roi de France.

Raoul de Gacé ; fils de l'archevêque Robert de Rouen.

Raoul Glaber ; moine de Cluny ; chroniqueur des Xe et XIe siècles.

Raoul d'Ivry ; oncle de Richard Ier.

Raoul de Mantes, dit *Le Timide* ; earl de Hereford.

Raoul Mauvoisin ; seigneur français du Vexin.

Raoul de Ryes ; fils d'Hultre de Ryes.

Raoul III de Vermandois ; comte du Valois.

Regenbald ; chapelain d'Édouard le Confesseur.

Rémi ; abbé de Fécamp.

Rémi ; évêque de Lincoln.

Renouf de Briquessart ; vicomte du Bessin.

Richard de Bienfaite ; seigneur normand chargé de la justice.

Richard Ier ; petit-fils de Hrolf-le-Marcheur ; duc de Normandie.

Richard II ; duc de Normandie ; grand-père de Guillaume le Conquérant.

Richard III ; fils de Richard II ; duc de Normandie.

Richard ; fils de Guillaume le Conquérant.

Richard de Baines ; fils de Mauger.

Richard de St-Vanne ; promoteur de la Trêve de Dieu.

Richilde ; épouse de Baudouin VI de Flandre.

Rioulf ; chef rebelle contre Guillaume Longue-Épée.

Robert ; frère de Henri Ier de France.

Robert de Beaumont ; fils de Roger ; comte de Meulan.

Robert Bigot ; chevalier d'Avranches.

Robert Champart ; abbé de Jumièges ; archevêque de Cantorbéry.

Robert ; évêque de Chester.

Robert de Comines ; earl de Northumbrie et de Bernicie.

Robert de Conteville ; fils d'Herluin et d'Herlève ; comte de Mortain maintes fois fieffé en Angleterre.

Robert Courteheuse ; fils aîné de Guillaume le Conquérant ; duc de Normandie.

Robert II le Magnifique ou le Libéral ; fils de Richard II ; duc de Normandie.

Robert d'Eu ; comte d'Eu.

Robert Fitz-Wimarch, sénéchal d'Édouard le Confesseur.

Robert le Frison ; beau-frère de Richilde ; comte de Flandre.

Robert de Grantmesnil ; neveu de Guillaume Fitz-Géré ; abbé de St-Evroult en Ouche.

Robert Guiscard ; fils de Tancrède de Hauteville ; duc de Pouilles et de Sicile.

Robert ; seigneur de Montbray.

Robert le Pieux ; roi de France, père de Henri Ier.

Robert ; comte de Paris ; parrain de Robert Ier (Hrolf).

Robert ; archevêque de Rouen ; fils de Richard Ier et de Gonnor ; comte d'Évreux.

Robert ; évêque de Sées.

Rodolphe ; antiroi du Saint Empire germanique.

Roger ; seigneur de Beaumont.

Roger de Bellême ; fils de Roger II de Montgomery et de Mabile de Bellême.

Roger ; seigneur de Bienfaite.

Roger de Breteuil ; fils de Guillaume Fitz-Osbern ; earl du Hereford.

Roger Cauchois ; bourgeois de L'Aigle.

Roger de Conteville ; fils d'Herluin ; demi-frère de Robert de Mortain et d'Odon de Bayeux.

Roger d'Ivry ; bouteiller de Guillaume.

Roger II de Montgomery ; arrière-petit-neveu de Richard Ier ; époux de Mabile de Bellême ; vicomte d'Hiesmois puissamment fieffé en Angleterre.

Roger ; abbé du Mont St-Michel.

Roger ; seigneur de Tosny.

Rögnvald-le-Fort ; jarl norvégien, père de Hrolf-le-Marcheur.

Roland ; comte des marches de Bretagne, modèle du personnage de la *Chanson de Roland*.

Rol, Rollon ou Rou : voir Hrolf.

Rotrou ; comte du Perche.

Ruallon ; seigneur de Combray.

Salle ; seigneur de Lingèvres.

Salomon ; prétendu roi de Bretagne au IXe siècle

Samson ; prédicateur gallois évangélisateur de la Bretagne au VIe siècle ; évêque de Dol.

Samson ; serviteur de Mathilde.

Samson ; évêque de Worcester.

Simon (saint Simon de Crépy) ; comte du Valois.

Siward ; earl de Northumbrie.

Sprota ; fryia de Guillaume Longue-Épée, mère de Richard Ier.

Stigand ; évêque de Winchester et archevêque de Cantorbéry.

Stigand ; évêque de Selsey.

Suppo ; abbé du Mont St-Michel.

Sven à la Barbe Fourchue ; roi du Danemark.

Sven Estrithson ; neveu de Knut le Grand ; roi du Danemark.

Sven ; fils de Godwin.

Sven ; fils de Knut et d'Aelfgyfu.

Taillefer ; chevalier et jongleur normand.

Tancrède de Hauteville ; père des conquérants normands de la Sicile et de l'Italie du sud.

Thierry II ; roi mérovingien.

Thomas ; archevêque d'York.

Tostig ; fils de Godwin ; earl de Northumbrie.

Toustain ; chambrier de Robert II ; possible grand-père de Wace.

Toustain ; abbé de Glastonbury.

Turold ; auteur présumé de la Chanson de Roland.

Turold ; personnage de la Tapisserie de Bayeux ; peut-être son « metteur en scène ».

Turold de Bourg (Bourgthéroulde), précepteur de Guillaume.

Turold de Fécamp ; abbé de Malmesbury ; abbé de Peterborough.

Ulf ; évêque de Dorchester.

Valery (saint) ; évangélisateur du Vimeu.

Victor II ; pape.

Visketil ; abbé de Crowland.

Vital ; chevalier de Guillaume.

Vougrin ; évêque du Mans.

Wace ; chanoine à Bayeux ; chroniqueur en normand du XIIe siècle.

Wadard ; chevalier du Bessin.

Waltheof ; fils de Siward de Northumbrie ; mari de Judith de Normandie ; earl de Northampton et de Bernicie.

Wandrille (saint) ; évangélisateur, fondateur de l'abbaye de Fontenelle.

Witton ; archevêque de Rouen.

Wulfnoth ; fils de Godwin de Wessex.

Wulfstan ; évêque de Worcester.

Yves ; évêque de Chartres.

Yves ; évêque de Sées.

Zoé ; épouse de Constantin IX.